RUDOLF STEINER

シュタイナーを学ぶ 本のカタログ

ほんの木【編】

ほんの木

ブックデザイン・渡辺美知子

ルドルフ・シュタイナー

Photo :
Copyright by
Verlag am Goetheanum

一八六一年、オーストリアのクラリエヴェック（現在のクロアチア）に鉄道技師の長男として生まれる。幼い頃から幾何学を学ぶうちに、空間には現実的な空間と内的な空間があることに確信を持つようになる。哲学と文学にも興味を持ち、大学では工学を学ぶ。後に薬草採集家と出会い、自然を神秘学的に理解することを示唆され、同時にゲーテの世界認識に強い影響を受ける。彼の思想は次第に人間と世界を総合的に理解する方向に向かい、人間は肉体、心、精神を備えた存在であり、世界の背後には精神の力の存在があると認識する。

一九一四年以降、スイスのバーゼル市近郊、ドルナッハにみずから設計したゲーテアヌムを建設し、活動の拠点とする。また一九一九年には、ドイツのシュツットガルトに彼の教育理念に基づく「自由ヴァルドルフ学校」を創設する。

シュタイナーの認識に基づいた世界観は人智学と呼ばれ、一九二五年三月三〇日、六四歳でドルナッハに没した後も、今なお社会生活と文化生活の改革を目指す多くの人々によって、教育、芸術、経済、農業、医療など、人間存在の多面的領域にわたって世界各地で実践されている。

目次

第1章 伝記と入門書

シュタイナー自伝Ⅰ・Ⅱ……12
シュタイナー入門（ぱる出版）……13
ルドルフ・シュタイナーと人智学……14
シュタイナー危機の時代を生きる……15
シュタイナーの思想と生涯……16
ルドルフ・シュタイナー その人物とヴィジョン……17
シュタイナー入門（講談社）……18
シュタイナー入門（筑摩書房）……19
シュタイナー思想入門……20

第2章 教育

【概要】
人間理解からの教育……22
オックスフォード教育講座……23
教育術……24
教育の基礎としての一般人間学……25
教育芸術１ 方法論と教授法……26
教育芸術２ 演習とカリキュラム……27
シュタイナー教育の実践……28
シュタイナー教育の基本要素……29
霊学の観点からの子どもの教育……30
自由への教育……31
シュタイナー教育の創造性……32
シュタイナー教育 その理論と実践……33
シュタイナーの人間観と教育方法……34
シュタイナー教育を考える（朝日新聞社）……35
シュタイナー教育を考える（学陽書房）……36
シュタイナー教育入門……37
シュタイナー教育を語る……38
子どものいのちを育む シュタイナー教育入門……39
いのちに根ざす 日本のシュタイナー教育……40
シュタイナー教育を学びたい人のために……41
シュタイナー教育に学ぶ通信講座 第１期……42
シュタイナー教育に学ぶ通信講座 第２期……43
シュタイナー教育に学ぶ通信講座 第３期……44
ひびきの村 シュタイナー教育の模擬授業……45
シュタイナー 芸術としての教育……46
発想の転換を促す シュタイナーの教育名言１００選……47

【就学前】
子どもの体と心の成長……48
子どもが3つになるまでに……49
子どもが生まれる順番の神秘……50
七歳までの人間教育……51
親子で楽しむ 手づくりおもちゃ……52
幼児のための人形劇……53
シュタイナー幼稚園のうた……54
遊びとファンタジー……55
日本のシュタイナー幼稚園……56
親だからできる 赤ちゃんからのシュタイナー教育……57
0歳から7歳までのシュタイナー教育……58
魂の幼児教育……59
子ども・絵・色……60
ちいさな子のいる場所……61
七歳までは夢の中……62
シュタイナー教育 おもちゃと遊び……63
テレビを消してみませんか?……64
クリスマスに咲いたひまわり……65
雪の日のかくれんぼう……66
ガラスのかけら……67
心で感じる幸せな子育て……68

【学童~思春期】
十四歳からのシュタイナー教育……69
9歳児を考える……70
水と遊ぶ 空気と遊ぶ……71
大地と遊ぶ 火と遊ぶ……72
思春期の危機をのりこえる……73
ミュンヘンの小学生……74
ミュンヘンの中学生……75
親子で学んだ ウィーン・シュタイナー学校……76
私のミュンヘン日記……77
私のまわりは美しい……78

【大人】
人間の四つの気質……79
教師性の創造……80
自己教育の処方箋……81

【その他】
シュタイナー学校の算数の時間……82
シュタイナー学校の数学読本……83
シュタイナー学校の芸術教育……84
感覚を育てる 判断力を育てる……85
魂の発見……86
私とシュタイナー教育……87
ウィーンの自由な教育……88
生きる力を育てる……89
我が家のシュタイナー教育……90
続・我が家のシュタイナー教育……91
大切な忘れもの……92
もうひとつの道……93
シュタイナー教育と子どもの暴力……94
シュタイナー村体験記……95
いつもいつも音楽があった……96
おもちゃが育てる空想の翼……97
おもいっきりシュタイナー学校……98
シュタイナー教育 その実体と背景……99

第3章 芸術

【芸術論】
シュタイナー 芸術と美学……102
こころの育て方……103
【建築】
新しい建築様式への道……104
シュタイナー・建築……105
世界観としての建築……106
【絵画・色彩論】
色と形と音の瞑想……107
遺された黒板絵……108
子どもの絵ことば……109
色彩のファンタジー……110
シュタイナー学校のフォルメン線描……111
フォルメン線描……112
フォルメンを描くI・II……113
色彩論……114
【音楽・オイリュトミー】
音楽の本質と人間の音体験……115
オイリュトミーの世界……116
シュタイナー教育とオイリュトミー……117
【メルヘン】
「泉の不思議」―四つのメルヘン……118
メルヘン論……119
メルヘンの世界観……120
幼児のためのメルヘン……121
【手芸・クラフト】
ウォルドルフ人形の本……122
ウォルドルフの動物たち……123
ウォルドルフ人形と小さな仲間たち……124
ネイチャーコーナー……125
メルヘンウール……126
フェルトクラフト……127
メイキングドール……128
イースタークラフト……129
ハーベストクラフト……130

第4章 思想

【哲学】
ゲーテ的世界観の認識論要綱……132
ゲーテの世界観……133
シュタイナー哲学入門……134
【人智学・神智学】
総論
神智学……135
テオゾフィー 神智学……136
神智学の門前にて……137
薔薇十字会の神智学……138

神秘学概論（イザラ書房）……139
神秘学概論（筑摩書房）……140
人智学指導原則……141

宇宙進化論

アカシャ年代記より……142
シュタイナーの宇宙進化論……143

精神史

神秘主義と現代の世界観……144
西洋の光のなかの東洋……145
世界史の秘密……146
秘儀参入の道……147
秘儀の歴史……148

輪廻・カルマ

いかにして前世を認識するか……149
カルマの開示……150
カルマの形成……151
歴史のなかのカルマ的関連……152
宇宙のカルマ……153
シュタイナーのカルマ論……154
輪廻転生とカルマ……155
精神科学から見た死後の生……156
人智学の死生観……157

天使

シュタイナー　霊的宇宙論……158
民族魂の使命……159
天使たち　妖精たち……160
天使と人間……161
魂の同伴者たち……162
悪の秘儀……163
天使がわたしに触れるとき……164

瞑想

いかにして超感覚的世界の認識を獲得するか……165
いかにして高次の世界を認識するか……166
霊界の境域……167
瞑想と祈りの言葉……168
霊視と霊聴……169

【宗教観】

シュタイナー　ヨハネ福音書講義……170
ルカ福音書講義……171
第五福音書……172
創世記の秘密……173
黙示録の秘密……174
神殿伝説と黄金伝説……175
仏陀からキリストへ……176
釈迦・観音・弥勒とは誰か……177
神秘学から見た宗教……178

【その他】

四季の宇宙的イマジネーション……179
星と人間……180
シュタイナー　心理学講義……181
魂の隠れた深み……182
魂の扉・十二感覚……183
千年紀末の神秘学……184
道を照らす光……185

第5章 社会

【社会・経済】
現代と未来を生きるのに必要な社会問題の核心……188
社会の未来……189
シュタイナー経済学講座……190

第6章 自然科学

【医療】
病気と治療……192
オカルト生理学……193
健康と食事……194
シュタイナー医学原論……195
芸術治療の実際……196
体と意識をつなぐ四つの臓器……197
魂の保護を求める子どもたち……198
シュタイナーに〈看護〉を学ぶ……199
シュタイナーの治療教育……200
【農業・植物】
農業講座……201
土壌の神秘……202
植物の形成運動……203

第7章 その他

「モモ」を読む……206
うれしい気持ちの育て方……207
シュタイナー再発見の旅……208
『坊っちゃん』とシュタイナー……209
わたしの話を聞いてくれますか……210
耳をすまして聞いてごらん……211
あなたは7年ごとに生まれ変わる……212
魂のライフサイクル……213
「ほんの木」のコラム（なかがき）……214

ホームページ・リスト……217
関連発行物……219
品切れ・絶版本リスト……221

関連資料

出版社別……233
著者別（日本人・外国人）……243
タイトル別（書名）……249

索引

【掲載書籍の購入方法】……254

※この枠内の資料ページは、巻末より左開きで構成してあります。

読者のみなさまへ

「いじめ」「校内暴力」「不登校」「学級崩壊」「教育崩壊」…、今日、日本の教育は確実に危機をむかえており、それは恐らく「教育」だけが問題なのではなく、日本全体の崩壊を意味しているのではないかと思われます。この社会をそれぞれ担ってきた大人たちの常軌を逸したエゴイズムと、政界や経済界、官界に蔓延する不正直や不正義の結果が子どもたちを苦しめている、という気がしてなりません。

文部科学省は二〇〇二年四月から、学校完全五日制と、総合的な学習の時間を開始し、「生きる力を育成する」ことを目標に、ゆとり教育の実施に踏み出しました。しかしながら依然として「学習指導要領」に従わない教育は学校として認めないという、一元的教育観を国家の基本に据えています。

一方「シュタイナー学校」は世界の五十数ヶ国に約八〇〇校を越える広がりを見せています。日本でも一九八七年に誕生し、現在は東京都三鷹市にある「東京シュタイナーシューレ」、北海道伊達市で一九九九年に始められた「ひびきの村 いずみの学校」（現在はフリースクール）、二〇〇一年に設立された京都府の「京田辺シュタイナー学校」といった三校の全日制などがあります。同時に、二〇〇二年九月開校を目指し栃木県矢板市に「たかはらシュタイナー学校」が、また他にも全国で学校設立準備段階の数団体があるとされています。こうした教育の自由化が公権力の規制を越え、市民的自由のもとに各地で広がりを見せようとしています。フリースクール、チャータースクール、コミュニティスクール……。従来の日本の教育に与せず多様に展開するオルタナティブな教育がどのように日本の教育崩壊に歯止めをかけ、力を発揮するのか、心ある市民は注目し始めています。こうした観点から私たち「ほんの木」も「シュタイナー教育」に教育改革の可能性を強く感じ、出版を通して貢献をしたいと考えてきました。

当然のことながら、今日のシュタイナー教育への期待はこれまで数多くの志ある人々によってなさ

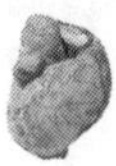

れたシュタイナーの訳書や著書、関連書の広がりによるものであることは論を待ちません。特に、長い年月にわたる、シュタイナー思想を中心とした訳者、著者の方々の献身的な努力と成果の賜であり、またそれら人智学に関する書籍を出版した各社の先見性溢れる貢献が大であろうと考えられます。

しかしシュタイナーの著作や多様なジャンルの出版物は、必ずしもこうした成果と活動の広がりに比例して市民の目に止まっているとは言えません。大手書店のコーナーに若干の本が揃えられてはいますが、シュタイナー関連書籍の広告や宣伝もめったに目にすることがなく、しかもこの四〜五年前からの出版不況によって、シュタイナー書籍のような良書でありながらも売れ足の遅い本は、書店の店頭から遠ざけられる傾向にあります。こうした出版界の逆風の中で、私たち「ほんの木」は一九九〇年から現在まで二六冊のシュタイナー関連書籍を手掛け、読者アンケートや各地での講演会場などで様々な声をいただきました。それらは「もっと勉強したいが、何を読んだらよいのか」「この内容は何に載っているのですか」といった「人智学を学びたいけれど、何を読んだらよいか」という読者の真摯で切実なシュタイナー関連書籍への関心と探求心でした。

インターネット書籍通販の代表的数社からの調べでは、品切れや絶版本を除き現在取次店を経由して流通しているシュタイナーに関する書籍は、四十数社の出版元から二百数十冊が出版されていると調査できます。私たちはこれらを一冊の紹介カタログに編集し、大勢の読者、そしてこれから関心を深めてくれるであろう市民に提供できないものだろうか、さらに出版不況に対抗し、何とかシュタイナー関連書を世に広められないものか、との思いからこの本を企画しました。こうしてシュタイナー関連書を必ずしも専門としていない私共でしたが、手探りで各出版元にシュタイナー関連書籍の掲載へのお願いをいたしました。しかし、出版元の方針などにより主旨にご賛同いただけなかった出版元も一部あり、残念ながら全出版物を収録することはできませんでした。また小社なりにシュタイナー関連の本を懸命に探してご紹介したつもりなのですが、調査や情報が及ばなかった書籍があるかもしれません。どうぞお許し下さい。さらにシュタイナーに関する記述の少ない書籍と思われるものや個

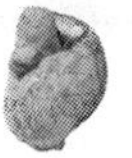

人やグループで編集された出版物や冊子の中にも多くの価値ある作品がありましたが、締切りや頁数の都合など、また在庫数、編集・出版元の連絡システムの都合などで全てを掲載することができませんでした。あわせてお詫び申し上げます。なお、巻末資料にはシュタイナー関連出版物として入手できた範囲の情報を掲載させていただきました。（巻末二五四頁より、本文と逆の左開きで構成）今後、シュタイナー専門のしかるべき組織などの手で、より完全な出版資料が作成されることを期待してやみません。

本書の構成は初めてシュタイナーに接する方々にも馴染むよう、そして昨今の教育崩壊などへの多くの市民の関心を前提に、「伝記・入門書」「教育」「芸術」「思想」「社会」「自然科学」「その他」の順に紹介を構成しました。なお本書に掲載しご紹介した二一二冊に関しましては、本書のご愛読者カード、電話またはＦＡＸ、電子メールなどにより、小社でも全書籍を購入することができますので、どうぞご利用下さい。（巻末二五四頁に申し込み方法掲載）もちろんインターネット書籍通販や各地のシュナイター書を品揃えしてある書店や専門書店などでも、ご購入いただけるはずです。

最後になりましたが、この企画にご賛同くださり、ご多忙にもかかわらず紹介文の執筆や情報確認などでご協力下さった各出版元の皆様に厚く御礼を申しあげます。同時に、本書を出版するにあたり、企画当初からご協力やアドヴァイス、ご支援をいただいた多くの方々にも深く御礼申しあげます。そして出版の予告から発刊まで半年以上もお待たせしてしまった読者の皆様には心からお詫びを申しあげます。なお本書発行以後の今後発刊されてゆく「シュタイナー関連書籍」につきましては、本書ご愛読者ハガキでお申し込みいただければ、年一度程度ですが何らかのかたちで情報をお送りする予定でおります。また今後の参考にさせていただくために、編集上でお気づきの点や新刊、未掲載書籍、関連情報などがありましたらお教えいただきたく、お願い申しあげます。

本書が少しでも実り多く、大勢の方々のお役に立つことができましたら誠に幸いです。

二〇〇二年六月

㈱ほんの木　柴田敬三

お読みになる前に

●

著者の肩書きについて

肩書きが本に掲載されていない場合や、不明確な場合は記載しておりません。また、時間の経過により各々の本に記載されていた事柄に変更の可能性もありますので、予めご了承ください。

●

訳者・著者によって異なる訳語、表現など

シュツットガルトとシュトゥットガルト、また社会有機体三分節と社会有機体三層構造、エポック授業とメインレッスン、霊学と精神科学、魂と心など、訳者・著者により呼び方が異なる同意語があり、それらは紹介文中それぞれの本の表記に従っています。なお、日本では〝シュタイナー学校〟という言葉が一般的のようですが、欧米などでは〝ヴァルドルフ（ウォルドルフ／ヴォルドルフ）学校〟が一般的であり、また、シュタイナー思想を表わす〝アントロポゾフィー〟は日本では人智学と訳されており、これらも各々の表記に準じています。

●

同じ原書で訳者・タイトルが異なる場合

シュタイナーの同一著作で、訳者により日本語のタイトルが異なる書籍は、各々の紹介文ページの目次下にその旨を明記しています。

●

上下巻・セットの本について

上下巻、またセットになっている本などは、1ページで複数冊を紹介しています。

●

変更事項について

時間経過によりご紹介した書籍が品切れ・絶版に、また品切れ・絶版であった書籍が復刊になる可能性や、それぞれの本に記載されていた事柄に変更の可能性もありますので、予めご了承ください。

●

書籍のカテゴライズ、順番、発行日について

読者に分かりやすいことを心がけ、各書籍のジャンル分けと掲載順を構成しています。また、基本的に、各発行日は初版発行日です。

第1章 伝記と入門書

シュタイナー自伝 I・II

ルドルフ・シュタイナー著
伊藤 勉 中村康二共訳
ぱる出版 2001年7月18日 定価（本体）2600円＋税

シュタイナー自身による〃わが人生の歩み〃

本書はシュタイナーが晩年、人智学と三層化運動のための国際的週刊誌『ゲーテアヌム』に発表した連載〃わが人生の歩み〃を上下巻の2冊にまとめたものです。

多忙を極め、健康をむしばんだ晩年のシュタイナーは病床に伏しますが、その後もなお病床から執筆し続けたのがこの自伝です。

「…第二次ゲーテアヌム建築の槌音《つちおと》が病床に高く響いて来るのを聞きながら、六四年の多産な生涯を閉じたのであった。衰弱してゆく地上の肉体に抗し、最後の生命の炎を燃え立たせるようにして死の直前まで書き続けられたこの自伝は、シュタイナーの最後の著作であり、遺書ともいえよう」（上巻・訳者あとがきより）と訳者の一人である伊藤勉さんは述べています。

ほぼ三十歳までの上巻では、さまざまな人との交流とそこから広がる思想など、のちに豊かな実りを予感させる事柄にみちています。そして下巻では、ますます広範になる人的交流に加え、自身の内的経験や心境の変化などを内省的に再現し、回顧しています。

より深く、シュタイナーその人を知りたいときにおすすめする伝記です。

シュタイナー入門

ヨハネス・ヘムレーベン著
河西善治（人智学出版社代表）**編・著**
川合増太郎　定方明夫共訳
ぱる出版　2001年7月18日　定価（本体）2400円＋税

【主な目次】◉ルドルフ・シュタイナーの生涯／幼年時代と青年期／「ゲーテ学者」シュタイナー／『自由の哲学』／「神智学」から「人智学」へ／キリスト学／芸術としての人智学／第一次世界大戦と講演活動／「社会の三層化」運動／ヴァルドルフ教育／医学／治癒教育／農学／キリスト者共同体の創設／晩年◉シュタイナーと日本／シュタイナー日本へ／隈本有尚／浮田和民／大川周明／三層化構想は社会有機体説ではない／谷本富／入沢宗寿／精神科学と神道霊学／ユーバーズィンリッヒに対する誤解／友清歓真と隈本有尚／三浦関造／日本における神智学／ヘルマン・ベック『仏陀』／ゲーテアーヌム／シュタイナーと東洋

シュタイナーの生涯と、日本におけるシュタイナー思想

本書は二部形式になっており、第一部はドイツのヨハネス・ヘムレーベン（一九二三年にキリスト者共同体の設立に参加した）によるシュタイナーの伝記です。

素晴らしい自然に囲まれ素朴な環境に生まれ育ち、幾何学に夢中だった少年時代から、神智学を経て人智学を確立する哲学者シュタイナーの生涯を伝えるとともに、第一次世界大戦との関わりや、「社会の三層化」運動、医学や農学にも言及しています。また、シュタイナー亡き後の人々の追憶の言葉や年表も付記されています。

第二部は日本で最初にシュタイナーの思想・人智学を紹介した隈本有尚（くまもと　ありたか／一八六〇～一九四三）や、シュタイナーの社会有機体の三層化説に影響を受けたとみられる大正デモクラシーの旗手・政治学者の浮田和民（うきた　かずたみ／一八五九～一九四六年）らの活躍など、日本におけるシュタイナー思想の系譜を明治時代までさかのぼり、変遷《へんせん》やこの思想の受け止められ方などを描いたものです。

編・著者で、人智学出版社（『自由の哲学』などを刊行）代表でもある河西善治さんの鋭い考察によって、シュタイナーと日本を浮き彫《ぼ》りにしています。

ルドルフ・シュタイナーと人智学

フランス・カルルグレン著
高橋明男訳
水声社　1992年12月10日　定価（本体）1500円＋税

【主な目次】◉第１期（1861〜1889）／決定的な体験◉第２期（1890〜1896）／哲学的著作◉第３期（1897〜1902）／神智学者を前にしての講演◉基礎的作業……人智学第一発展期／人智学協会の設立◉芸術……人智学第二発展期／シュタイナーの建築思想◉姉妹運動の時期……人智学第三発展期／『社会有機体の三分節化』◉一般人智学協会……人智学第四発展期／クリスマス会議

世界各国で愛読されている、定評ある入門書

本書はスウェーデン、ストックホルムのシュタイナー学校の教師であったフランス・カルルグレンの著作です。〈シュタイナー教育〉の提唱者・神秘学者であるシュタイナー自身の生涯と思想を平易で簡潔に描きだし、世界各国で愛読されている定評ある入門書です。また、既存の神智学からシュタイナー独自の人智学に向かう過程や芸術活動への展開など、人智学の成り立ちやその運動の動きが冷静な語り口で明確に書かれています。

ルドルフ・シュタイナーというひとりの哲学者から、科学・芸術・宗教という三つの価値を併せもつ人智学が生まれました。最初はシュタイナー自身の言葉（講演や著述）であった思想は、それに共鳴する人々によって徐々に現実にとり入れられた動きとなって世界に広がってゆきます。

「自分のために何かを求める人々だけでなく、専門的知識、職業的能力など自分がもっている力を寄与しようとする人々が、運動に参加するようになる」と著者は述べています。

医療・宗教革新運動・バイオ＝ダイナミック農法など、さまざまな人智学の姉妹運動が生まれて豊かに発展した、そうした一連の流れがよくわかる入門書です。

シュタイナー 危機の時代を生きる

学問・芸術と社会問題

W・クグラー著
久松重光訳
晩成書房　1987年2月20日　定価（本体）2800円＋税

【主な目次】◉学問のために「アントロポゾフィー、認識と修行の道」／認識の学の成立の契機／認識論からアントロポゾフィーへ／転生と運命／いかにカルマは作用するか◉芸術のために「芸術と人生の関係について」／芸術と学問／芸術家ルドルフ・シュタイナー／アントロポゾフィーと芸術◉社会問題のために「意識の問題としての社会問題」／社会実践―社会の謎／第一次大戦中のシュタイナー／三層化の理念と三層化運動

今なお新鮮な混迷の時代を生きる参考の書

本書は、シュタイナーの様々な分野にわたる論文や講演といった活動の軌跡を、シュタイナーの研究者であり、教育の実践者でもある著者、クグラーがその折々の具体的な資料を添えて綴《つづ》ったドキュメントです。

十九世紀末から二〇世紀初頭、混迷のドイツにあって人間存在の意味をラジカルに問い続けたシュタイナー。建築、美術、オイリュトミー、詩、演劇、音楽などの芸術の分野、社会問題での〝三層化運動〟など、その仕事は実に多方面に広がっています。それらが個別のものではなくアントロポゾフィーを軸に、有機的に結びつき、一つの体系を持つことを明らかにしており、また収録された多くの資料で、危機の時代を生きたシュタイナーの息づかいを生々しく伝えています。

翻訳を手掛けた久松重光さんのあとがきによると「アントロポゾフィーの思想が、どのような形をとって思想空間から生活空間の場へと展開していったか、具体的にイメージする手懸《てがか》りが得られると思う。特に、第三章の社会問題についての章では、アントロポゾフィーの主張が、当時の文化状況の中でどのような位置にあり、どんな反響を呼んだのか、またどのようにして現在に至ったのか」が明らかにされています。

シュタイナーの思想と生涯

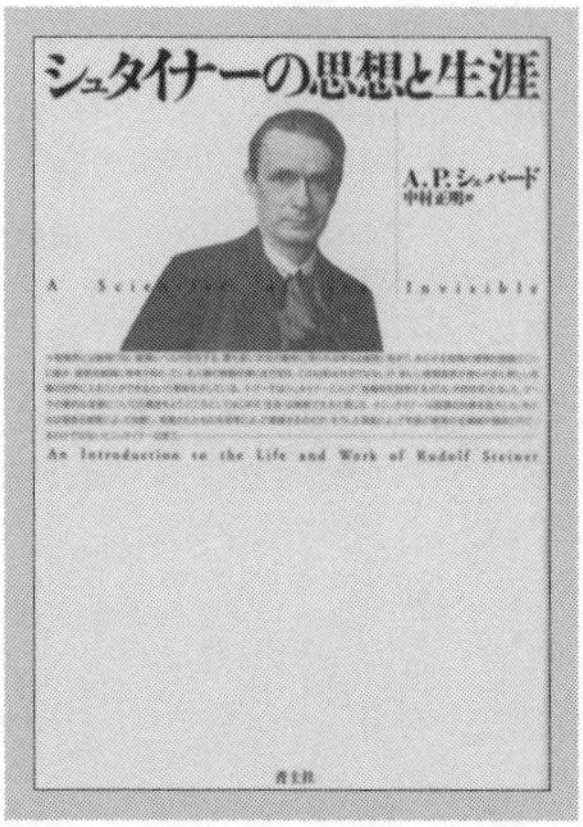

A・P・シェパード著
中村正明訳

青土社　1998年6月10日　定価(本体)2400円＋税

【主な目次】◉人物像／霧の中の人間／答えをもった人物／少年時代と学生時代／ウィーン─大学時代／ワイマール時代─ゲーテ文庫／ベルリン─秘儀参入◉思想／霊学と神智学／人智学協会／認識の新しい地平／人間の起源と運命／個人の進化─生まれ変わりのプロセス／キリスト教と人類／思考による秘儀参入／霊学と現代の思想／霊学とキリスト教の教会／霊学の応用─教育、治療教育、医学、国家、農業／人智学の未来

生いたち、人物像と人智学の客観的解説書

本書はイギリス人で、司祭であったアーサー・ピアス・シェパードによって書かれた伝記です。シュタイナーの生い立ちや人物像と共にその思想の大きな流れを、背景となったヨーロッパの社会情勢なども織り込んで客観的に解説しており、シュタイナーの生涯を追い、人智学にいたる思想の源流をたどるものです。

一八六一年にオーストリア、ウィーンの南にある村で生まれたシュタイナーは、やがて優秀な学生、教師として頭角をあらわします。様々な職歴を経て哲学に到達しますが、科学者のような客観的で冷静な姿勢と同時に、眼には見えない霊的な世界に対する信念が、常にその生涯を貫きます。

人智学（アントロポゾフィー）とは、宇宙の秘密は人間の真の本質の中にひそんでおり、これを理解することによって明らかにされる、という意味なのだといいます。とても難しいことのようですが「人智学を深く理解するには頭の冴《さ》えが必要なのではない。むしろ、善良な魂《たましい》、とりわけ、キリストが天の王国への鍵《かぎ》だと言っているあの子どものような精神が必要なのである」とシェパードは言っています。

人智学を理解するための、基盤の書といえるでしょう。

ルドルフ・シュタイナー

その人物とヴィジョン

コリン・ウィルソン著
中村保男　中村正明共訳
河出書房新社　1994年1月10日　定価（本体）700円＋税

【主な目次】◉内宇宙への門◉幻視者の少年時代◉ゲーテ学者◉長かりし徒弟時代◉再生◉オカルティストと導師◉神殿の建設◉大惨事◉後記――シュタイナーの業績

二〇世紀最大の思想家の核心に迫る注目の評伝

本書の原題は訳題と同じく『ルドルフ・シュタイナー、その人物とヴィジョン』です。二〇世紀最大の偉人の一人とされているシュタイナーとはいかなる人物で、どのような生涯を送ったのか。シュタイナーに関しては『自伝』をはじめとして何冊も伝記的な本が出ていますが、彼の実像に可能な限り迫ろうとしたところに本書の第一の特徴があります。

つまり、シュタイナーによって創始された人智学会の会員や、シュタイナー・ファンなど、シュタイナーに手ばなしで傾倒《けいとう》している人たちの目にはとまりにくかったシュタイナーの〝裏面〟をもコリン・ウィルソンは努めて客観的に、偏《かたよ》らぬ立場から描き出そうとしているのです。

それどころか、これまでは、単なる幻視者にとどまらず、哲学と科学と芸術（医学、教育学、農学に、演劇や建築など）に通暁《つうぎょう》して、そのすべてを実践もした宗教的な社会改革者としての全人シュタイナーの多才ぶりに目を奪われて拡散しがちだった人々の関心を、シュタイナーの全活動の中心的な鍵《かぎ》となる思想そのものに向けさせようとウィルソンは本書で積極的に努めているのです。評伝としての本書の第二の――そして最大の――目的がここにあります。

シュタイナー入門

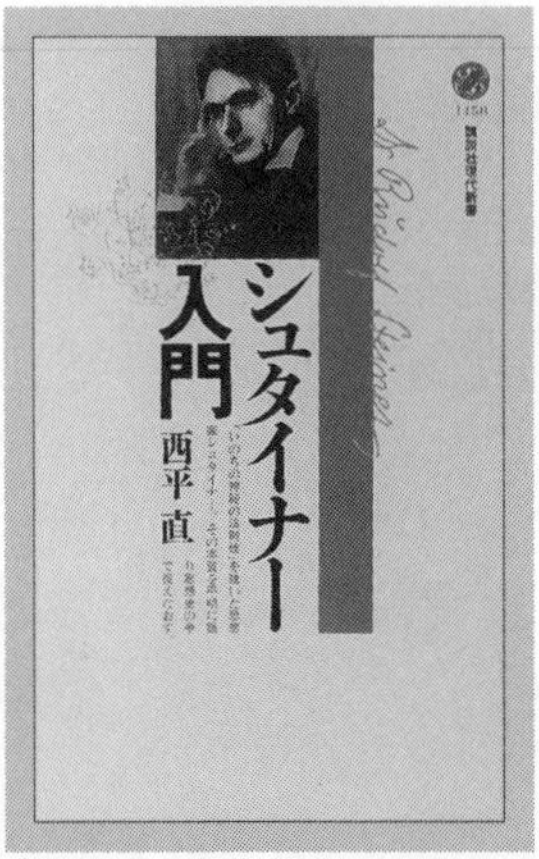

西平　直著（東京大学大学院教育学研究科助教授）
講談社　1999年6月20日　定価（本体）660円＋税

【主な目次】◉シュタイナー教育の実際――自由ヴァルドルフ学校からの問いかけ／「エポック授業」と「八年間一貫担任制」／子どもの自由と教師の権威／芸術的であること・時間をかけること／シュタイナー教育への問いかけ・シュタイナー教育からの問いかけ◉シュタイナーの生涯／独学のスタイルの確立――若き日のシュタイナー／模索の三十代――誠実ゆえの大混乱／指導者シュタイナー◉シュタイナーの基礎理論――『神秘学概論』を手がかりとして／認識論／人間論／人間形成論・転生論◉思想史の中のシュタイナー――思想史的測定の試み／思想的背景／同時代の思想状況の中で

学校、神秘、思想を問う、教育人間学者の書

「いのちの神秘の法則性」を説いた思想家シュタイナー。本書ではその本質を平明に語り、思想史の中で分かりやすく捉《とら》えなおしています。

今日、書店にはシュタイナーの本が並び、日本におけるシュタイナーの知名度は以前に比べると随分高くなっているのではないでしょうか。

「しかし、その思想が十分理解されているとは思えない。その学校は歓迎され、その思想は敬遠される。その状況は、今も変わっていないのである。…中略…そして、アカデミズムはといえば、依然として本気で相手にすることなく、思想史における位置づけすら不十分なままである」という著者・西平さんはそれが残念でならない、とも述べています。

本書では初めて聞いた人が拒否反応を起こしかねない「秘教的な部分」のできる限り手前に踏みとどまり、疑問や違和感を共有しながら、シュタイナーとその思想について語っています。「私は人智学徒（アントロポゾーフ）ではない」という西平さんですが、人智学に取り組む姿勢は真摯《しんし》です。シュタイナー学校の名前だけは聞くものの、さてシュタイナーとはいったいどういう人物か、そう思っている人におすすめする入門書です。

シュタイナー入門

小杉英了著
筑摩書房　2000年11月20日　定価(本体)680円＋税

【主な目次】◉教育思想の源泉―他者への目覚め◉認識の探究者―カント、フィヒテ、ゲーテをめぐって◉それは「オカルト」なのか？―西洋と東洋の霊性史◉神智学運動へ―ブラヴァツキーの闘い◉ドイツ精神文化の霊学―純粋思考と帰依の感情◉戦争と廃墟の中で―「国民」になる以外、生きる道はないのか！◉魂の共同体―ナチスの攻撃と人間の悲しみ

人智学を日本文化の命脈につなぐ刺激的一作

「シュタイナー教育」や「人智学」で、日本でも広くその名が知られるようになったルドルフ・シュタイナー。しかし、アカデミズムからは「胡散臭《うさんくさ》いオカルト」との烙印《らくいん》を押される一方、受容する側にも、その思想への盲目的な追従、偶像化が見られるなど、ここ日本でのシュタイナー理解はまだ充分とはいえません。

「本来誰のものでもない思考はしかし、私にただの信奉者になることを許さなかった。アジア的霊性に対する彼の評価が、十九世紀的限界と無縁でないことは明らかだったし、彼の特異なキリスト論が、ヨーロッパ精神史の陰の側面と分かちがたく結びついており、それをそのまま非ヨーロッパ文化圏に接ぎ木するのは、無理であるというより、不義であると思えてならなかった」という著者、小杉英了さんのシュタイナーに対する熱い思いがふつふつと伝わってくる入門書です。

シュタイナーが立脚した第一次大戦下ドイツの時代状況、また、ドイツ精神史における思想系譜、歴史経緯に広範な省察を加え、その生を内側から活写することで「みずから考え、みずから生きること」への意志を貫いた「理念の闘士」、シュタイナーの思想的核心を浮き彫りにしています。

シュタイナー思想入門

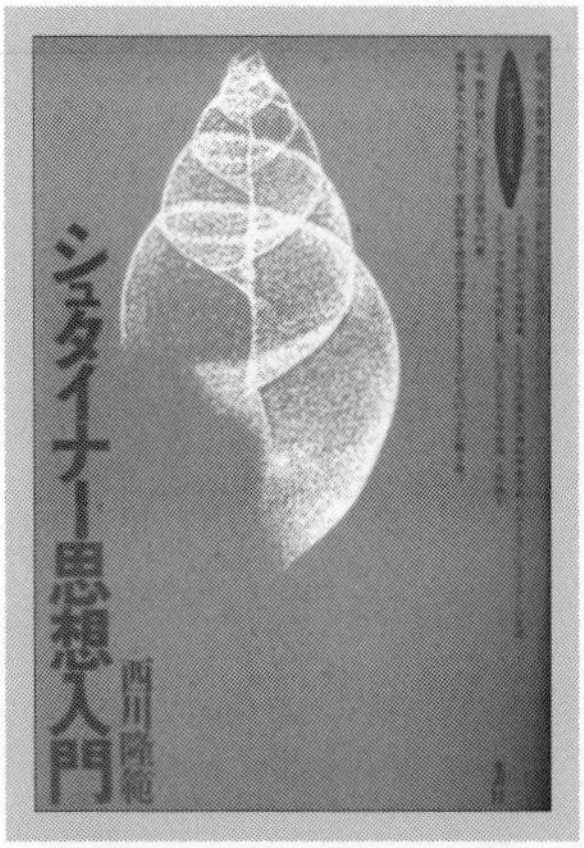

西川隆範著（日本アントロポゾフィー協会理事）
水声社　1987年12月30日　定価（本体）2000円＋税

【主な目次】 ◉ルドルフ・シュタイナー◉人智学入門／シュタイナー人智学の源流／人間／世界／死後の生命／カルマ／宇宙の歴史／アカシャ年代記㈠／人類の歴史／アカシャ年代記㈡／宗教の歴史／第五福音書／行／シュタイナー周辺・シュタイナー以後◉参考資料／人智学の主要文献／人智学関係学校案内

難しい用語も分かりやすく読みやすい、好個の入門書

教育、医学、舞踊芸術など広範な分野に巨大な叡智を残した二〇世紀最大の神秘学者ともいえるシュタイナーの生涯と足跡をたどり、また、宇宙の歴史の霊的記録〝アカシャ年代記〟に基づいた壮大な宇宙論、人間論を、分かりやすく平易な表現で簡潔に説いた、人智学への格好の入門書です。本書は、シュタイナーの思想である人智学へと至る門のひとつであり、『シュタイナー用語辞典』（風濤社刊、難解な人智学用語の確認や理解のために、おすすめです）の筆者による、初心の若《わか》書《が》きで、その後の成長がよく分かる本でもあります。

著者である西川隆範さんは、あとがきのなかで「人智学という精神科学は本来、他思想に対する畏敬《いけい》の念を育てるものなのである。そしてさまざまな思想が未来への道を探求するときに、参照され、利用されることを欲するものである。…中略…人智学が新たな人類の精神文化建設に寄与できるかどうかは、ひとえに人智学を生かそうとする者一人一人の努力いかんにかかっている」とシュタイナー思想の真髄《しんずい》にふれています。

エーテル体、アストラル体、カルマなどといったシュタイナー思想で頻出《ひんしゅつ》する難しい用語も、本文の中で噛《か》み砕《くだ》いた説明がなされており、とても読みやすい入門書となっています。

第2章 教育

人間理解からの教育

ルドルフ・シュタイナー著
西川隆範訳

筑摩書房　1996年7月10日　定価（本体）1900円＋税

【主な目次】◉真の人間認識の必要性／遺伝と個性／年齢に応じた教育の課題◉模倣と想像力／書き方の授業／物語◉植物学／動物学／懲罰◉教師の条件／形態感覚◉算数／幾何学◉芸術教育／外国語／オイリュトミーと体操◉生活に結びついた授業／現実に即した授業／学校組織について◉質疑応答

平明、具体的なシュタイナー教育の入門書

本書は一九二四年の夏、イギリスでシュタイナー教育に基づいた学校を設立しようとする人々のためにおこなった教育講座の講義録を訳出したものです。

この講義はシュタイナーがおこなった最後の教育講座であり、一九一九年、ドイツに創設された最初のシュタイナー学校で五年間の教育実践を経ていたということもあって、一般的なレベルで簡潔に語られています。シュタイナー教育の全体像がもっとも具体的かつ平明に述べられているので、シュタイナー・カレッジ（アメリカ）の教員養成コースでも〝最初に読むべき一冊〟として推薦されているほどです。

シュタイナー教育は人間の一生全体を視野に入れ、子どもの自然な成長に沿って、幼児期・学童期・青年期それぞれにふさわしい能力を伸ばそうとします。愛情を込めて見つめ、子どもが持って生まれた人生の目的を実現していくのを手助けするのが大人の仕事です。子どもの心身のすこやかな発展にとって苛《か》酷《こく》な環境にある現代に、シュタイナー教育は人類の未来へ歩む可能性のひとつを提示しているのかもしれません。

決して難解ではなく、シュタイナー自身が直接、物柔らかに語りかけてくれるような入門書です。

オックスフォード教育講座

教育の根底を支える精神的心意的な諸力

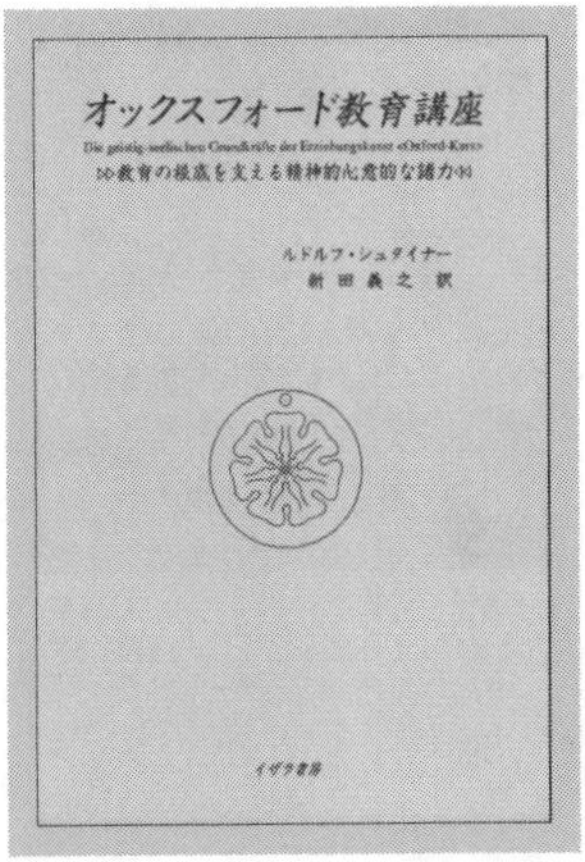

ルドルフ・シュタイナー著
新田義之訳
イザラ書房 2001年12月25日 定価（本体）2800円＋税

【主な目次】◉教育の霊的基礎／ヴァドルフ教育の性格—霊的認識とその実践より生まれ出る教育／九歳の危機◉幼児・低学年児童の教育と教育者の基本的姿勢／子どもは感覚器官である／模倣／歯の生え替わり◉超感覚的諸世界の探究／知的認識と霊的認識◉中学年児童の教育—教師は教育芸術家である／教師の自由／９歳児／12歳児／憂鬱質、粘液質、多血質、胆汁質◉有機体としてのヴァルドルフ学校／組織と有機体の相違／周期集中授業—忘却と能率のバランス◉身体教育と倫理性の教育／遊びと健康の関係／成績と評語◉成熟期の教育と教師の生き方／教師は世界人／思春期の危機の諸原因

人智学を理解するために最適の教育講演集

一九二二年、オックスフォード大学で「教育と社会生活における精神的なものの価値」をテーマにした研究集会が行われました。招かれたシュタイナーは、聴衆に人智学に関する知識がなくても理解できるよう配慮した講演をしました。訳者である新田義之さんによると「…聴衆が外国人であるという条件も加わっているので、たとえばヴァルドルフ学校教師のための講話である〝教育の根底としての一般人間学〟などと比較すれば、格段に分かり易い。そのため、ヴァルドルフ教育学を初めて学ぶ人達に対して勧《すす》められる基本的な文献のうちでも、もっとも適当なものと見なされている」ということです。

シュタイナーの教育とはどのようなものなのでしょう。その基盤となる考え方や、幼児から低学年そして中学年の子どもに対する教育や教育者としての姿勢、成熟期における青年男女の教育、ヴァルドルフ学校とはどのような存在なのか、などといった具体的な事柄がシュタイナー自らの言葉で具体的に語られています。

人智学の基本を理解するために最も適した文献であり〝一般人間学〟などを理解するための導入の書としても、おすすめの講演集です。

教育術

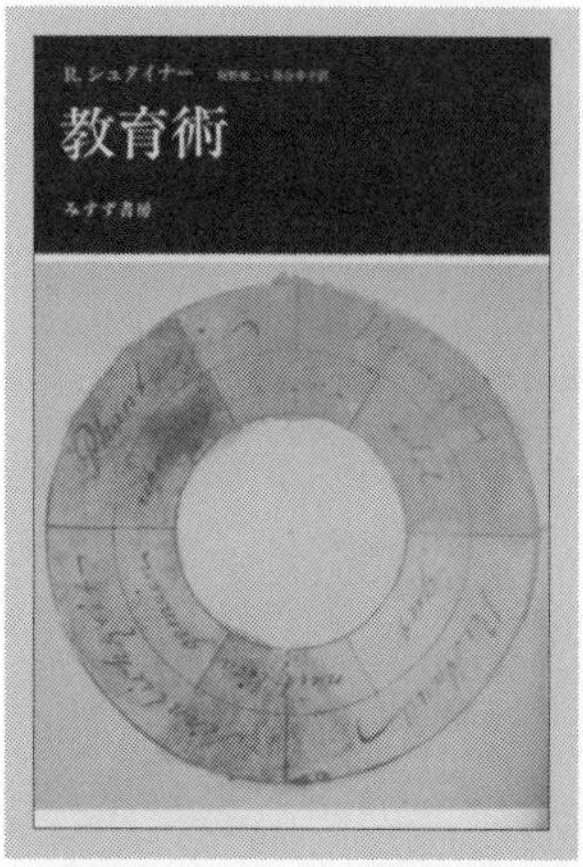

ルドルフ・シュタイナー著
坂野雄二　落合幸子共訳
みすず書房　1986年11月28日　定価(本体)2200円＋税

【目次】◉序論◉ことばについて◉二つの芸術領域◉初めての授業◉文字と読みの指導◉生活のリズムと授業でのリズミカルなくり返し◉9歳時の授業◉12歳以降の授業◉ドイツ語と外国語の授業◉9歳から14歳までの授業◉地理学の授業◉児童の学習と実生活の結びつき◉カリキュラムの構成◉教育のモラルから授業実践へ◉結語

ひからびるな、新鮮さを失うな

シュタイナーは、人が生まれてからおとなになるまでの間を、七年を単位として三つの段階で考えています。本書では、そのうちの二番目の七年間の子どもに対する教育的な関わり方が、大きなテーマになっています。身体の健全な発育が中心課題である生後七年間の第一期をへて、第二・七年期では、芸術的な体験を通して世界を感じとる「感性」を伸ばすことが、教育の大きな目標とされます。したがって、たとえ読み書きや計算といった抽象的な事柄でも、子どもの「感性」に訴えるべく芸術的に教育されなければならないと考えるのです。

「抽象的思考」が教育目標の中心とされる第三・七年期への移行期が具体的内容です。ここでは個人差は学習速度の違いにすぎないと考えられています。現代日本の教育が、いかに知育偏重に陥《おちい》っているか、具体的かつ根底的に気づかせてくれる説得力が、本書にはあります。明日への教育に大きな刺激と影響を与えるにちがいありません。

地理学や鉱物学の面白さからピタゴラスの定理の具体的な展開まで、シュタイナー現場教育のマニュアルである本書は、教師にとっての黄金律となるつぎの言葉で締めくくられています。

「ひからびるな。新鮮さを失うな」

ルドルフ・シュタイナー教育講座 I
教育の基礎としての一般人間学

ルドルフ・シュタイナー 著
高橋 巖 訳
筑摩書房　1989年1月10日　定価(本体)3200円＋税

【主な目次】●教師の自己教育●教育の基礎にある人智学的心理学●人間の魂は宇宙経過の舞台である●意志の教育●感情の教育●自我と思考、感情、意志との結びつき●人間の一生との関連で見た人間本性●十二の感覚の働き●教育上の言語の役割●人間の霊と魂と体の総括的考察●創造力と記憶力の不思議な関係●環境世界との関係●オイリュトミー●教師のモラル

シュタイナー教育の実践を示す原典

シュタイナーがドイツでシュタイナー学校（自由ヴァルドルフ学校）の創立に際して、教師たちのために行った、最初の連続講義が「一般人間学」に関するものでした。本書は、シュタイナー教育の原典ともいうべきその講義をまとめたものです。子どものための授業そのものを教える教師にはこの霊学の学習が不可欠である、ということ内容は大きく三つの部分に分かれています。子どものための授業そのものを教える教師にはこの霊学的な霊学が含まれていなくても、子どもの意識のあり方を、目覚めと夢と眠りの三つの状態から人間の意識のあり方を、目覚めと夢と眠りの三つの状態から結びつけて論じています。そして最後の第一四講までは、オカルト的な生理学を論じている部分ですが、教育の観点から見た生理学が語られています。

「今日、世界的に大きな関心を寄せられているシュタイナー学校運動、キャンプヒル治療教育共同体運動のための最も基本的な文献である本書が少しでも多くの人びとの眼にふれることができるように……」と訳者であるシュタイナー教育の真髄を語る、一冊です。

ルドルフ・シュタイナー教育講座II
教育芸術1　方法論と教授法

ルドルフ・シュタイナー著
高橋　巖訳

筑摩書房　1989年2月10日　定価(本体)3200円＋税

【主な目次】◉授業そのものが芸術的なものに浸透されていなければならない◉ことばの中には人間共同体が表現されている◉教育芸術における2つの方向◉何のために学校へ来るのか◉全体から個別へ向かうことが授業を生きいきとさせる◉認識する思考の教育◉9歳以後の教育の本質◉12歳以後に歴史的関連への興味が目覚める◉効率の良い授業◉授業計画を立てる上で必要な子どもの発達段階◉授業計画は本来各教師の創意に委ねられねばならない◉真の理想主義的教育は実際感覚を身につけることである◉理想的な授業計画と現実への対応◉利己主義の克服

シュタイナー教育の原典・全面改訳版

本書は『ルドルフ・シュタイナー教育講座I　教育の基礎としての一般人間学』に続き、シュタイナー学校の教師たちのために行った連続講義をまとめたものです。

本巻では教育の方法、そして子どもの年齢に応じてなにをいつ学ぶべきかを、明確・具体的に提示しています。例えば九歳までの時期には習慣から生じた書き方や読み方を取り上げ、次の十二歳までの時期にはそれに加えて、子ども自身の判断力に訴えかけられるような授業も行います。

「植物の授業では、あまりつめこみ過ぎないようにして、生徒の想像力のための余地を十分に残しておいてください。そして人間の魂《たましい》と植物との関係について、子どもがいろいろ想像力を働かせて考えることができるようにして下さい。実物教育をあまりに多く教えこみますと、実際に眼で見ようとはしなくなります。…中略…単なる観察だけの勉強が現代の唯物論的な時代意識の副産物であることを忘れてはなりません」といったように、シュタイナーは個々の授業や教師としての対応について詳細に述べています。そして彼の言う「教職にとっての黄金律」とは…。一九一九年、教師たちのために行った連続講義が二十一世紀の今も、生き生きと語りかけてきます。

ルドルフ・シュタイナー教育講座III
教育芸術2　演習とカリキュラム

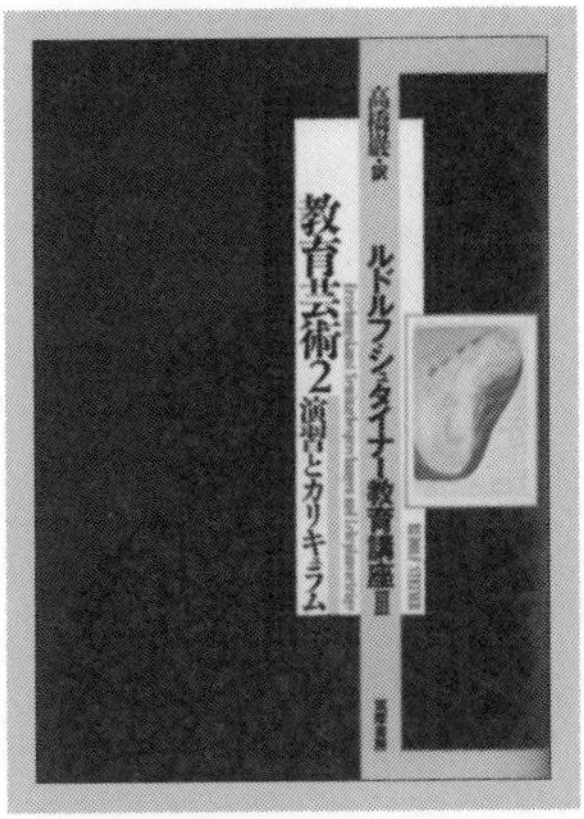

ルドルフ・シュタイナー著
高橋　巖訳
筑摩書房　1989年3月10日　定価（本体）3200円＋税

【主な目次】◉子どもの四つの気質◉気質とフォルメン線描◉気質に応じた話し方◉気質に応じた計算の教え方◉言語形成法による発音練習◉お話と朗読◉歴史の授業に必要な主観的観点◉授業についていけない子の扱い方―食事療法の大切さ◉植物の授業の進め方◉植物は可視的となった地球の魂◉植物界の考察のつづき◉性教育◉代数計算への移行のための利子計算◉負数と虚数◉第一カリキュラム講義／一年生から八年生までの子どもの発達段階に応じた授業◉第二カリキュラム講義／三年生からの博物学と自然科学と社会学◉第十五講と第三カリキュラム講義／音楽の授業／成績表と成績評価について

今なお新鮮な、シュタイナー教育の原典

本書は、シュタイナーが一九一九年にシュタイナー学校の教師たちのために行った連続講義をまとめた『ルドルフ・シュタイナー教育講座』を締めくくる第三部です。『教育の基礎としての一般人間学』『教育芸術1　方法論と教授法』に続き、本巻では演習例の数々を示し、重要科目についてのカリキュラムを明らかにしています。

本書の内容をなすゼミナールでは、まずシュタイナーが基調となる講義を行い、課題を与え、それを受けて、参加者が発表したり質問したりしたのだといいます。

もしもクラスの中にいじめられっ子がでたらどうするのか。腕白小僧たちのひとりが何かとんでもないいたずらをして、クラス中にはやらせた時の対処は？　教育現場に生かすための非常に具体的な内容の、臨場感溢《あふ》れるやり取りが文面から伝わってきます。

訳者である高橋巖さんは「今改めて本書を日本語で読み返してみると、ここに示されている内容の深さと広がりに驚嘆《きょうたん》させられる。今日の教育事情に照らし合わせても、いささかの古さも感じさせないどころか、これからの教育がとるべき必要な方向さえここにはっきりと示されている」と述べています。

シュタイナー教育の実践

教師のための公開教育講座

ルドルフ・シュタイナー著
西川隆範訳

イザラ書房　1994年5月24日　定価（本体）2330円＋税

【主な目次】◉子どもを理解する◉精神科学的人間認識の観点からの教育実践◉学校の運営◉カリキュラムの例◉一週の科目時間数の例

シュタイナー教育の全体像を知る、教師のための入門書

あるべき学校像・あるべき教師像とはなんでしょうか。今、なぜ世界各国でシュタイナー教育が注目され、期待を集めているのでしょうか。子どもの魂《たましい》を育てる教師のあり方、学校のあり方とは？

本書は一九二三年にスイスのドルナッハで行われた、シュタイナーによる公開教育講座の速記録です。人間学・教育方法・学校運営を概観《がいかん》しているので、シュタイナー教育の全体像がよく分かり、格好の入門書となっています。

翻訳者である西川隆範さんは「現代の教育の知育偏重の結果、子どもの生命力は衰退し、大人になったときに人生の荒波に立ち向かうことのできない虚弱な心が多く作られている。教育を、人間を育てるという本来の姿に戻し、知情意のバランスのとれた、自分の足で人生を力強く歩み通せる人間を育てるために、シュタイナー教育はもっともすぐれた示唆《しさ》を与えるものであると、訳者は確信している」とあとがきで述べています。

シュタイナー学校のカリキュラムの例も付録しており、幼児期・学童期をよく知るための教育講座集です。

シュタイナー教育の基本要素

ルドルフ・シュタイナー著
西川隆範訳
イザラ書房　1994年1月15日　定価（本体）2330円＋税

【主な目次】◉精神科学の立場からの子どもの教育◉親と子◉受胎・誕生・成長◉素質・才能・教育◉気質◉性格◉子どもの自我

シュタイナー教育の基礎をなす背景を学ぶ

シュタイナー教育の原点である基本要素を、精神科学的――人間学的な深みにまで踏《ふ》み込んで、様々な角度から着実に理解するために編訳されたものです。

シュタイナーは一九一九年の夏から体力の限界を迎える一九二四年の夏までに、約二百回の教育講演をおこなったといいますが、教育は、それ以前にも折に触れて語っている重要なテーマです。子どもが生まれるまえの宇宙的状況と誕生後の成長は、どのような関連にあるのでしょうか？　シュタイナー教育最大の特徴である、輪廻転生《りんねてんしょう》の立場から考察される子どもの素質や気質の生成とは？　子どもの自我の目覚めで述べられる、〝アーリマン〟と〝ルシファー〟という概念とは？

訳者である西川隆範さんは「欧米でシュタイナー学校の生徒たち、卒業生たちに接するたびに、そのしっかりと筋の通った人間性と抜群の知力に訳者は大きな驚きを感じてきた。また、日本各地で行われている教育講座に参加されている方々の熱意と深い問題意識に触れて、日本でのシュタイナー教育運動の発展を確信するにいたっている」と述べています。

シュタイナー教育の深層に流れる人智学思想を学び、なぜ、このような教育が生まれたのかを知る講演集です。

霊学の観点からの子どもの教育

［講演＋論文］完全版

ルドルフ・シュタイナー著
松浦 賢訳
イザラ書房　1999年7月30日　定価（本体）2300円＋税

【主な目次】◉霊学の観点からの子どもの教育　講演版◉霊学の観点からの子どもの教育　論文版◉原註◉解説　シュタイナー教育の基本事項について◉子どものためのお祈りの言葉

シュタイナー自身が著した教育のエッセンス

今日にいたるまで大きく発展を遂げたヴァルドルフ教育（シュタイナー教育）運動は、本書に収められた一九〇六年のシュタイナーの講演「霊学の観点からの子どもの教育」を最初の出発点としています。反響の大きかったこの講演の内容を、シュタイナーはさらに詳細に組み立てなおし、論文版として書き下ろしました。本書では講演と論文、二つの版をともに収め、シュタイナー教育提唱の原点に触れられるようにしました。その教育思想の核心が、すべてここに含まれているといっても過言ではありません。

また、「子どものためのお祈りの言葉」も十九篇収録しました。ヴァルドルフ学校で使われる、これら詩句の深く美しい内容も、シュタイナー教育の本質を伝えています。

この本でシュタイナーは、教育の個々の事柄を、部屋の環境・服・食べ物・おもちゃ・お話し・体操等々にいたるまで、広く具体的に取りあげています。実際的な教育論であるとともに、人智学の人間洞察《どうさつ》を概説する一冊でもあります。訳者による懇切丁寧《こんせつていねい》な解説（約四〇頁）付きで、はじめて勉強される方にも解りやすくなっていますので、広くご一読をおすすめしたい教育書です。

自由への教育

ルドルフ・シュタイナーの教育思想とシュタイナー幼稚園、学校の実践の記録と報告

フランス・カルルグレン著
高橋 巖 高橋弘子共訳
ルドルフ・シュタイナー研究所（発行）
フレーベル館（販売）
1992年1月15日　定価（本体）5340円＋税

【主な目次】◉就学前の子供／感覚器官としての子供◉教育上の基本点／1日のリズム／自由への動機について◉最初の8学年／権威か、それとも自由か／見ること聞くことの可能な諸法則◉後期の4年間／我々の時代の思春期◉世界的視点／産業化した学校の問題／自由な学校

シュタイナー教育の真髄を、読む

芸術性に富み、子どもを生き生きとさせる教育。シュタイナーの思想が息づく教育のあり方は、人を魅了してやみません。二〇世紀初頭、国家と経済の要請に基づいて行われていたドイツの学校教育に、シュタイナーは納得がいきませんでした。大人の都合による教育ではなく、子どもにとって本当に必要な教育を実践したいと願ったのです。

人間として、自分の責任と義務を自由に行使できるように育てる教育が必要なのです。それは決して子どもたちの勝手気ままにさせる自由ではなく、教師は自然と子どもたちに尊敬される権威でなければなりません。カリキュラムは従来の伝統に寄りかかるべきではなく、現代の生活の要請から生じてくるものであり、学校は現在と近き未来の学校であるべき…。子どもたちの気質によって授業の進め方や設問を変えることや、数学や化学、文学や芸術のユニークな教え方にもシュタイナーの精神が脈々と息づいています。本書は一四ヶ国語に訳され、読みつがれており、シュタイナー教育における基本理念から学校での具体的事例やカリキュラムまでを豊富にとりあげ、生徒たちの絵画なども収めた、スウェーデンのシュタイナー学校（高校）教師による分かりやすい実践の記録と報告書です。

シュタイナー教育の創造性

ルネ・ケリードー著
佐々木正人訳
小学館　1990年1月10日　定価(本体)1550円＋税

【主な目次】◉子どもの生活の創造的なリズム◉子どもの個性を理解するための四つの気質◉シュタイナー教育は、どのように子どもたちに人生への準備をさせるか？◉地理教育とわたしたちの地球に対する責任◉歴史は子どもたちを自己探求の旅へとみちびく◉シュタイナー教育は、子どもの驚き、感謝、責任感をどのように育てるか？◉外国語への創造的なアプローチ◉オイリュトミーとは何か？

シュタイナーの教育に国境はない

〝教育とは、どれほど素晴らしく、創造的なものか！〟と、自らの教育実践をふまえて語ったのが、本書です。

著者のルネ・ケリードー氏は、アメリカのシュタイナー教育の実践家で、指導的役割りを果した人。「教育の魔術師」の異名を与えられています。本書はその人の講演集で、シュタイナー教育の本質・真髄《しんずい》を縦横無尽《じゅうおうむじん》に語っています。

シュタイナー学校は一二年間の一貫教育で、そこで何が培《つちか》われ、育《はぐく》まれて、どんな成果が得られるのか。教育に携《たずさ》わる人はもちろん、子の親にとっても、答えを求めての必読書といえます。

また二〇〇二年からわが国で完全実施となる〝総合的な学習の時間〟の参考になる話が、第四話の地理教育、第五話の歴史教育、第七話の外国語教育で語られています。

例えば、外国語の学習に、子どもたちの音楽的な模倣《もほう》能力が強くかかわっている、といった指摘。地理は〝地球は一つ〟という意識を目覚めさせ、地球を読み解く教科である。教科はすべてを総合させてこそ成果が得られるといった指摘は、忘れていたものに気付かせる働きを持ちます。子供を真に理解するための方策も明確に語られています。

シュタイナー教育

その理論と実践

ギルバート・チャイルズ著
渡辺穣司訳
イザラ書房　1997年7月15日　定価(本体)3500円＋税

【主な目次】◉教育家としてのルドルフ・シュタイナー◉並外れた研究家◉源泉と発達◉前提と用語◉子どもの肉体・魂・精神（霊）◉四つの気質◉就学年齢前◉クラス担任期間◉幼年期の想像力◉カリキュラムへの創造的・芸術的アプローチ◉知性の夜明け◉思春期以後―上級学校◉カリキュラム◉未来に残された課題

シュタイナー教育の全貌を理解する、実践的参考の書

本書はドイツやイギリスのシュタイナー学校で教鞭をとった、ギルバート・チャイルズによるシュタイナー教育の理論と実践についてのテキストで、一九九一年にイギリスで刊行されたものです。

現在イギリスで行われているシュタイナー教育の理論と実践の説明、その根底に流れるシュタイナーの精神科学、またシュタイナー教育の確立に至るまでのプロセスとして、シュタイナーの生い立ちやシュタイナー学校の設立までの活動や理論の変《へん》遷《せん》を示しており、シュタイナー教育の全貌《ぜんぼう》がこの一冊でよくわかります。

訳者である渡辺穣司さんは「本書を通じて私の心を揺《ゆ》さぶるのは、シュタイナーが絶えず社会や教育に警告を発しながら奔《ほん》走《そう》したその姿です。警告を発するのは、シュタイナーが社会や教育を信じていたからこそでしょう」とあとがきで述べており、子どもたちの未来に想いを馳《は》せています。

クラス担任の役割や第一学年から第一二学年までの全カリキュラムも紹介されており、教育に携《たずさ》わる人にとってのヒントがいっぱいの、よき参考書となることでしょう。

シュタイナーの人間観と教育方法

幼児期から青年期まで

広瀬俊雄著（広島大学大学院教育学研究科教授）
ミネルヴァ書房　1988年7月20日
定価（本体）3600円＋税

【主な目次】◉シュタイナーの生涯と活動◉時代の教育への批判◉教育の基礎としての人智学的人間観◉幼児期の教育の方法◉児童期の教育の方法◉青年期の教育の方法◉シュタイナーの教育方法の今日的意義◉文献・資料一覧

人智学的人間観に基づく教育理論の体系化

シュタイナー教育を本格的に学ぶうえで特に重要なシュタイナー理論における人間観を、その教育方法との関連から体系的に論じた本。シュタイナーの人智学的人間観に基づく教育方法の理論を、シュタイナーの原典文献から具体的に解明。従来深く究明されてこなかった幼児期および青年期の教育方法の系統的・総合的な把握につとめています。

シュタイナーの教育理論は、実践の裏付けのない机上《きじょう》の空論ではありません。人の誕生からこの世を去るまでの生涯全体を見通して教育実践を捉《とら》える壮大な理論であると同時に、子どもの魂《たましい》・本性の細部を最大限考慮したきめ細かい理論であり、実践と一体になった、実り豊かな教育を生み出す理論として、出会った人々を魅了してやまず、その影響は、現在に至るまで、広く、深く広がっています。数多くのすぐれた教育実践を生み出し、理想の教育システムとして、近年ますます注目されているシュタイナー教育は、なにを、どのように育てようとするのか、その原理を理解し、本質を解明する本格的理論書として、本書はシュタイナー教育研究の必須文献です。これからシュタイナー教育を学ぼうとする人、実践を深めようとする人に定評のある一冊です。

シュタイナー教育を考える

子安美知子著
（日本アントロポゾフィー協会文学部門代表）

朝日新聞社　1987年7月20日　定価（本体）500円＋税

※本書は上記文庫と同タイトルで単行本（学陽書房）としても刊行されています。

娘をシュタイナー学校に入れた体験から語る入門書

テストもなければ通信簿もない、教科書を使わず八年間担任制の風変わりな学校……。

留学先のミュンヘンでシュタイナー学校に娘フミさんを入学させた体験をもとに、そのユニークな授業の実際を順を追って紹介しながら、背後に流れるルドルフ・シュタイナーの人間哲学の全体像をさぐります。

理想的に見えるシュタイナー学校ですが、「私はシュタイナー学校を、素晴らしいとか、夢のようだとか、理想郷であるとか、将来安心だとか、ばら色に彩《いろど》られたようなムードでお話ししてはならないと考えています」著者である子安美知子さんは冷静におっしゃっています。

シュタイナー学校、それは楽しくみえるときもあります。子どもたちは幸せだと思う瞬間もあります。しかし、それでもう安心というわけにはいきません。シュタイナー学校に子どもを入れるのは、冒険でもあるのです。冒険でありつつも、シュタイナー教育は現代人にとって一つの衝撃なのではないでしょうか。完全無欠な教育だからというわけではなく、その衝撃の深さと大きさが、時代の要請を受け、世界中で着実にシュタイナー学校が増え続けている理由なのかもしれません。

シュタイナー教育を考える

朝日カルチャーセンター講座

子安美知子著
(日本アントロポゾフィー協会文学部門代表)

学陽書房　1983年3月15日　定価(本体)1262円＋税

【主な目次】◉シュタイナー学校――西ドイツ教育界の異端児◉シュタイナー学校の人間観的背景◉１～２年生の授業――文字の学び方を中心にして◉１～２年生の授業――数の勉強を中心にして◉芸術にひたされた授業とは◉フォルメンとオイリュトミー◉３年生ではじまる生活科の意味◉４～８年生の授業の概観◉通信簿とその詩◉カリキュラムの考え方と八年間担任制

※本書は文庫本としても（学陽文庫及び朝日文庫）刊行されています。

初めて体系的に語られたシュタイナー教育の真髄

著者がドイツ・ミュンヘンに研究留学中、自分の娘の学校として初めてシュタイナー学校に出会ってから一〇年。その間、研究者としてではなく一人の母親としてシュタイナー学校の経験を綴《つづ》った『ミュンヘンの小学生』が毎日出版文化賞を受賞、大きな反響を呼びました。

そして、たくさんの読者の「シュタイナー教育を日本に」という熱意に押されるようにして、著者は一人の母親という立場を脱し、研究者としてシュタイナー教育への認識を深めていきます。

その最初の成果が本書です。この本は、「朝日カルチャーセンター」で行った一〇回連続の講座をもとに書き下ろしたもの。一年生から八年生までの授業が、母親としての思いを行間に残した瑞々《みずみず》しい言葉で語られ、エポック授業の実際や、八年担任制、フォルメンやオイリュトミーといった、シュタイナー教育の特徴がたくさんの資料と共に再現されています。

さらに、そうした風変わりなシュタイナー教育の、特長のよってきたる所以《ゆえん》――つまり、背後に流れるシュタイナーの人間観にまで目が届いた、最良のシュタイナー教育入門書となっています。

シュタイナー教育入門

現代日本の教育への提言

高橋　巖著（日本人智学協会代表）

角川書店　1984年7月20日　定価（本体）1400円＋税

【主な目次】◉ヨーロッパにおける教育思想の源流――ギリシア・ローマ・中世の教育◉教師の理想像◉シュタイナーの一般人間学◉魂の教育◉シュタイナー教育の観点から見たカルマと転生

新しい教育の可能性を考える

現代の教育の荒廃の原因は、子どもを管理するという管理体制が教育のいちばんの基本にあり、教育の目的が知識偏重にならざるを得なくなっていることにあります。シュタイナーはこの教育体制を生み出したプロセスを歴史的に解明し、徹底的に分析して、子どもを管理するという性悪説の考え方を排し、個々の人間がかけがえのない、貴重な存在であることを、教育を通して実感できるようにと考えました。

　本書は、このシュタイナーの「魂《たましい》の教育」の根本理論をはじめてわかり易く説いた、教育の場で必読の案内書です。

「本書はシュタイナー教育という「性善説による教育」を可能にしている考え方を、できるだけ納得できる仕方で表現することに努めた。どんな教育制度の下でも、制度のよしあしにかかわりなく、子どもたちのためにしてあげられる教育実践の基本が本書のテーマである」（あとがきより）

　シュタイナー教育の社会的意味は、一人ひとりの人間がどんなにかけがえのない、貴重な存在であるかを、教育を通して実感できるようにすることにあり、シュタイナー教育は人間存在の深い謎《なぞ》にまで眼を向け、生きるための確かな支えと励ましとを、教師にも生徒にも与えてくれるのだといいます。

シュタイナー教育を語る

気質と年齢に応じた教育

高橋　巖著（日本人智学協会代表）

角川書店　1990年10月25日　定価（本体）1400円＋税

【主な目次】◉零歳から７歳までの教育――幼児期の教育◉７歳から14歳までの教育――小、中学生の教育◉14歳から21歳までの教育――高校生の教育◉21歳から28歳までの教育――第４・７年期の教育◉母親の自己教育――生涯の教育

「教育芸術」を成長過程に則して解説

本書は、子どもの成長に添《そ》い、日常生活に則した教育論です。今日ますます深刻化する教育の荒廃ぶりは、管理教育の行き詰まりを露呈《ろてい》しています。本当に生きがいのある人生を送るためには、どのような教育が必要なのでしょうか。

教育の方向には、大きくふたつの流れがあるといいます。一方は、外側から手を加えて人間の人格を形成する、つまり彫刻家が素材を彫《ほ》っていくかのように、立派な社会人をつくりあげる方向。もう一方は園芸家のように、水や肥えた土など必要なものを与えて、すでに種子自体が持っている個性や可能性を美しく開花させる、という方向。今日の日本では前者がはるかに有力ですが、シュタイナーやペスタロッチ、フレーベル、マリア・モンテッソリといった教育者は後者になると著者はいいます。どちらの教育を受けたかで、その後の人生がまるっきり違ってくるかもしれません。

管理教育を排し、人生における芸術的態度が大切だとするシュタイナーの「教育芸術」を、子どもの成長に則して詳しく述べ、子どもの成長過程に則して、あますところなく解説します。

本質的な問題を、丁寧《ていねい》にわかりやすく表現しており、読み物としても充実しています。

子どものいのちを育む シュタイナー教育入門

子安美知子
（日本アントロポゾフィー協会文学部門代表）
上松佑二（日本アントロポゾフィー協会理事長）
西平 直（東京大学大学院教育学研究科助教授）他編

学習研究社　2000年5月11日　定価（本体）1600円＋税

【主な目次】◉シュタイナー教育とシュタイナー◉シュタイナー教育の授業／シュタイナー教育における絵画／音楽／メルヘンと語り◉シュタイナー教育の独特な授業／オイリュトミー／フォルメン線描／シュタイナー教育における学校建築／日本におけるシュタイナー教育◉シュタイナー教育と学校のいま／シュタイナー教育のもとで育った子ども達はいま／留学によるシュタイナー教育体験ガイド／日本で学ぶシュタイナー教員養成講座

生命の輝き、生きる力を伸ばす教育のために

シュタイナー教育に関心を持ち、どんな教育をするのか知りたいと考えている親御さんが最近増えてきています。これは、子どもを取り巻く環境がかつてないほどに厳しくなり、教育現場の荒廃が報道されているからでしょう。せめて我が子の教育は、少しでもよい環境のもとで受けさせてやりたいと願うのが親心というものです。

ところが、シュタイナー教育は子どもを自然のままにのびのび育てる教育のようだ…というような漠然《ばくぜん》とした知識はあっても、本当のところはどうなのか、具体的にどんな教育をするのか、わかりやすく書かれた入門書はいままであまり多くありませんでした。

本書は、実際にシュタイナー教育にたずさわっている現場の先生方に、くわしく、しかもわかりやすい言葉で書いていただいたうえに、シュタイナー教育を受けて、今は社会人となっている方々のインタビューまである、本当の入門書です。

感性も意志も知性も体もバランスよく育てる、子どもたちが本来もっている生命の輝きを伸ばす教育――それがシュタイナー教育の本質なのです。生き生きした子どもを育てる教育への扉を開いてみませんか。

いのちに根ざす　日本のシュタイナー教育

吉田敦彦（府立大阪女子大学助教授）
今井重孝（青山学院大学教授）編
せせらぎ出版　2001年3月31日　定価（本体）2000円＋税

【主な目次】◉序・日本の学校とシュタイナー教育を結ぶ　吉田敦彦◉学校現場にシュタイナー教育をいかす　内海真理子　小野精一　山浦恵津子　竹村景生◉日本のシュタイナー教育実践に学ぶ　秦理絵子　津吉靖　不二陽子　森章吾　大村祐子◉シュタイナー教育と日本の教育現実　西川隆範　広瀬俊雄　吉田武男　西平直　石川恒夫◉ホリスティックな観点とシュタイナー教育　今井重孝　金田卓也　鶴田一郎　中川吉晴◉結・シュタイナーに学ぶホリスティックな教育◉【付録資料】シュタイナー学校のカリキュラム

つながりが生み出した、総合時代の道しるべ

「シュタイナー教育は魅力的だ。しかし日本の現実に合うだろうか？　とくに日本の学校教育の中でできるだろうか？」この問いに真正面からこたえようと、日本のシュタイナー教育の最前線から十九名の執筆陣が一堂に会し、かつてない幅をもつ書が実現しました。

第Ⅰ部は、今の日本の学校現場で取り入れられているシュタイナー教育の授業実践の報告。第Ⅱ部は、東京シュタイナーシューレをはじめとした日本におけるシュタイナー学校と、学校づくりの活動からの経験報告。第Ⅲ部は、シュタイナー教育の研究者から、日本の教育の現実を踏《ふ》まえて配慮すべき点の示唆《しさ》。第Ⅳ部はホリスティック教育の観点から、シュタイナー教育と今後協力しあえる可能性について。全二〇編にわたる書き下ろしです。

ホリスティックとは、全体をとらえる、つながりを大切にするという意味を含む言葉。これまでの日本の学校の現実を否定し「海の向こうにこんな理想の教育があります」というのではなく、この列島に育《はぐく》まれてきた文化や学校の現実の中に、シュタイナー教育の実践と思想を生かす道を拓《ひら》くために本書は編まれました。総合教育を模索する時代の道しるべとなる一冊です。

教育　概要

シュタイナー教育を学びたい人のために

シュタイナー教育研究入門〔基礎編〕

吉田武男著（筑波大学助教授）

協同出版　1997年11月1日　定価（本体）1800円＋税

【主な目次】◉シュタイナーの思想形成過程◉シュタイナー教育の人間観／人間の本質／人間の発達／人間の「気質」◉シュタイナー教育の社会観／社会有機体三分節化運動の思想／社会有機体三分節化運動の結実◉シュタイナー教育の方法の基本／発達に即した働きかけ／「気質」に即した働きかけ◉シュタイナー教育の実践的基盤／エポック方式の採用／長期の学級担任制の実施／点数評価の廃止◉シュタイナー教育とホリスティック教育

シュタイナーの教育理論についての概説書

本書は、日本の幼稚園や学校で広まっているシュタイナー教育の理論、方法についての概説書です。シュタイナー教育というと、シュタイナー幼稚園での手作りの人形や自然の教材、水彩画、「オイリュトミー」といった身体芸術運動等の実践活動が象徴的です。

本書では、このような芸術的色彩の強いシュタイナー教育が、いかに広大な哲学的人間観、教育観に裏打ちされているかを知ることが出来ます。

筆者は、わが国のいじめ、不登校などの「教育的病理」の現象の抜本的解決には、「治療」というような対症療法を前提とする教育ではなく、「予防」に自然とつながっているような教育が大切であると考えます。

そして、教師と子ども、子ども同士の「かかわり」や「つながり」を大切にしているシュタイナー教育に解決の糸口を見つけます。

補章で、シュタイナー教育とホリスティック教育との関連性について考察されているのも興味深いことです。

シュタイナー教育の全体像を概観している本書は、研究をこころざす人の入門書として最適の書と言えるでしょう。

シュタイナー教育に学ぶ通信講座 第1期

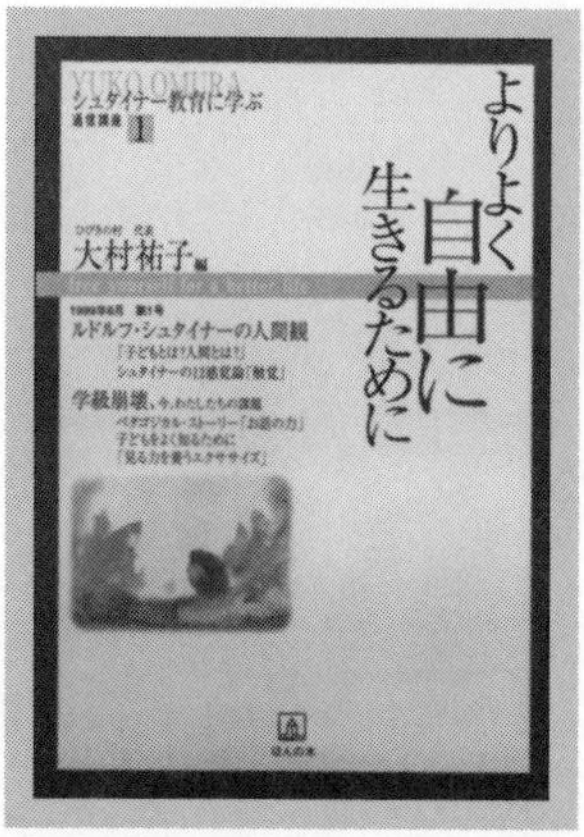

大村祐子著（NPO法人ひびきの村代表）
ほんの木　第1号 1999年6月6日／第2号 1999年8月8日／第3号 1999年10月10日／第4号 1999年12月1日／第5号 2000年2月1日／第6号 2000年4月1日／第1号のみ定価（本体）1000円＋税　他各定価（本体）1200円＋税

【主な目次】

◉1号　よりよく自由に生きるために
2号　子どもたちを教育崩壊から救う
3号　家庭でできるシュタイナー教育
4号　シュタイナー教育と「四つの気質」
5号　「子どもの暴力」をシュタイナー教育から考える
6号　「人はなぜ生きるのか」シュタイナー教育が目指すもの

子どもの教育を軸にシュタイナーを知り学ぶ6冊

一九九六年、北海道伊達市にシュタイナーの思想を実践しようと志す人々が集まり、共同体「ひびきの村」がスタートしました。アメリカ・サクラメントでルドルフ・シュタイナー・カレッジの教員養成、ゲーテの科学・芸術コースで学んだ大村祐子さんは、その代表であり本書の著者です。そして九九年六月の創刊号から年間六冊、主に通販会員制で二ヶ月に一冊ずつのブックレットが開始されました。シュタイナーが語り、著し、実践した言葉や教育を著者の体験や人生上の学びを通して書きあげた誌上講座として急速に全国に広がり、シュタイナーの育児・教育を真剣に習得しようと志す母親や父親に好評です。

この第1期シリーズは子どもの教育を軸に、さまざまな人生の問いを、読者とともにシュタイナーの思想や教育を通して考えていくものです。添削《てんさく》指導といったことはありませんが、読者から大村さんへの質問・意見などを取り上げ、それを文章として綴《つづ》るなど、読者と著者とが創りあげる通信講座となっています。子どもをのびのびとした自由な人間に育てたい、教育崩壊から救うには？　シュタイナーの著書を読んでみたけれど難しすぎてよく分からない、シュタイナー教育ってなんだろう？と思った人に、易しい言葉で丁寧《ていねい》に書かれています。

シュタイナー教育に学ぶ通信講座 第2期

大村祐子著（NPO法人ひびきの村代表）
ほんの木　第1号 2000年6月15日／第2号 2000年8月15日／第3号 2000年10月15日／第4号 2000年12月15日／第5号 2001年2月15日／第6号 2001年4月30日
各定価（本体）1400円＋税

【主な目次】

◉1号　シュタイナー教育から学ぶ「愛に生きること」
2号　シュタイナー教育と「17歳、荒れる若者たち」
3号　シュタイナーの示す人間の心と精神「自由への旅」
4号　シュタイナー思想に学ぶ「違いをのりこえる」
5号　シュタイナーが示す新しい生き方を求めて
6号　シュタイナー教育と「本質を生きること」

親と子の教育を軸にシュタイナー教育を学ぶ6冊

好評の第1期シリーズ（前ページで紹介）に続き、親と子どもの関係を軸にシュタイナー教育を学ぶ、通信講座第2期のブックレットシリーズです。

このシリーズでは、今日の時代背景と子どもたちや教育上のさまざまな出来事をタイムリーに取り上げています。著者である大村祐子さんは、子どもの問題はすべて、大人自身のあり方の問題として捉《とら》え、毎日「シュタイナーいずみの学校」の教壇に立つ中で、子供たちと共に学ぶシュタイナー教育を現代の状況に生かした形で表現しようと意欲的な試みを行っています。

また、シュタイナー思想の基本概念の一つともいわれている「人生の七年周期」を取り上げ、1号の二一歳から6号の六三歳までを大村さん独自の視点で連載しています。シュタイナーのいう〝七年周期〟とは？　人生の危機をいかに乗り越えていけばいいのでしょう？　物質的な価値観から脱し、精神的な生き方に向かうには？　子どもの成長段階についての具体的な子育て・教育とともに興味深いテーマです。

荒れる思春期の若者との関わりなど、大村さんのシュタイナー教育者であり、母・祖母でもある、実践を重ねた、説得力ある語りかけがいっぱいです。

シュタイナー教育に学ぶ通信講座 第3期

大人のためのシュタイナー教育講座

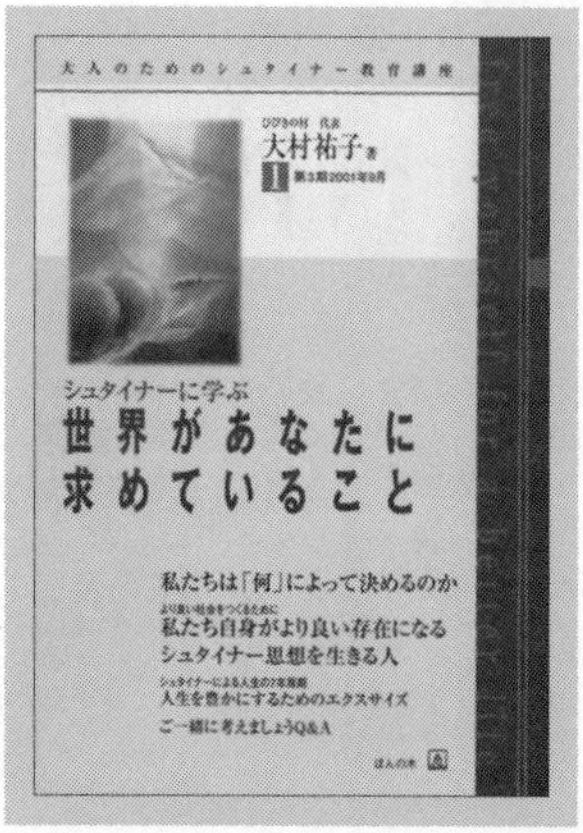

大村祐子著(NPO法人ひびきの村代表)
ほんの木　第1号 2001年9月1日/第2号 2001年11月1日/第3号 2002年1月10日/第4号 2002年3月15日/第5号 2002年5月10日/第6号 2002年7月1日　各定価(本体)1400円+税

【主な目次】

◉1号　シュタイナーに学ぶ「世界があなたに求めていること」
2号　同「人が生きること、そして死ぬこと」
3号　同「エゴイズムを克服すること」
4号　同「グローバリゼーションと人智学運動」
5号　同「真のコスモポリタンになること」
6号　同「時代を越えて、共に生きること」

社会運動としての人智学をも目指す、6冊

シュタイナー教育を学ぶ過程で、大人として、親としての生き方や、家庭・社会とのあり方を学びたいという読者からの要望に応えて出版された、シュタイナー教育に学ぶ通信講座のシリーズ6冊、第3期です。

本講座を始めるにあたり、著者である大村祐子さんは「わたしたちの学びのすべては〝子どものため〟と考えて始められたことでした。けれど、学ぶうちにわたしたちが分かったことは、〝子どもがもっとも必要としている教育〟をするためには、わたしたち自身が真に自由な人間として生き、精神の進化を遂げなければならないということだったのです」と述べています。親である大人こそが、自らの生き方を考え、学ぶことが必要なのかもしれません。「考えの違う人と、諍《いさか》いをせずに、一緒に仕事をするにはどうしたらよいでしょう?」「価値観の異なる人と、どうしたら共感を持って生活することができるでしょうか?」などといった読者からの質問や、人間の生死、エゴイズムの克服など、個人としてできるエクスサイズも紹介しています。また教育をより良くするための改革や、社会運動としての人智学を目指そうとする著者の姿勢や志が伝わってきます。

悩み多い現代を生きる、大人に贈る通信講座です。

ひびきの村 シュタイナー教育の模擬授業

大人のための幼稚園・小学校　スクーリング・レポート

大村祐子（NPO法人ひびきの村代表）**他著**
ほんの木　2001年6月16日　定価（本体）2200円＋税

【主な目次】◉シュタイナー幼稚園の体験／ひびきの村「こどもの園」の一日／幼児のための《水彩》の時間／講義と質問の時間◉小学校の模擬授業《スクーリング》／メインレッスン「地理」／小学生のための水彩の時間／講義と質問の時間◉ひびきの村「こどもの園」／「シュタイナーいずみの学校」／人智学共同体「ひびきの村」のご案内

※メインレッスン＝エポック授業と同意語です。

日本のシュタイナー教育の授業と感動を体験する

子どもにシュタイナー教育を受けさせたいが、通える場所にシュタイナー幼稚園や学校がない。どんな教育方法なのか具体的に知りたい…。そんな声に答え、日本で行われているシャタイナー幼稚園と小学校の授業を初めて公開したのが、この『シュタイナー教育の模擬授業』です。

著者である大村祐子さんが、かつてアメリカ・サクラメントのシュタイナー学校教員養成プログラムで学んでいた頃、初めて体験したシュタイナー教育のメインレッスンはとても新鮮で、衝撃的なものでした。「シュタイナー学校の授業を体験したいと、大勢の方がおっしゃいます。そう願う皆様はさまざまな動機や理由をお持ちです。けれど、残念ながらわたしたちは皆様のご要望のすべてにお応えすることはできません。…中略…それでもなお、わたしの内に大きな衝動をもたらしたメインレッスンを、多くの方々に体験していただきたいと、わたしは願っています。一人でも多くの方がシュタイナー学校のメインレッスンを体験し、感動し、その感動が皆様の内に衝動をもたらしたら…それは日本の教育が見直され、変えられる大きなきっかけになるに違いない、という確信がわたしにはあるのです」という大村さんの授業を、本書で体験してみましょう。

シュタイナー 芸術としての教育

大教育家を語る

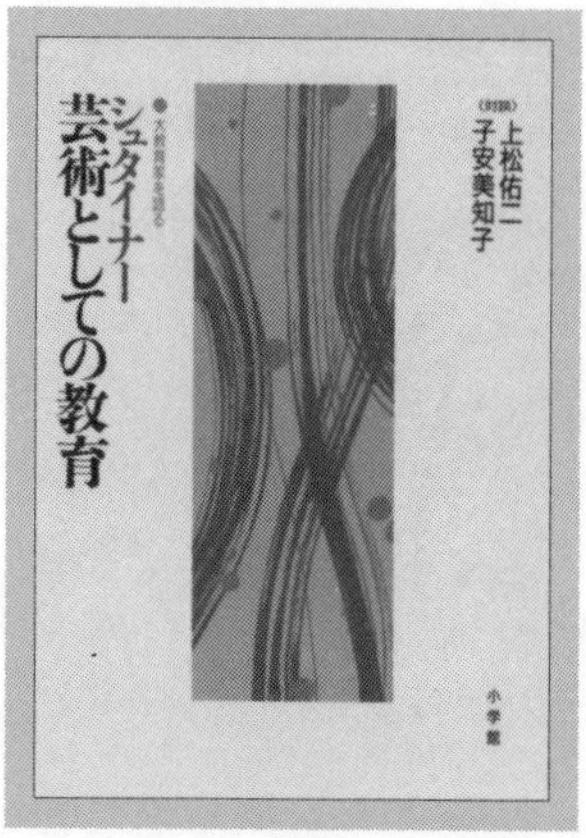

子安美知子
（日本アントロポゾフィー協会文学部門代表）
上松佑二（日本アントロポゾフィー協会理事長）共著

小学館　1988年4月20日　定価（本体）1550円＋税

【主な目次】◉シュタイナーとの出会い／『ミュンヘンの小学生』／『ミュンヘンの中学生』／シュタイナーハウスの誕生◉シュタイナー学校の教育／教科書のない教育／オイリュトミー◉人と生涯／1900年以前／シュタイナーの思想のプロセス◉思想と教育／人間の本質／教育への展開／『普遍的人間学』／三つの７年期◉社会的な広がり／社会有機体の三層構造◉日本におけるシュタイナー運動の現状／シュタイナー学校実現への展望

子どもの未来を切り開く鍵が語られる

比較的早い時期（一九七〇年代）にシュタイナーを日本に紹介した先駆的な二人、ドイツ文学者、子安美知子さんと建築家、上松佑二さんによる対談集です。

対談形式の著作は、とかく読者の立場から遊離した、内輪のスタイルで語られることが多いのですが、本書は筋立てが明確で読者の興味関心から離れず、スムーズに話が展開しています。さすがに造詣《ぞうけい》の深いお二人の対談ならではとうなずけます。従ってシュタイナーについて全く予備知識がない人にとっても、読みやすく、納得が得られます。

対談は目次通りに進行しますが教育関係者にとっては、第二章〝シュタイナー学校の教育〟が、一般読者には第二章〝人と生涯〟と第四章〝思想と教育〟が、研究者には第五章〝社会的な広がり〟が読みどころといえます。

対談者の子安さんは、七五年に刊行されて話題となった『ミュンヘンの小学生』の作者で、早稲田大学でドイツ語とドイツ文学を講じ、対する上松さんがその講義を聴いていたという建築家で東海大学教授。子安さんが、わが子を介して、上松さんが建築を介してシュタイナーに出会ったという経歴もユニーク。本書でもその味わいが滲《にじ》み出ています。

発想の転換を促す
シュタイナーの教育名言100選

吉田武男著(筑波大学助教授)
学事出版　2001年2月27日　定価(本体)1400円+税

【主な目次】◉プロローグ／注目され続けるシュタイナー教育とその創始者の発言◉人間理解のための道しるべ◉人間形成のための道しるべ◉幼児期の教育のための道しるべ◉児童期の教育のための道しるべ◉青年期の教育のための道しるべ◉個に応じた教育のための道しるべ◉授業の方法のための道しるべ◉道徳教育のための道しるべ◉学級づくり・学校づくりのための道しるべ◉教師の力量形成のための道しるべ◉あとがき◉引用文献◉参考文献

教育に迷ったときの道しるべを名言が示す

教育について混迷する現代では、親や教師は教育に迷うことが多いでしょう。そんなときに、シュタイナーの言葉が指針をズバリ示してくれる、これはそんな本です。

著者は、道徳教育学と教育方法学の立場からシュタイナーを研究する筑波大学助教授。本書では、シュタイナーの著作や講演の中から百の名言を選び、個性の伸長、心の教育、新学習指導要領など、今日における我が国の教育の現状と関連づけながら、やさしく解説しました。人間理解や人間形成、幼児期から青年期までの教育、個に応じた教育、授業や学級・学校づくり、道徳教育、教師の力量形成などの視点から名言を取り上げました。幼児期から青年期まで、すなわち幼稚園・保育所から高校までの教師とその年代の子どもを持つ保護者を読者対象としています。名言はドイツ語の原典に忠実に翻訳しました。

著者は「対策的なマニュアルや療法に解決策を求める」のではなく、教育者の「発想の転換と創造的な力量を生み出す」ことによって教育の改善を図るべきではないか、ということを強調しています。本書を読み進めるにしたがって、現代にも当てはまるシュタイナーの深い洞察《どうさつ》に感嘆《かんたん》し、教育に対する読者の発想が転換されていきます。

子どもの体と心の成長

カロリーネ・フォン・ハイデブラント著
西川隆範訳

イザラ書房　1992年11月15日　定価（本体）2330円＋税

【主な目次】◉子どもの体／頭の大きな子どもと頭の小さな子ども◉子どもの心―さまざまな気質／多血質の子ども／憂鬱質の子ども／胆汁質の子ども／粘液質の子ども／気質の認識／子どもの心の目覚め／遊びとおもちゃ◉子どもの意識の発達／道徳教育と形成力／見えない遊び友だち／空想の嘘／空想の話／空想の無作法／学校教育と空想◉遊びから仕事へ／視聴覚教育／童話◉子どもの生活のリズムと宗教感情教育／四季の祭◉教育者と子ども

シュタイナー教育の、古典的名著

著者であるカロリーネ・フォン・ハイデブラントは、「生まれながらの教育家」とシュタイナーから評されて、一九一九年に開校された最初のシュタイナー学校に教師として参加した人物です。教師としてだけではなく、シュタイナー教育運動の代表者としてもヨーロッパ各地で講演活動をおこない、一九二四年にはシュタイナー学校のカリキュラムを作成するなど、幅広く活躍をしていました。

明るく元気で気まぐれな、愛すべき多血質の子ども、沈みがちで感じやすい憂うつ質の子ども、気性が激しく粘り強い胆汁質のこども、ゆっくりマイペースな粘液質の子ども…。本書の前半部では、著者の豊富な経験から現場の具体的事例をあげながら、シュタイナー教育における人間理解の中心となる「四つの気質」論が、それぞれの性格や体質の特徴や接し方にいたるまで、いきいきと語られています。

後半部では、子どもの心の本質への深い洞察《どうさつ》から、遊びと授業のありかた、子どもの生活全般のありかたについて、貴重な示唆《しさ》がなされています。

シュタイナー教育の、古典中の古典として欧米の教育家の間で広く知られた名著です。

シュタイナー教育入門　子どもが3つになるまでに

カール・ケーニッヒ著
そのだとしこ訳
パロル舎　1998年5月30日　定価(本体)1800円＋税

【主な目次】◉直立歩行能力の習得／運動プロセスの一般的特徴／人間の歩行能力発達のあらまし◉母国語の習得／表現、名づけること、会話としての言葉／言語器官の構造◉思考のめざめ／思考がめざめるための前提条件／「人間の思考と言えるもの」と「言えないもの」◉三つの最高感覚の発達／言語感覚と思考感覚についての基本的観察／言語感覚の発達とそのめざめ

三歳までの家庭教育のために

人は地上に生を享《う》けてから三年のあいだに、人が人となるための様々な能力を身につけます。第一年目に歩くことを学び、第二年目に話すことを身につけ、第三年目には考えることのめざめを経験するのです。歩き、話し、考える能力を習得してはじめて、自分自身を認識し、自由に動きまわり、話す能力のおかげで自分をとりまく世界のなかで仲間たちと意識的に意志の疎通がはかれるようになります。

この三つの能力のセットを奇蹟と呼んでも過言ではありません。なぜならこの三つのものは本能を越えたものであり、適応以上のものであり、遺伝的能力の展開以上のものだからです。この三つの基本的人間能力の修得は誰にでも授けられている神の恩賜《おんちょう》です。

ここでとりあげようとしている現象を詳しく検討することを通してのみ、全人間存在をこの発達段階に織り込んでいる方法が、いかに何層にもなっていて変化に富むものであるかを知ることができます。

本書は、著者が医者としての科学的な目と、子を抱く母親の目で、子どもに三歳までに起こる「立つ」「歩く」「話す」という出来事を解き明かしてくれるシュタイナー教育の必読書です。

シュタイナー教育入門

子どもが生まれる順番の神秘

カール・ケーニッヒ著
そのだとしこ訳

パロル舎　1998年4月20日　定価(本体)1700円＋税

【主な目次】◉ひとりっ子◉第1子◉第2子◉第3子◉カール・ケーニッヒ経歴

この世で果たす役割の違いは出生順に

一番目に生まれることと、二番目に生まれることと、三番目に生まれること。これはいったいどういうことでしょう。この偶然と見える順番に、はたして意味があるのでしょうか。あらゆる研究から、子どもが何番目に生まれてきたかによって、特有の性格的特徴や精神構造があるといっても間違いではなさそうです。けれども、このような相違がどこから来ているのかを明確に述べるのは実にむずかしいことです。この違いは、知能や一般的な能力の分野に属するものではなくて、情緒面や性格構造に属するもののようです。様々な包括的な研究から結論を要約すると、

☆第一子は世界を征服しようとします。
☆第二子は世界と調和して暮らそうとします。
☆第三子は世界と直接かかわることから逃げようとします。

四番目、五番目、六番目のこどもは、一番目、二番目、三番目の子どもと基本的な傾向を同じように繰り返し、七、八、九番目も同じ傾向をたどります。本書ではこの法則を第一子、第二子、第三子とそれぞれに具体例をもって検証し、この深遠な神秘の本質にせまるシュタイナー教育の必読文献です。

七歳までの人間教育

シュタイナー幼稚園と幼児教育

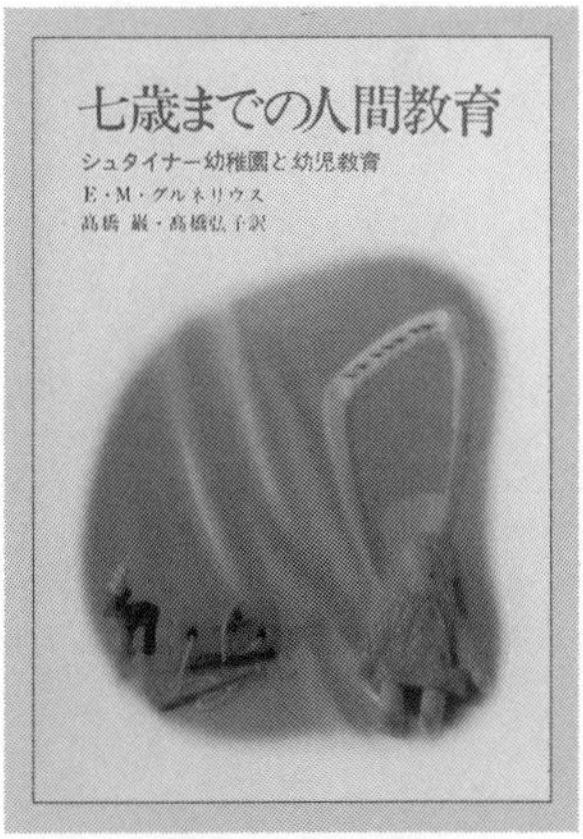

E・M・グルネリウス著
高橋 巖 高橋弘子共訳
ルドルフ・シュタイナー研究所（発行）
フレーベル館（販売）1987年9月15日（1981年11月4日「シュタイナー幼稚園と幼児教育」のタイトルにて発行）定価(本体)1400円＋税

【主な目次】◉幼児教育の基本点◉家庭での育児◉シュタイナー幼稚園の保育◉幼稚園の設計と設備◉まとめのことば◉幼児の教育のためのルドルフ・シュタイナーの講演と著作からの抜粋◉［付］ヴァルドルフ幼稚園のカリキュラム

幼児教育の基本から学びたい人のために

ルドルフ・シュタイナー教育運動の基点となったシュトゥットガルト自由ヴァルドルフ学校のために附属幼稚園を創設し、その経営に尽力したグルネリウス女史の、長年にわたる幼児教育の成果を集約したもの。「幼児は教えられることによってではなく、模倣《もほう》することによって学ぶのです」というルドルフ・シュタイナーの発言に興味を惹《ひ》かれた著者は、この言葉の正しさを、生活を通して実践的に吟味《ぎんみ》しつづけたといいます。そして、三〇年以上に及ぶ経験を通して、その正しさが確認できたともいいます。

「子どもは、教育環境の中で生活を自由に模倣する。ふさわしい手本がそこにあるならば、〇歳から七歳までの幼児は、必要な態度をすべて自分自身で身につけることができる。しかもそれによって子どもの本性は自然な仕方で花咲き、栄えるのです」（はじめにより）

そして、保育者は、なんらの制度によっても拘束《こうそく》される必要はなく、一人ひとりの自由な創意と人格の直接的な働きかけがもっぱら求められているといいます。百年近く前に発見されたこの幼児教育についての知見は、今でも色あせることなく実践されることを求められているように思われます。

親子で楽しむ　手づくりおもちゃ

シュタイナー幼稚園の教材集より

フライヤ・ヤフケ著
高橋弘子訳
地湧社　1989年1月15日
定価(本体)1500円＋税

【主な目次】◉遊びはプロセス／遊びは真剣なお仕事◉遊びの発達段階◉遊びへの促し◉感覚の働き◉年齢に応じたおもちゃ◉庭のおもちゃ◉遊びとお片付け◉建設ごっこ◉床やテーブルの上での建物づくり／積み木／こけし／小人／綿状羊毛で作る小羊／他◉人形の部屋／坊主人形／おくるみ人形／人形の服／他◉おみせ◉人形小部屋◉簡単なあやつり人形◉毛糸で編んだ動物◉とんぼ返り小法師◉添え書き／木製のおもちゃの手入れと洗浄

こんなおもちゃを作ってあげたい

子どもたちが本来持っている創造的ファンタジーを引き出すおもちゃこそ、本当のおもちゃといえます。一人ひとりの子どものなかには、子どもを行為へと促《うなが》すファンタジーが働いている、という著者は、特に幼稚園期の子どもにとって、具体的な機能を特定しないおもちゃはとても重要であると言います。

目鼻を描かないお人形は赤ちゃんにもお友だちにもなり、天然の染料で染めただけの羊毛のブロックは動物にもボールにも変身するのです。不定形の木片を並べた積み木遊びは不思議な塔にも岩山にもなり、布一枚があればお部屋にも隠れ家にもなります。そのような枠にはまらないダイナミックな遊びを通して子どもたちはファンタジーの世界をふくらませていき、そのような遊びを通じて真の創造性を育《はぐく》んでいくのです。

本書は、実際にシュタイナー幼稚園で使われているおもちゃの中から、布やひも、羊毛、木や砂などの天然素材を用いて作るいろいろな人形やその衣装、さらにそのお人形を引き立てる様々な小物類の作り方と遊びの例を紹介しています。

子どもの成長を願うと共に、お父さんお母さんが手づくりおもちゃを通して子どもとのつながりを深めるために役立つガイドブックです。

幼児のための人形劇

シュタイナー幼稚園教材集

フライヤ・ヤフケ著
高橋弘子訳
フレーベル館 1991年1月30日 定価(本体)1456円＋税

【主な目次】◉人形劇について◉人形劇の種類／両手を使っての芝居／立ち人形芝居／操り人形芝居ーマリオネットー／子どもも加わった操り人形芝居／手を入れて動かす人形芝居／道化人形劇◉子どもの年齢に見合った人形芝居の種類とその意味◉道化人形芝居の台本の内容についての提起

シュタイナー幼稚園のファンタジーな人形劇

やわらかい絹の布を結んでつくる「結び人形」、紡《つむ》いでない羊毛でつくる人間や動物の姿の人形。これらの簡単で実質のある人形の本質、特性は衣装の色を通してあらわれます。例えば、紫色のマントのついた王様の衣装は威厳を表し、賢い老婆の赤紫色の衣装には畏敬《いけい》の念を起こさせる効果があります。

そして子どもたちの想像を損《そこ》なうことのないよう人形の形や表情はシンプルで、あくまでも暗示的です。幼児はこれらの人形を詩的な言葉とともに体験します。人形劇を食い入るように見つめる子どもたちは、その場で自らも創作者となり、ファンタジーを働かせて人形が暗示しているものを補い、自分の体験した完全なものにします。すべて幼児の中にはこの力がまどろんでおり、これらの刺激を受けて幼児自らが内的につくりあげるイメージは、外から与えられるものより価値あるものであることは言うまでもありません。本書ではそんな人形の作り方と演じ方を紹介しています。

また人形劇といっても、両手を使ってカタツムリや親指の若者を創造し、色々な遊びを演じることもできますし、ハンカチや布製のナプキンも山や牧草地にみたてると立派な舞台装置になるのです。想像の世界が広がる一冊。

シュタイナー幼稚園のうた

高橋弘子編・著（那須みふじシュタイナー幼稚園園長）

ルドルフ・シュタイナー研究所（発行）
フレーベル館（販売）
1993年12月25日　定価（本体）1000円＋税

【主な目次】 ◉五度のうたについて◉幼稚園の一日／あさのうた／他◉お誕生日のうた／おたんじょうび／他◉子守うた／おやすみ　よいこ／他◉春のうた／おひさまの　ひかりの　なかで／他◉夏のうた／ほたる／他◉秋のうた／りんごもぎ／他◉冬のうた／うれしいクリスマス／他◉輪になって踊りましょう／ゆかいな男がとびだした／他

流れゆく雲のように、雨の降る音のように

著者高橋弘子先生は、はじめて、日本の幼稚園にシュタイナー教育をとり入れ、実践してこられた方です。日本の先生方と一緒に毎年のようにドイツのシュタイナー幼稚園を訪れ、実習してこられました。その折、ドイツの幼稚園でうたわれていた、美しいうた、きれいなうたをひとつずつ持って帰っては、翻訳し、日本の子どもたちとうたってきました。

どの音から始めてもよいし、どの音で終わっても良い、初めも終わりもなくいつまでも続く感じのメロディーは、「むかしむかし、あるところに…」と始まり「今もどこかで幸せに暮らしていることでしょう」で閉じられて、繰《く》り返し語られつづけるおとぎ話のようでもあります。

「この本を手にして、歌ってみようと思われて、あれっ、この歌には小節がつけられていない、拍子《ひょうし》が書かれていないといぶかしく思われる方もいられるでしょう。でもどうぞ流れゆく雲のように、雨の降る音のようにくちずさんでみていただければ」と先生自身が書いておられます。大人にはなかなかうたいにくいのですが、子どもたちはすぐに覚えて、きれいなメロディーが園に満ち溢《あふ》れるようになることでしょう。

遊びとファンタジー

親子で考えるシュタイナー幼児教育

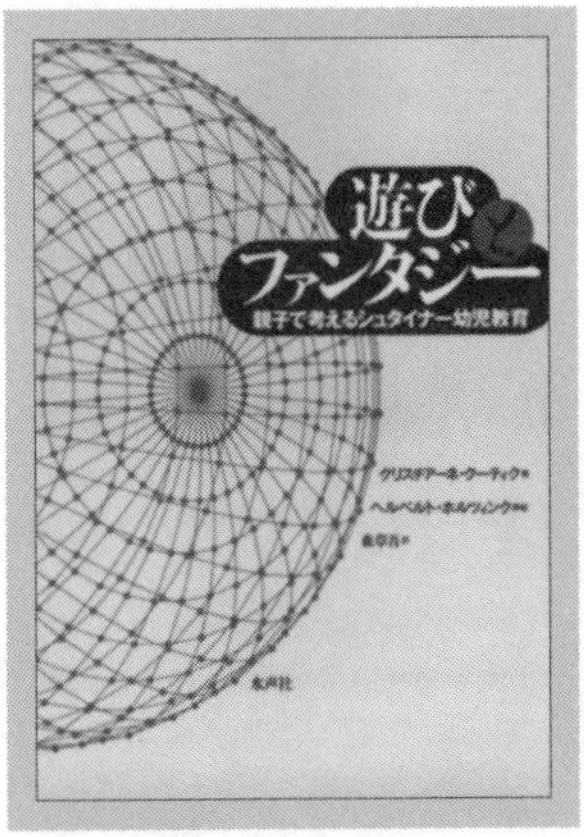

クリスチアーネ・クーティク著
ヘルベルト・ホルツィンク挿絵
森 章吾訳

水声社　1996年4月10日　定価(本体)2500円＋税

【主な目次】◉幼い子供について◉遊びについて◉遊びの素材◉創造的な造形◉リズム◉音楽◉お話と体験◉遊びグループ作り◉遊びグループの世話、子供たち、お父さん、お母さん方◉遊びグループの中で

毎日の育児のなかに生かすシュタイナー家庭教育

この本の原題は、直訳すると「幼い子どもと共に、遊び、体験し、創造的であろう―家庭で、そして遊びグループで」。内容はとても具体的で、すぐ日々の生活に取り入れることができる気の利《き》いた知恵がいっぱいです。そして高価なおもちゃも使わず、時間をかけて用意をしなくてもできる、簡単で単純な遊びは、素朴ですが飽《あ》きない楽しさに満ちています。

また、単なる遊び方だけではなく、子どもにどう対応したらよいのかな、と迷ったときにも参考になるヒントがたくさんあり、大人が困ったときの救急箱のような、本なのです。

訳者である森省吾さんは「多くの方々がシュタイナーの幼児教育の分野で力を注がれていることは事実であるにしても、実際にそうした教育を受けられる子どもたちはまだまだ限られているのも事実です。この本の他にも、子どもを〝小さな大学教授〟にではなく、子どもを子どもとして健《すこ》やかに育てる手引きとなる本は多く出ています。ですから、そうしたものと並んで、本書も何かの参考となり、家庭であれ、幼稚園であれ、よりよい教育を受けられる子どもが増えれば何よりだと願っております」と述べています。家庭でシュタイナー教育をとり入れてみたい人に、おすすめの育児読本です。

日本のシュタイナー幼稚園

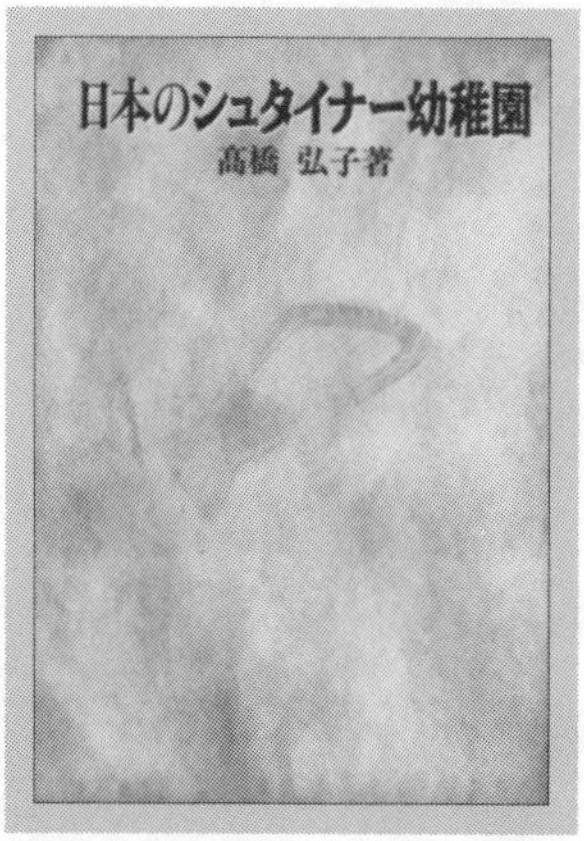

高橋弘子著（那須みふじシュタイナー幼稚園園長）

水声社　1995年12月12日　定価（本体）2000円＋税

【主な目次】◉シュタイナー幼稚園の成立◉シュタイナー幼稚園の一日◉シュタイナー幼稚園の実際／保育室の遊具とコーナー／自由遊び／幼稚園は生活学校／意志を育てる／一日のリズムと四季のお祭り／お誕生会／お祈り／メルヘンを語る／ライゲン—輪になって踊る／幼児オイリュトミー／幼稚園の音楽教育／クレヨン画と水彩お絵描き／粘土と蜜ろう粘土／食事◉教師と父母の自己教育／ゆったりした気分と内的平静／畏敬と感謝と積極性の行／自分の理想を子どもに押しつけない／教師の祈り

読みやすく分かりやすい、シュタイナー幼児教育書

日本のシュタイナー幼児教育の草分けである著者、高橋弘子さんが、実践を通じた具体例を豊富にまじえながらその基本的な考え方と、シュタイナー幼稚園の人間性豊かな保育の実際を平易に紹介しています。シュタイナー幼稚園はシュタイナーの死後、弟子たちがシュタイナーの遺《のこ》した示唆《しさ》と教授法をもとに、試行錯誤を繰り返しながら五〇有余年の歳月をかけて今日のシュタイナー幼稚園を築き上げたのだといいます。

「その際、彼らがいつも念頭に置いていたのは、〝子どもに則した教育を〟という、シュタイナー教育の原点でした。私は、これを言いかえるなら、大人の恣意的《しいてき》な考えを排した〝客観の教育〟ということだろうと思っています。大人たちの勝手な思いつきを——それがどんなに素敵であっても——教育の中に簡単に持ちこむのではなく、ひたすら子どもという存在を理解し、その理解にもとづいて、子どもにふさわしい教育を行おうとすることです」と高橋さんは、はしがきで述べています。

柔らかな文章はとても読みやすく、分かりやすく、心のなかにとけこんでいきます。付録として家庭でもできる素朴な手遊びや、小歌集も収録されており、幼児教育に携《たずさ》わる人はもちろん、小さな子どものお母さんやお父さんにもおすすめです。

親だからできる 赤ちゃんからのシュタイナー教育

子どもの魂の、夢見るような深みから

ラヒマ・ボールドウィン著
合原弘子訳
学陽書房　2000年11月15日　定価(本体)1600円＋税

【主な目次】◉あなたが子どもの最初の先生◉新しい命の誕生――新生児のケア◉最初の一年間――赤ちゃんの発達を助ける◉バランスのとれた成長とは――幼児の発達を助ける◉三歳までの親の役割◉創造的な遊びと想像力◉子どもの想像力を育てる◉子どもと芸術的な力◉子どもと音楽の喜び◉家庭生活のリズムとしつけ◉知的な発達と幼児教育をめぐって◉やってみようと思う親のためのQ＆A

生まれてくる子どもの、最初の先生はあなた自身

シュタイナー教育では子どもの発達を、ゼロ歳から大きく七年ごとに区切り、「知情意」になぞらえてこんなふうに特徴づけています。

最初の七年期は「意」――生命力や意志の力が生まれ出るとき、次の七年期は「情」――感情が豊かに羽を広げるとき、最後の七年期が「知」――知的な力を鍛《きた》えるべきとき。

第二・七年期と第三・七年期は、子どもは学校に通います。しかし、最初の七年期である、命が宿ってから七歳までは、すべての根本である「生きる力」を養い育てるときなのにも関わらず、この大事な仕事を担《にな》うのは、親しかいないのです。

本書は、シュタイナー教育の視点に立った家庭教育の進め方を、ごく具体的に述べた本です。

抱っこの是非、夜泣き、だだこね、食事のしつけ、暮らしのリズム、就寝儀式、季節の取り入れ方、絵や音楽、芸術、想像力を育てるおもちゃ……。

難しいことは何も言っていません。できる事からはじめてみませんか、とやさしく寄り添ってくれる本書は、まさに「シュタイナー教育の育児書」です。

0歳から7歳までのシュタイナー教育

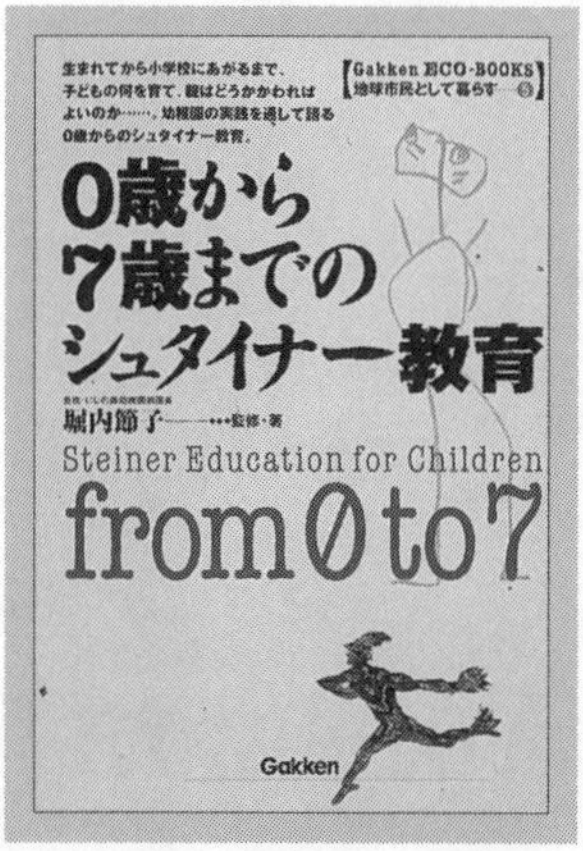

堀内節子監修・著
（日本アントロポゾフィー協会教育部門代表）
学習研究社　2000年11月9日　定価（本体）1600円＋税

【主な目次】◉子どもをありのままに受け入れ、愛をもって育てる◉誕生から自分への芽生えへ◉シュタイナー幼稚園での遊びと家庭の暮らし◉日本のシュタイナー教育を求めて◉シュタイナー、幼児教育相談室

幼児教育の実践二五年の著者による具体的な解説

生まれてから小学校に上がるまで、〇歳から七歳までの育てられ方が子どもの人生を大きく左右するとよくいわれますが、シュタイナー教育でも、この人生の最初の七年間は子どもが自分の体の基礎を作る大切な時期であるとしています。

本書は、その大切な時期の子どもたちを預かり、シュタイナー教育の幼稚園をつづけてこられた堀内節子先生が、二五年の実践を通して語るシュタイナーの幼児教育の本格的な解説です。といっても、堅苦しい専門用語はいっさいなし。広い敷地の園内には木におおわれた小高い丘があり、ヤギや鳥やウサギといった動物やさまざまな虫がいます。そうした豊かな自然環境のなかで行われる一年間の行事、手作りのおもちゃ、カーテンや壁《かべ》の色、どんぐり集めなど、幼稚園のさまざまなものやできごとをゆったりと語る、その語り口に引き込まれて読み進むうちに、シュタイナーの思想がわかり、一日、透明人間になって幼稚園の子どもたちをじっくり見学させてもらったような気持ちになる、達意《たつい》の文章です。

また本書には、子どものためだけでなく、個人としてのお母さんやお父さん自身が日々暮らしていく上でのヒントにもなれば、という編集スタッフの願いもこもっています。

魂の幼児教育

私の体験したシュタイナー幼稚園

としくら えみ著・絵
（東京シュタイナーシューレ専科（書道）教師）

イザラ書房　1992年9月15日
定価（本体）2233円＋税

【主な目次】◉環境◉カリキュラム／１年の流れ／１週間のプラン／１日の流れ◉保育の内容／朝の集まり／遊び／部屋のなかでする遊び／庭に出てする遊び／手作りのおもちゃ／音楽／手遊び／オイリュトミー／音楽劇《シンク・シュピール》・輪舞《ライゲン》／ゲーム／人形劇／おはなし／絵本／絵／おやつ／誕生会／終わりの集まり／教師／１日の仕事／教師養成機関／親たち／入園／保護者会／シュタイナー教育／各七年期の本質と教育の課題／意志／模倣／感覚

ドイツ・スイス、シュタイナー幼稚園の保育の全て

若き幼稚園教師がドイツ・スイスのシュタイナー幼稚園に補助教師として勤務し、その教育の実際を見聞した体験的・実践的レポートです。

シュタイナーの幼児教育は日本でも少しずつ知られるようになってきましたが、まだまだ触れる機会の少ない状況です。子どもたちは、音楽劇で歌いながらどんな形に動くのでしょう？　おやつはどんなものをどのように頂くのでしょう？　現実のシュタイナー幼児教育でどんなことがなされるのでしょうか？　年間を通した詳細なカリキュラムはもちろん、どんな間取りの幼稚園で、クラスの生徒や教師の人数は…といったことまで、本書をとおしてシュタイナー幼稚園が手に取るように見えてきます。生き生きとした子どもたちの、かわいい歌声が聞こえてきそうなレポートです。

九〇数点にものぼる、著者によるほのぼのとした手書きの図版がちりばめられており、また、子どもたちが歌うための楽譜など、充実した資料が付録されています。

幼児教育者や、家庭でシュタイナー教育をとり入れてみたいお母さんやお父さんにおすすめの、ユニークな実践書です。

子ども・絵・色

シュタイナー絵画教育の中から

としくら えみ著・絵
（東京シュタイナーシューレ専科（書道）教師）
イザラ書房　1997年9月5日　定価（本体）2100円＋税

【主な目次】◉子どもの感覚／絵は子どもにとってどういうもの？◉子どもの絵の生いたち／なぐりがき◉わたしたちのできること／評価とは？◉シュタイナー教育の中の絵画／水彩画の日◉いろいろな絵のアイディア／見て描く、触って描く◉画材／質のよいものを◉子どもの絵を育てる環境／一緒に楽しむ◉子どもと色／色を体験する

忘れてしまった子どもの目線に戻り、絵と色に出会う

ドイツのシュタイナー幼稚園で実習を行い、スイスのゲーテアヌム絵画学校でシュタイナーの色彩論にもとづいた水彩画を学んだ、としくらえみさんの著作です。

「絵を描くことが、勉強の一部として評価されがちなこのごろですが、色と出会ったり絵で思いを表現することは、子どもの世界を豊かに健やかに育てるんだということを伝えたくて、この本を書きました」と、としくらさんは述べています。

そんな思いのきっかけは、自然素材や美しい色と形に守られたドイツのシュタイナー幼稚園でした。「子どもたちの感覚は育てられ、思いを自由に表現しているのを見て、現代の私たちの生活に失われた大切なものを発見したような気がしました」とも。

本書はその大切なものをもう一度とり戻そうとする試みです。この中でとしくらさんは絵と色をテーマに、シュタイナー幼稚園だけではなく日本の幼稚園や日常の体験もおりまぜて、柔らかく語りかけるような文章を綴《つづ》っています。

読んでいると、かつて子どもだったときの感覚が蘇《よみがえ》るようです。子どもと同じ目線にもどり、子どもにとってなにが必要なのかが見えてきそうな一冊です。

ちいさな子のいる場所

妊娠・出産・私の家のシュタイナー教育

としくら えみ著
（東京シュタイナーシューレ専科（書道）教師）
イザラ書房　2001年5月20日　定価（本体）2000円＋税

【主な目次】◉出産〜赤ちゃん〜幼い子どもの生活／出産のこと／赤ちゃんの生活／幼い子どもの生活◉家庭でできるシュタイナー教育／ワーグナーさんの絵本との出会い／第Ⅰ七年期の教育／自然のものを与える／子どもの心とからだを考えて！／意志の教育／お絵描きは表現の場／価値観を持つ必要性／おはなしをしてあげることの勧め

ちいさな子と一緒の、健やかな日々のために

としくらえみさんの第三作となる本書は、ご自身の体験である、妊娠・出産・子育てを記録した一冊です。待ち望んでいた初めての子をあたえられ「それはそれは本当に倖《しあわ》せ」で、としくらさんはこのかけがえのない毎日を日一日大切に過ごされました。その日々の生活から生まれた、本書の提言は、子どもを持つ親や教育に携《たずさ》わる人に貴重なヒントを与えてくれます。

妊娠中や出産のとき、そして赤ちゃんと過ごす日々への具体的なアドバイスが、この本にはたくさんちりばめられています。そして、手描きイラストを添えたやさしい語り口で、自然な出産、離乳食、おむつ、断乳、歌、おはなし、おもちゃなどを取り上げます。

また、幼児期へすすみ、子どもとする遊び、手づくり品の作り方、水彩なども楽しく紹介します。どれも著者が、シュタイナー幼児教育クラスで実際に行なってきた面白い遊びです。

本書で何よりも貴重なのは、ハウツーに捕《と》らわれるよりずっと大切なことを、著者がどんなときにも見てきた、ということです。きまったやり方よりもまず押さえておくべきことを、一章一章語っているのです。子どもを持つ親御さんたちへ、きっと心にひびくメッセージとなることでしょう。

七歳までは夢の中

親だからできる幼児期のシュタイナー教育

松井るり子著
学陽書房　1994年7月10日　定価（本体）1359円＋税

【主な目次】◉シュタイナー教育との出会い◉やさしい保育者との出会い◉歌でつづる幼稚園の１日◉子どもとの１年◉母親だからできる子への贈り物◉ベスコフに見る子どものかわいがり方

子育ての参考になる、すてきな話がいっぱい

著者である松井るり子さんが、子育ての指針となるものを求めて出会い、これだと思ったのがシュタイナー教育。

カリフォルニアで一年間、5歳の子どもを幼稚園に入れ、松井さん自身週に一回保育参加をしてみて、さらにシュタイナー教育への思いは深まります。ほのぼのと暖かい雰囲気の教室や先生。ゆったりと時間が流れる中で、子どもたちは生き生きとすごしていました。

でも、身近にシュタイナー学校や保育園がなくてがっかりし、シュタイナー教育ができない、とあきらめてはいませんか？　たとえ施設がなくても、一番子どもの身近にいる親だからこそできる、簡単なことからはじめてみるのはどうでしょう。できるだけ自然の物を着せたり食べさせたり、テレビをやめ、習いごとをさせなくちゃと焦《あせ》ることをやめてみる。布人形や編み人形を作り、木の実や貝や石を宝物にし、五音階の歌を歌ったり、時々ぬらし絵を描いてみる…。

この本はシュタイナー教育の専門書ではなくて、それに励まされて言う「子どもをもっとかわいがろうよ」というメッセージなのだと松井さんは言います。子育ての参考になるすてきなことがいっぱいの、ロングセラーです。

シュタイナー教育　おもちゃと遊び

吉良 創監修・著
（日本シュタイナー幼児教育協会運営委員）
学習研究社　2001年8月7日　定価（本体）1600円＋税

【主な目次】◉想像力を育む自然のおもちゃ／自然素材／玩具／外遊び◉子どもと楽器◉描く・かたちをつくる◉子どもと人形／人形のためのおもちゃ◉手仕事遊び◉子どもをとりかこむ環境

子どもの想像力をすこやかに育む実践書

子どものファンタジーの力によって、一本の木切れが、あるときは人形になり電車になり、お皿の上でおかずになったり、携帯電話にもなります。あるものを他のものに見たてる力がファンタジーなのです。そしてこの能力が発揮される遊びのためには、そのきっかけになる「もの」＝「おもちゃ」が必要です。

遊び方のマニュアルがくっついているようなおもちゃ…スイッチを押すと動いたり、回ったり、音がしたりするようなおもちゃには、子どもが想像力や創造力を育《はぐく》む余地がないのだといえます。では、どんなおもちゃを子どもに選べばよいのでしょうか？　マニュアルのないおもちゃとは？

本書では、お店で買って与えるおもちゃという既成概念にとらわれず、木の実や石ころ、布やひも、クッションだって洗濯バサミだってなんでもおもちゃになるのです、楽しく遊んでみましょう、という提案をしています。

「私にとってシュタイナー教育をすることが目的ではありません。私は私と出会う子どもたちが、その子どもらしく輝き、本当の子ども時代を過ごすことができるように手助けしたいと思っています」と言う、幼児教育者である著者の、子どもたちの遊びをあたたかく見守る眼差しを感じる実践書です。

テレビを消してみませんか？

シュタイナー幼児教育の遊ばせ方

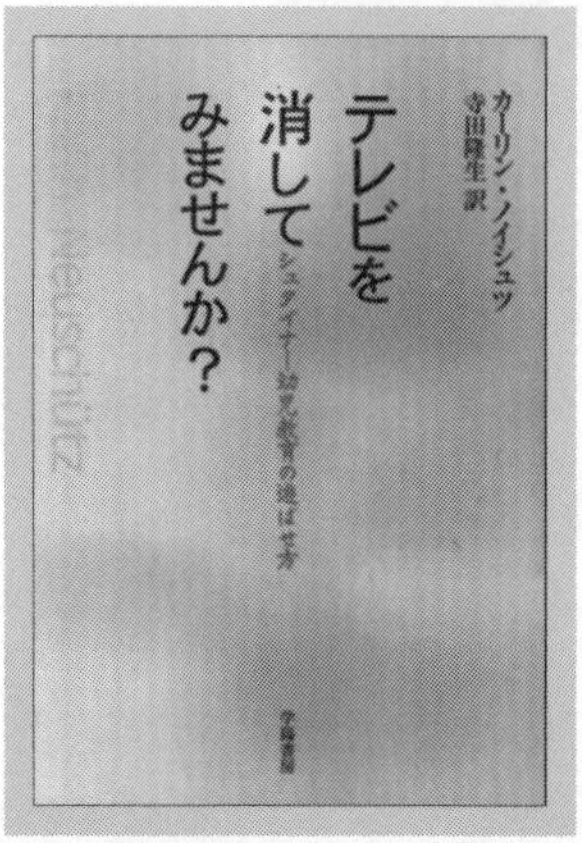

カーリン・ノイシュツ著
寺田隆生訳
学陽書房　2001年7月25日　定価（本体）1500円＋税

【主な目次】◉テレビ時代の子どもの姿◉親の愛が伝わっていますか？◉テレビがお手本でいいのですか？◉集中力が奪われていませんか？◉創造力を育てていますか？◉感覚は磨かれていますか？◉現実を認識する力が育っていますか？◉テレビの魅力に負けていませんか？◉テレビを消してみませんか？◉こんな遊びをしてみませんか？◉自然はおもちゃの宝庫

テレビに代わる、親子遊びのすすめ

先進諸国に暮らす子どもたちにとっては、生活のための労働はいまやすっかり過去のものとなりました。平等に公教育を受け、大人の庇護《ひご》の下でゆっくりと子ども時代を送ることを保証されているはずです。それではいまの子どもたちは昔の子どもたちより、ほんとうに幸せになったのでしょうか。自殺する子どもの数がふえているという記事も目にしますし、実際に神経症の治療を必要とする子どもたちが、以前よりも多くなっているというのです。

忙しすぎる大人が子どもたちをゆだねる、テレビにビデオにコンピューターゲーム…。もしかしたら、私達大人はこれらを使って、自分たちの都合で巧妙に子どもを遠ざけているのかもしれません。

本書は「当の子どものことを、忘れかけてはいませんか？」と問いかけ、子どもの目を通して日々の暮らしを見つめ直し、生きるということの意味を問い、調和の取れた成長と発達のためには何が必要なのかを考えます。

テレビを見せたくはないけれど、子どもをどう遊ばせたら良いのでしょう？　そんな不安に対処するべく、子どもたちと一緒に楽しめる遊びのヒントもいっぱい載っているのです。

クリスマスに咲いたひまわり

ウテ・クレーマー著
ラリッサ・シュティールリン絵
小貫大輔訳
ほんの木　1991年12月24日
定価改訂版（本体）2200円＋税

【主な目次】◉おとなのかたへ◉クリスマスに咲いたひまわり◉作者から日本のみなさんへ

ブラジルの人智学実践者が贈る、四か国語の絵本

寒い冬のクリスマスに、ひまわりが咲く？　北半球に住む日本人にはちょっと不思議なのですが…。「この本のお話しは、ブラジルに住んでいる子供たちのために書かれたものです。それもファベーラといって、貧しい人たちが集まって、古材木でみすぼらしい家を建てて住んでいるところの子供たちのために書かれたものです」と作者のウテ・クレーマーさんは述べています。ブラジルのような南半球の国では一番太陽がいっぱいで暑く、花が咲き、果物がなるのはクリスマスの頃なのです。

ブラジルのサンパウロには、シュタイナー思想に基づく共同体〝モンチ・アズール〟という名前のファベーラがあります。この共同体でシュタイナー教育を実践し、驚異的な成果をあげているウテさんは「お話をしてあげることは魂《たましい》への栄養を与えることです。子供に童話や昔話、神話のようなお話をしてあげたり、有名な科学者や冒険家の伝記のような人生の模範となるお話を読んであげることは、子供たちの人生の基礎を作り、人生にひとつの方向性を与える行為なのです」とも述べています。

色々な国の子どもたちのために、日本語・ポルトガル語・ドイツ語・英語で書かれており、また、ブラジルの太陽を彷彿《ほうふつ》とさせる、輝くように鮮やかな色彩が美しい絵本です。

雪の日のかくれんぼう

シュタイナー教育が生んだ創作おはなし絵本シリーズ1

大村　祐子著（NPO法人ひびきの村代表）

ほんの木　2001年11月28日　定価（本体）1600円＋税

シュタイナー教育に不可欠な、季節のお話四作

子どもたちは、お話を聞くのが大好きです。そして、シュタイナー教育では子どもたちにお話を語るのも重要な教育のひとつなのです。天使や妖精など、目には見えない存在との心あたたまる交流を通して、子どもたちは想像力や思いやり、やさしさなどを自然と身につけるのではないでしょうか。

森に住む春の妖精、ジョセフィーヌは大切な杖《つえ》をなくしてしまいました。大変！　春のはじめに吹くあの気持ちのいい銀の風を、ジョセフィーヌは今年も吹かせることができるのでしょうか？　見わたすかぎり広い広い草原にくらすシマウマに、話しかけた雲や東風たちは、どんなことを言ったのでしょうか？　お互いが持っている、美味しそうなチーズと山葡萄《ぶどう》をなんとか取り上げようと知恵のかぎりを尽くす、ずるすけの狐《きつね》とだましやのマジシャンの勝負は？　北の国の森の奥深く、なかなか外に出られないお城の中のエレーナ姫は、マントを持ってこっそりとお城を抜け出しますが…。

カラーの挿絵《さしえ》とともに、ほのぼのとしたファンタジーの世界が、柔らかな語り口で綴《つづ》られています。珠玉《しゅぎょく》のメルヘンは、物語りを作るのが大好きだという著者、大村祐子さんから子どもたちへの、大切なプレゼントなのです。

ガラスのかけら

シュタイナー教育が生んだ創作おはなし絵本シリーズ 2

大村祐子著（NPO法人ひびきの村代表）
ほんの木　2001年11月28日　定価（本体）1600円＋税

【主な目次】◉大地のおかあさんと根っこぼっこのこどもたち……春◉ガラスのかけら……夏◉月夜の友だち……秋◉ノノカちゃんと雪虫……冬◉絵本、お話とシュタイナー教育

シュタイナー教育から生まれた、心あたたまる絵本

「皆さんのまわりにも、妖精やノームが現われますか。山や谷、森や林、そして薮《やぶ》の中に……野原や窪地、海や湖や川、もちろん小さな水たまりの中にも……そして空に、雲に、雨に、雪に、霰《あられ》に……もちろん七色の虹の上にも……。妖精やノームはどこにでもいるんですよ！」と著者、大村祐子さんは読者に語りかけます。子どもたちに語るお話は、シュタイナーの幼児教育では重要な心の栄養で、妖精やノームたちがよく登場します。

　本書は前ページで紹介されている「シュタイナー教育が生んだ創作おはなし絵本シリーズ　雪の日のかくれんぼう」に続く二作目の絵本です。本書にも妖精など、目には見えない存在のささやきや気配がいっぱい。春の妖精ジョセフィーヌに頼まれて、すみれと水仙とスノーフレークの花の衣装を作ることになった、根っこぼっこのこどもたち。難しいお仕事をうまくやり遂げられるのでしょうか？　遠いメキシコから流れ着いた綺麗《きれい》な青いガラスのかけらが語るお話とは？　月夜の晩、章二は風の子風太、たぬきのポン吉とともに月のしずくを集めます。いったい何に使うのでしょう？　冬が大好きなノノカちゃんと雪虫のほのぼのとした会話…。カラーイラストも素朴で心あたたまります。子どもに限らず、妖精たちを感じたい人に贈ります。

シュタイナーが教えてくれた
心で感じる幸せな子育て

藤村亜紀著（秋田シュタイナー教育を学ぶ会代表）
ほんの木　2001年12月20日　定価（本体）1400円＋税

【主な目次】◉善悪を心で感じるには／想像力を育てるために／絵本の正しい選び方／テレビはどうかな◉子供を導くしつけ方／リズミカルな生活／しかる・ほめる／食事のお悩みQ＆A ◉子どもの気質と子育て／子どものタイプ／タイプ別子育て法◉友だちづきあいのマナー／おつきあいのマナー／友だちが来たら／遊びに出す時は◉パパとママの素敵な関係／パパの役割・ママの役割／ママ開放デー◉育つ力を見つめて／感性を見守る／考える力を育む／おもちゃと遊び

笑えて元気の出る、ほのぼの育児、子育て実践書

幼稚園の先生を七年間務めた著者、藤村亜紀さんが綴《つづ》る、お父さんお母さんへの痛快子育てアドヴァイスです。

小学校教諭免許を手にしてもなお、教職に心向かわず念願の幼稚園に就職した藤村さんは、ある日シュタイナー教育に出会います。画一的な教科書がなく、授業を通して創り出される自分だけのノート、点数による評価や通知表がなく、子ども一人ひとりに文章によって書き出される成長の記録…。その背景にあるシュタイナーの思想や理論に感動して影響を受けた藤村さんは、幼稚園の保育にシュタイナー教育を散りばめてその手応えを感じ、現在、自らの家庭で「シュタイナー教育にそった自分流の子育て」を実践しています。

「シュタイナー教育の入り口で立ち止まっている方には、特に、読んでいただけたら幸いです。これなら私もできそうと、きっと身近に感じられるはずです。時間に追われる母親業です。家事の間《ま》に間《ま》に読めるよう、幼児たちの保育から学んだ、今すぐ実践できる内容ばかりを集めました」という藤村さんの、笑えて、元気の出る子育てブック、体験談がいっぱいです。カジュアルで肩のこらない子育てブック、育児に悩める新米ママとパパにおすすめです。

ルドルフ・シュタイナー教育講座別巻

十四歳からのシュタイナー教育

ルドルフ・シュタイナー著
高橋　巖訳
筑摩書房　1997年8月25日　定価（本体）3000円＋税

【主な目次】◉年齢に応じた生きた授業◉論理をめぐる近代科学の偏見◉生活に役立つ授業◉学校教育の有機的形成◉男子の教育と女子の教育◉社会との関わり◉自我の誕生期◉理想を求める年頃

思春期のシュタイナー教育とは何か

本書は１９２１年、シュタイナー学校で一〇年生（高校一年）のクラスを新設するに当たって、シュタイナー学校の教師たちのために行われたシュタイナーによる講義の記録です。『ルドルフ・シュタイナー教育講座』の続編ともいえる本巻では思春期を迎え、それを乗り越えていく、一二歳から一七歳くらいまでの中学・高校生の教育を扱っています。

第一講ではどんな知識も生命力をもたなければならない、という観点をくわしく語り、第二講になると、この時期の子どもに必要な論理性をどう育てるか、という基本問題から始めています。第三講ではこころの教育とからだの教育の相互作用を論じており、そこで展開した観点を第四講では想像力と記憶力に関連させています。第五講で一〇年生頃の子どものこころとからだの特質を正面から論じ、第六講ではそれをさらに発展させています。第七講では世代の問題を取り上げ、最後の第八講であらためてシュタイナーは教育者自身、自分が社会にどう向き合っているかを問わなければならないと述べています。

いつの時代も、繊細で不安で複雑な思春期の子ども達を、どんなときも表面的な叱《しか》り方をせず、温かく見守るというシュタイナーの眼差しを感じます。

9歳児を考える

ヘルマン・コェプケ著
森 章吾訳

水声社　1999年1月15日　定価(本体)2000円＋税

【主な目次】◉9歳の子ども／ペーターの両親との話し合い／モニカの両親との話し合い／父母会にて／9歳のときの偉人たち◉9歳という年齢の人間学的側面／第2七年期／7歳児と12歳児の比較／9歳の節目にある子ども／自我の受肉／校医の視点から／強い若木／〈月の交点〉の半分／歯の生え換わりにおける逆転

生涯で最も重要なとき、九歳の危機前後の二年間

ひとは誰しも九歳前後の二年くらいの間に、ある大切な節目を迎えるようです。この時期をシュタイナーは「人生の節目」と呼び、教育についての基礎的な文献で、このことを再三取り上げているほど重要な問題だといいます。

本書では、父母と教師の話し合う様子から始まり、教育上の具体例を手がかりにして、危機を伴うこの九歳という特別な状況にある子どもたちを、どのようにすれば手助けできるのかを、一五年間シュタイナー学校の教師として生徒の前に立ち、また、シュタイナー学校教員養成ゼミナールでの教授としての経験も豊かな著者が、分かりやすく丁寧《ていねい》に解説しています。

周囲の世界と甘い夢でひとつになっていた子どもたちに自我が芽生え始めた時、親は驚き、対処に困ります。

とても繊細なモニカが不安でならないのは何故でしょう？急に批判的になってきたペーターに、両親はどのように接すればいいのでしょう？　教師は、時には相手を傷つけることを恐れながらも、父母と一緒に考え、示唆《しさ》してゆきます。

聖書からの引用が多いのですが、訳者である森章吾さんはあとがきで、そのことに関して興味深い考察を述べています。

この時期のお子さんを持つ、お父さんやお母さんに、ぜひ。

水と遊ぶ 空気と遊ぶ

シュタイナー学校の自然遊びシリーズ I

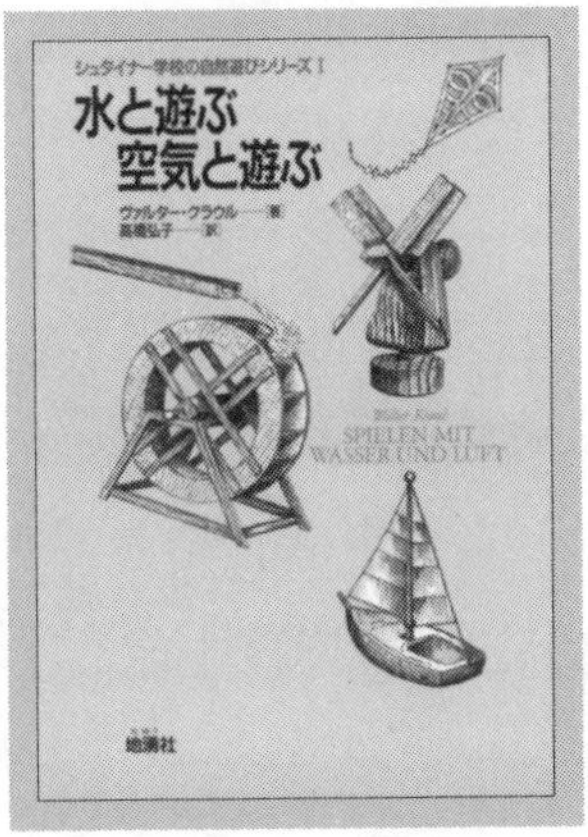

ヴァルター・クラウル著
高橋弘子訳

地湧社　2000年4月30日　定価（本体）1600円＋税

【主な目次】◉水と遊ぶ／流れをせき止め、溝を掘って水路を作る／といと導管／Y字形の木の枝で作る水車／紙やブリキの容器を利用して作る水車／水汲み水車／はね板（ししおどし）／水中風船／綱渡し舟／水ロケット◉空気と遊ぶ／シャボン玉／風船／紙ヒコーキ／落下傘／ヘリコプター／風車／風向・風力計／凧／ブーメラン／帆船

自然を生かした遊びのアイデアとおもちゃの作り方（1）

幼い子どもたちは、機会さえあれば自分からすすんで水や空気と触れ、ファンタジー豊かな遊びに熱中します。特に自然の力を利用して工夫するおもちゃや遊びは、知恵を引き出し、体を通したバランス感覚を育みます。

本書はシュタイナー学校の教師である著者が、自ら子どもたちと作ってきたおもちゃや道具と遊びの数々を紹介するガイドブックの前半部です。

小川での水遊びは、流れを利用した力の理解に通じ、流れを作り出す知恵にもつながっていきます。様々な水車は動力の利用につながり、それは力の伝達へと発展します。水中風船は浮力の興味をそそい、水ロケットは水圧の不思議を体感させます。シャボン玉や風船は空気の存在を教え、紙ヒコーキやヘリコプター、そして凧《たこ》は空中への興味を引き出します。風車や帆船は風を我がものとし動力利用へと導く、といったぐあいに。水の章では各地で活躍する水車を紹介するなど、遊びが生活に結びついていく様も取り上げられ、大人へのステップを踏む学齢期の子どもたちの関心をつなぐ工夫もうれしいかぎりです。

巻末には、シュタイナー教育の実践者である訳者による、感覚体験と意志の働きについての解説が付いています。

大地と遊ぶ 火と遊ぶ

シュタイナー学校の自然遊びシリーズII

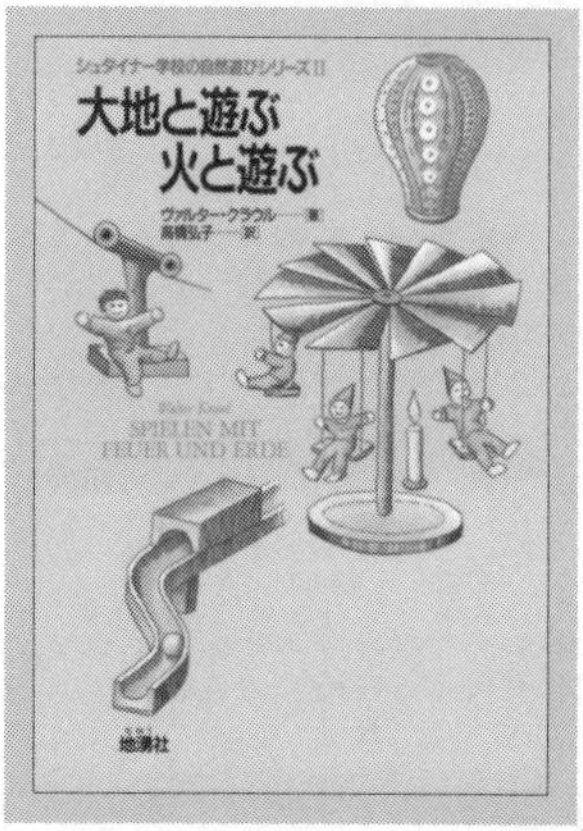

ヴァルター・クラウル著
高橋弘子訳

地湧社　2000年4月30日　定価（本体）1600円＋税

【主な目次】◉大地と遊ぶ／重さを量る／ドミノ倒し／起きあがり小法師／ヨーヨー／コマ／糸巻き車／歩くロボット／クーゲルバーン／すべり台／急傾斜の路面を走るケーブルカー／自動で動く空中ロープウェイ／オモリで動く時計／球のシーソー◉火と遊ぶ／ガーデンパーティー用のちょうちん／祭の照明／熱気流で動くメリーゴーランド／まわり灯篭／熱気球／バイメタルのシーソー／虹のスペクトル／太陽光線の遊び

自然を生かした遊びのアイデアと道具の作り方（2）

子どもたちは日々の遊びを通して感覚を育て、感性や思考力を育《はぐく》みます。本書はシュタイナー学校の教師である著者が、自ら子どもたちと作ってきたおもちゃや道具と遊びの数々を紹介するガイドブックの後半部。大地と関わる遊びは基本的に重力を利用。大きくて軽いもの、小さくて重いものを比べて重さをあてる遊びやドミノ倒しなど、重さを利用した簡単な遊びは、子どもたちの遊びの第一歩でもあります。糸につけたオモリにひかれて歩くロボットや、傾斜をつけたレールなどの軌道《きどう》に玉を転がすクーゲルバーンは市販もされており、頂上に滑車《かっしゃ》をおいてロープでつないだケーブルカーや空中ロープウェイは、ダイナミックな遊びとして子どもたちを興奮させます。

球を利用して動かす時計やシーソーは工夫次第でいつまでも動いていますし、火を使う遊びは危険も伴うものの、ファンタジーに溢《あふ》れています。思い思いの穴を開けた筒の中のロウソクから漏《も》れ出る光の妙、ロウソクの上で回り続けるメリーゴーランドやまわり灯篭《とうろう》は見飽《あ》きません。熱気球が上がれば達成感に満たされるでしょう。少々難しい道具作りも含まれてはいますが、学齢期の指導者には役立つガイドブックです。巻末に訳者による、シュタイナーの発達論についての解説が付いています。

思春期の危機をのりこえる

シュタイナー教育の実践的十代論

ベティ・ステイリー著
高橋明男訳
小学館　1996年11月20日　定価(本体)2330円＋税

【主な目次】◉思春期の本質／思春期にいたるまで／思春期の発達段階／自分を探して／知性の誕生／感情の解放／息子と娘を理解する／四つの気質／思春期における性格の発達／他◉思春期の挑戦／十代の子どもたちの欲求／十代と家族／十代と友だち／十代の子どもたちと学校／シュタイナー教育／十代の子どもと芸術／権力と忠誠／愛の役割◉思春期の問題／自己評価の問題／妊娠と十代の子ども／十代とアルコール／十代と麻薬／十代の子どもと食事／極端な行動障害

思春期をのりきる具体的方法が得られる

思春期とは、人生のいつの時期をいうのか。シュタイナーは人生七年期説を唱えました。即ち白紙の状態で生まれて七歳頃までのいわゆる幼児期は、行為を通じて意志する時期であり、さらに七年後の一四歳頃まで、いわゆる子供と呼ばれる時期は、感情を通して心の中とかかわります。そして四歳をすぎての七年間は、知性を通して学び思考する時期。これが〃思春期〃であるといいます。

シュタイナーの思想の実践家であるベティ・ステイリーも、この七年期説に基づいて思春期を考察し、論じています。

著者は米国のサクラメントにあるヴァルドルフ（シュタイナー）学校高等部の設立者で、一八年間同校で歴史と文学を講じ、家庭にあっては二人の子供の母親として子育てを行ってきました。そうした彼女の生活・実践から得た知恵と経験が、本書を生んだといえます。机上《きじょう》の論ではなく、具体的な実践が土台となっている点が本書の特色なのです。とかく問題の多い十代の子供たちの〃現状〃を何とか打破して、真に人間らしく生きるための道、方法を本書で見つけ出してほしいと思います。本書はドイツ語とスペイン語に翻訳されていますが、邦訳をした高橋氏は米国留学中著者の家に下宿しその謦咳《けいがい》に接した人です。

ミュンヘンの小学生

娘が学んだシュタイナー学校

子安美知子著
（日本アントロポゾフィー協会文学部門代表）
中央公論新社　1975年12月20日　定価（本体）680円＋税

【主な目次】◉イザローンの幼稚園◉ミュンヘンへ◉シュタイナー学校入学◉最初の友だち◉一年生の時間割◉地下鉄が開通した◉教科書のない授業◉ミュンヘンのクリスマス◉ユニークな通信簿◉ヨーロッパ各国への旅◉二年生になる◉シュタイナー教育の展望

娘の学校生活を生き生きと綴った、貴重な体験記録

「戦争や窮乏が人間を良くすることはありえない。だが、経済の高度成長や、富もまた人間をよくしえない。道徳的なお題目は、どこからくるものであっても、けっして人間をよくしない」

ミュンヘンに留学した学者夫妻の長女は幼稚園でずっと無言のまま。わが子の順応のしかたが気になった両親は、そんな時、このシュタイナー学校の理念に出会います。「よし、この学校だ。すぐいってみよう」こうして、日本に広くシュタイナー教育を知らしめるきっかけになったともいえる本書は、著者である子安美知子さんが娘の文《ふみ》さんをシュタイナー学校に入学させたことからドラマティックに展開してゆきます。

〝詰《つ》め込み〟〝落ちこぼれ〟を排し、能力による選別を避《さ》けて、十二年間の一貫教育で子どもを指導する、その教育システムは、「エポック授業」「オイリュトミー」など一見変わった、しかし、子どもの能力発達に適合した方法ばかりです。日本の教育が直面する課題を見事に解決した学校の実態を、娘の学校生活を通して、母親が生き生きと綴《つづ》る貴重な記録。

毎日出版文化賞を受賞し、長期にわたって多数の読者を得ているロングセラーです。

ミュンヘンの中学生

シュタイナー学校の教室から

子安美知子著
（日本アントロポゾフィー協会文学部門代表）

朝日新聞社　1984年10月20日　定価（本体）600円＋税

【主な目次】◉とまどいの日々／これが「授業」か？◉風変わりな授業／フォルメンから幾何へ◉点をつけない教育／テストのない学校◉教育という名のドラマ／反抗ののろし◉自由への教育／シュタイナー教育の人間観◉大河教育／生活の中のシュタイナー思想

シュタイナー学校の、ドラマティックな教育レポート

「学校、勉強、教育、それは、ほんとうに何なのだろう。点をつけなければ勉強しない。受験勉強も大事な人生修行だ、という。それらがあてはまるような局面は、じっさい日常の中にあるだろう。ただ、しかし、そういう次元での勉強だけを、勉強として論じるのは、おろかなことだ」という著者、子安美知子さんが全世界で注目される「シュタイナー教育」の理念と実態を、『ミュンヘンの小学生』（中央公論新社）に続き、娘であるフミさんのミュンヘン・シュタイナー学校の中学生体験を通して紹介しています。

温かくちょっと生真面目なヴルフ先生と、時としてマクドナルドに群がったり「古典的なシュタイナー学校方式だわ！」「自由ヴァルドルフ学校だなんていって、なにがいったい自由なんだ！」と反抗心いっぱいに、いきまく生意気盛りの子どもたち。その日常が、等身大のまま飾らず生き生きと描き出されています。

子安さんはまたシュタイナーの教育を、大河小説や大河ドラマにならい「大河教育」とでも呼びたくなると述べています。岩間に源を発する流れが次第に大きな流れとなり、やがて大海に注ぐドラマティックな教育の、レポートです。

親子で学んだウィーン・シュタイナー学校

広瀬牧子著（「シュタイナーを学ぶ母親の会」主宰）
ミネルヴァ書房　1993年12月25日
定価（本体）1800円＋税

【主な目次】◉旅立ち◉シュタイナー学校に入学◉シュタイナー学校の授業◉学校を支える両親◉私の学びと日本の紹介◉シュタイナー学校で学んだわが子◉帰国後◉シュタイナー教育の理解のために

母親の目で紹介するシュタイナー学校

色とりどりの色えんぴつやクレヨンの文字や絵で埋《う》まったノート。教室にはいつも歌声と楽器の音が響きます。点数がつくテストがなく、競争がない十二年間の一貫教育では、一人ひとりの個性が重んじられ、もちろん制服や体罰もありません。だから、この学校の子どもたちは、授業が楽しくてしかたがないといいます。しかし子どもたちの学力は公立学校と比べても決してひけはとりません。それ以上に、豊かな人間性・芸術性を育《はぐく》んでいくことができるのです。

本書は、シュタイナー教育の研究者である夫の留学に同行し、二人の子どもを連れてウィーンにわたった著者が、はじめて触れたシュタイナー学校を母親の目から紹介した貴重な体験記。二人の子どもが通うことになったウィーン・シュタイナー学校の教育原理、授業の実際、シュタイナー学校で出会った子ども・教師・親のようすなど、内側から見たシュタイリー学校を紹介しています。シュタイナー学校での教育を通して、ねむっていた力が花開くように変化する二人の子どもたちと、母親である著者自身の姿をとおして、子どもの教育とはなにか、親の役割とはなにかを問いかけていきます。シュタイナー学校とはどんなところなのか、はじめて興味をもった人に最適の入門書。

私のミュンヘン日記

シュタイナー学校を卒業して

子安 文《ふみ》著

中央公論新社　1986年3月25日　定価（本体）680円＋税

【主な目次】◉試験《アビトゥーア》はすんだが◉新しい家族、新しい環境◉先生への好ききらい◉九年生からの上級段階◉議論の絶えない授業◉クラスの個性◉糸を紡ぐ十年生◉ファッションと思想◉オーストリアの農業実習◉小さな転機◉ミュンヘンの巣◉日本の父母の心配◉最終学年に向かうクラス◉冬の日の工場実習◉シェークスピア、そしてフィレンツェ◉卒業作品◉アビトゥーアと西ドイツの大学◉はじめての受験勉強

ドイツ・シュタイナー学校の、貴重な体験記

一四歳の少女がひとりミュンヘンで、六年間、シュタイナー学校に通い続けます。教師との衝突、友人とのけんか、しかし〝詰め込み〟も〝いじめ〟もありません。大学受験を目前にしての工場実習、美術旅行、卒業演奏など、徹底的に自主性を尊重した教育をうけて、少女はいまや成年に達します…。

本書は、シュタイナー教育を母親としての眼を通して描き、話題となった子安美知子さんの著作『ミュンヘンの小学生』の主人公が、ユニークなシュタイナー学校の体験と異文化の中での生活を、自ら初めて綴《つづ》った学校生活の記録です。

「確かに私たちの学校には、紙に書かれた〝……をするな〟式の規則は何もなかった。が、先生は勉強を教えるだけ、というのとはまるで様子が違って、特に八年生までのクラス担任というのは、子どもたちの服装、食べ物、友達関係から趣味のことまでこまかく気にして、それがみんなだいじな教育なのです、と親たちに言うらしかった」と著者、子安文《ふみ》さんは述べており、自主性を重んじることは子どもの好き勝手にさせることではないことに、あらためて気づきます。また、子どもから大人へと成長の過程にある子ども、親、教育者それぞれにとって、思春期の危機を乗り越えるヒントがいっぱいです。

私のまわりは美しい

14歳までのシュタイナー教育

松井るり子著

学陽書房　1997年6月25日　定価(本体)1500円＋税

【主な目次】◉音楽／響き合う音楽◉算数・数学／見える素数◉図工・美術・技術家庭／最高の素材で◉外国語／町の英語◉理科／星を仰ぐ◉社会／地理の勉強の進め方◉体育・保健体育・道徳／身体を動かす授業◉自然科学と人文科学

世界といい具合に結びつくために

幼児期のシュタイナー教育をテーマとした『七歳までは夢の中』の著者による、一四歳までのシュタイナー教育について。

七歳までは五感でそっと味わう幸福感を通じて、生きる意志を育てようとしてきた子どもも、七歳を過ぎると心地よさを一歩進めて、より必然的、客観的、社会的な美しさを味わおうとします。なぜなら子ども自身が成長して、自分が心地よいだけでは物足りなくなってくるからです。

「彼らに不思議のベールをそっと持ち上げて見せ、手足と頭と言葉を使って、世界の美しい秩序と自分との間に、確かなつながりをつけさせるのが勉強です。勉強をするなかで、世界と私がいい具合に結びついているということを納得し、さて自分はどう働こうかを見付けるのが、大人になるまでに子どもがやっておく仕事です」と著者である松井さんは言います。

アメリカ東海岸に三ヶ月、西海岸に三ヶ月滞在するなかで三人の子どもをそれぞれのシュタイナー学校に通わせ、授業の見学や保育の手伝い、給食のおばさんや折り紙を教える体験をした松井さんの温かな眼を通して「あたりまえのことを地道に誠実にやっている」シュタイナー学校の授業が、楽しく描かれています。

（教育　大人）

人間の四つの気質

日常生活のなかの精神科学

ルドルフ・シュタイナー著
西川隆範訳
風濤社　2000年3月23日　定価（本体）1900円＋税

【主な目次】◉実際的な思考方法◉人間の４つの気質◉心身を元気にする７つの方法◉なぜ服を着るか◉何を食べるとよいか◉知恵と健康◉心魂の調和を築く５つの方法◉人体のリズム◉人生設計◉運命にどう向き合うか

シュタイナーの人間学を暮らしに生かす

シュタイナーは、精神科学（人智学）は日常生活に役立つ実用的なものだ、と繰《く》り返し述べています。本書は、特に実生活に関係する内容の講演を選んで収めたもの。シュタイナーの実用的精神科学の講演のなかでとりわけ有名な「実際的な思考方法」と「心身を元気にする七つの方法」をはじめとして、四つの気質（多血質《たけつしつ》・胆汁質《たんじゅうしつ》・粘液質《ねんえきしつ》・憂鬱質《ゆううつしつ》）の特徴と対処法、実用的な衣装と装飾的な衣装、栄養学の基礎と嗜好品《しこうひん》が精神に及ぼす影響などが説明されています。

さらに、男女の〈からだ〉のリズム、〈いのち〉のリズム、〈こころ〉のリズム、〈たましい〉のリズムが具体的に述べられ、二十一歳までの学びの時期（周囲の世界を反映して生きる七歳まで、世界に興味を抱く七歳から十四歳、判断力を形成する十四歳から二十一歳）、社会で経験を積む二十一歳から四十二歳まで、学習と経験を生かして創造する時期に入る四十二歳以後という人生の構造が語られています。そして、幸運と不運に直面したときに、どのような心構えで対処すればいいかが説明されています。不運な目にあったとき、不幸を嘆くしかないのではなく、それを乗り越える認識をシュタイナーは示そうとしています。よりよい生活術を身につけるために一読を。

教師性の創造

河津雄介著（元百芳教育研究所長）
学事出版　1988年4月1日　定価（本体）1000円＋税

【主な目次】◉授業の「いま、ここ」での生き生き◉発達と生き生きのすがた◉授業に生気をそそぐ教師の働きかけ◉授業を生気でうるおす教師の働きかけ◉人間性を豊かに育てる教師の働きかけ◉芸術の原理と子どもの生気◉教師の基本的力量（1）—イメージ力の自己訓練—◉教師の基本的力量（2）—子どもの目をとおして見る力の自己訓練—◉どのように自分を鍛えるか◉子どもを生かし、教師がよみがえる

生き生きとした授業の考え方と実践例を紹介

本書では、シュタイナー教育と合流教育に基づき、子どもの本質を捉え授業を生き生きとさせるための考え方とその実践例を紹介しています。著者は、カリフォルニア大学G・I・ブラウンのもとで合流教育を学び、さらに一九八三年から二年間、ドイツのシュトゥットガルト市のシュタイナー教員養成ゼミナールに留学。一方、百芳《ひゃくほう》教育研究所で「授業を生き生きとしたものにする教師の力量を高める」ための研修講座を開催していました。本書では、シュタイナー教育と合流教育を日本の教師と授業実践に合わせてアレンジし、著者の体系として再構成したものが紹介されています。

「電流」を空想でファンタシーしてイメージを広げることによって生き生きとさせる、という授業の実践例や、「光合成」「三平方の定理」「源平の戦い」についての「幼年」「少年」「青年」における授業実践を示しています。小・中・高校の授業が対象です。本文の記述だけではシュタイナー教育との関係は明瞭ではありませんが、各講の後に「資料と解説」を記し、シュタイナーの原著との関係を解説しています。

授業を生き生きとさせるために、教師がなすべき　つの方法を示しています。

教育　大人

自己教育の処方箋

おとなと子どものシュタイナー教育

高橋　巖著（日本人智学協会代表）
角川書店　1998年5月15日　定価（本体）1400円＋税

【主な目次】◉人間関係としてのシュタイナー教育◉環境と出会う◉人格を形成する◉生きる力を育てる◉人生をとらえなおす◉新しい時代をひらく◉この時代を生きる◉おとなの自己教育

人生そのものにかかわる教育の原点

現代の教育が見落としてきたものは何でしょうか。

本書は、年齢を問わず、自己教育はいつでもどこでもできるというシュタイナーの理念に基づいて、現代の私たちの課題に即したこれからの教育を語ります。

「自殺、いじめ、登校拒否等は、おとなの世界についての子どもなりの表現です。子どもの意識は、おとなの意識を映し出しているのです。だからもし子どもがいじめをするとすれば、それはおとながいじめをしていることの反映なのです。子どもだけがいじめの世界を作っている、ということはありえません。私たちは自分の外にいる子どものことを考えるのですけれども、その子どもたちの中には私たちが住んでいるのです」（本文より）

シュタイナーは、教育には処方箋がない、と述べたそうです。では、学ぶとはどういうことを言うのでしょうか。著者は、人はどんなところにも、学ぶべきものを見つけ出すことができるといいます。大人が子どもから学ぶことはもちろん、山や水や草木からも、人生の本質を学ぶことができるのだと。

こころ豊かな人生を送るために、ものの見方や考え方の幅が広がる処方箋がいっぱいです。

シュタイナー学校の算数の時間

エルンスト・シューベルト著
森 章吾訳
水声社　1995年4月21日　定価（本体）1500円＋税

【主な目次】◉最初の算数のエポック◉演算／1年生で最初の演算の導入／基本演算／演算と気質の関係／諸演算と諸気質との関係の一覧／〈気質的演算〉のための計算物語／演算記号の導入◉記憶の育成／〈小さな１＋１〉の導入／〈小さな九九〉の導入／１年生の算数の授業の全体構成◉算数の苦手と数学の人間学的な基礎／数学の根源／数字の授業での教材他

算数の苦手な大人が読んでも面白い、算数の学び

シュタイナー学校では、算数をどのように教えているのでしょうか？　シュタイナー教育の数学における第一人者である著者、エルンスト・シューベルトが、子どもたちに初めて算数を教える際の基本的な考え方を具体例をまじえつつ明快に説き、点数をとるための算数を超える道を示します。

「アントロポゾフィー（人智学）を背景にして授業をしていこうとする多くの教師にとって、数学・算数の授業はやりにくい教科のひとつです。それは次のような理由です。まず、学校時代の経験が妨げになって人間学的な観点からのアプローチが難しい点です」と著者は述べています。シュタイナーが多くの示《し》唆《さ》を与えているものの、実際にどのように教えるかということは七〇年以上にもわたるシュタイナー教育の歴史の中で、さまざまな道が個々に工夫され発展してきたともいわれます。本書ではそうした方法の一つを具体的に、丁寧《ていねい》に紹介しています。

算数を、なぜ学ぶのか？　家庭や生活に必要な知恵だと知るところから、授業は始まります。子どもの気質によって教え方を変えるなど、ユニークな方法もあります。そうして算数は生き生きと面白く展開していきます。子どものためだけでなく、算数・数学が苦手な大人が読んでも面白い本なのです。

シュタイナー学校の数学読本

数学が自由なこころをはぐくむ

ベングト・ウリーン著
丹羽敏雄　森　章吾共訳
三省堂　1995年1月1日　定価(本体)3000円＋税

【主な目次】◉思考の修練の道としての数学―かつてと今と―◉授業から生まれたモチーフ／これいくつある―数と数体系―／パスカルの三角形／フィボナッチ数列／1,2,3,4,…と1,2,4,8,16,…, 2つの重要な増加原則／計算から代数への歩み／判断と誤った判断／自然界のフォルムの言葉と幾何学／曲線の変容／球面幾何学／射影幾何学について一言／ジョージ・ブールと集合論／概念形成の練習◉思考の修練の場としての数学◉数学と自然科学◉学校の科目としての数学◉数学と思春期◉目標設定とカリキュラム

思わず夢中になる数学の世界を体験しよう

数学の中等教育分野でシュタイナー教育の実践を紹介する、貴重な一冊。

本書は、スウェーデンのシュタイナー学校での、数学教師としての著者の経験に基づき、日本の中学・高校にあたる学年の数学の内容を、体系的に紹介しています。

実際には、授業で生徒の興味をうまく引き出せたモチーフをとりあげ、子どもの発達段階および数学的思考を十分にとらえた明確な視点から、思考活動を発展させていく授業の流れが具体的に紹介されています。さらに、それを深めるための練習問題も載せています。

数学的能力にばらつきのある生徒に、数学との出会いをどのようにつくっていくのか、問題の与え方、例のとりあげ方など、指導上のヒントも随所にあります。また、授業における感動や興奮が、どの段階に用意されるべきかという提案もしています。同じ題材でも取り扱い方が日本とは異なっていたりもします。

授業書として、また読み物として、同時に発達心理学の本としても、楽しみながら読むことができるでしょう。本書を読み進めるうちに「なぜ数学を学ぶのか」という疑問にも、読者なりの答えを見出せるに違いありません。

シュタイナー学校の芸術教育

6歳から18歳までの美術の授業を中心に

マルグリート・ユーネマン
フリッツ・ヴァイトマン著
鈴木一博訳
晩成書房　1988年7月30日　定価（本体）3800円＋税

【主な目次】◉初等八年間の絵画―その基本原則／教師の準備／初めの３年間／３年生から５年生の絵画授業／６年生から８年生の明暗線描と透視画法／６年生から８年生の絵画授業◉実践・芸術授業―９年生から12年生／専門授業で使う芸術手段◉ルードルフ・シュタイナーの提起―ひとつの新しい芸術教育に向けて／芸術創造の基礎／ルードルフ・シュタイナーの絵画例／ゲーテアヌムとバウハウス／教育としての芸術

（訳者の表記に従い「ルードルフ」としました）

シュタイナー学校の芸術を学ぶ、充実のテキスト

シュタイナー学校の六歳から一八歳までの美術の授業内容を中心に、学年別で授業の実践例を紹介しており、芸術教育が各教科と有機的に繋《つな》がったありかたを示しています。
「芸術、造形も詩・音楽も、それを求めるのは子どもの自然、子どもの子どもたるところです。そして就学年齢にさしかかった子どもたちにも、すでにふさわしい芸術の活動があります。教育をする者として、しかじかの芸術がしかじかの人間的能力の育成に〈役立つ〉ということに、多く議論を費やしすぎてはならないでしょう」とシュタイナーは、一九二三年の「ヴォルドルフ学校・芸術教育大会」での講演で述べています。

たんなる情操教育をおおきく超えて、教育そのものを芸術であるとしたシュタイナーの思想が、今日のシュタイナー学校の芸術教育に脈々と生きています。

本書では、教師としての準備から、初めにどのように教えていくのか、絵を描くときの技法は…といった事柄が、学年ごとに詳細に記述されており、教育者が実践するときのテキストとして充実した内容です。

また、シュタイナーの建築したゲーテアヌムや、芸術教育の問題などシュタイナーの業績や思想にもふれています。

感覚を育てる 判断力を育てる

教師と父母のためのシュタイナー教育

ヴィリ・エプリ著
鈴木一博訳
晩成書房　1991年5月21日　定価（本体）2400円＋税

【主な目次】◉判断力を育てる／判断力の本性／判断力を育てる—教育の観点／みずからの判断力を省みる◉感覚を育てる／感覚の大切さについて／人間の感覚／感覚の発達／感覚を育てる授業

成熟した大人への成長に、必要なアドヴァイス

シュタイナーの人間学をもとに、子どもの感覚と発達の経緯を具体的に解き、発達段階に応じた指導方法を語っています。

著者のヴィリ・エプリは「ふりかえってみれば過去百年の教育がただの知力だけを誘いだすのにかたよって、そのほかにも素質として子どもにそなわる力を、その力にふさわしく引きだすのを怠《おこた》ってきたことはあきらかです」と述べており、知性と教養だけに偏《かたよ》りすぎた教育のあり方に警鐘《けいしょう》を鳴らしています。また、シュタイナーも「授業は適切な概念の形成だけで終わらずに、健康な判断力を育てることをもめざすように……」と示《し》唆《さ》しているといいます。

幼年期にはその子にふさわしく遊ぶこと、小学生のころには実際的な手仕事を、などと年代にそったアドヴァイスをし、子どもたちがやがて大人としてしっかり生きられる人間に成長していくために必要な判断力、そして健康な判断力の前提として必要な〝感じる〟力を引きだすための教育とはどのようなものなのかを分かりやすく説明しています。

子どもに対するだけではなく、教育する側の大人もまた、みずからの判断力や感性を省みる機会にもなることでしょう。

魂の発見

シュタイナー学校の芸術教育

子安美知子著
(日本アントロポゾフィー協会文学部門代表)

音楽之友社　1981年11月1日　定価(本体)1800円＋税

【主な目次】◉出会い◉ライヤーでの出発◉「音楽」のない時間割◉子どもの魂に不可欠なもの◉「客観」の世界へ◉オイリュトミー◉ある卒業生の思い出◉音楽の先生になる条件◉ほんとうの感情教育◉「芸術」から「人間」へ◉気質と音楽◉ローラン先生のレッスン◉四季をめぐる音楽／アドベント／ファッシング／ハウスムジーク／五月祭／卒業作品／夏休み／オーケストラの合宿／月例祭／フリーデル・エーダー学校訪問／ふたたびアドベントを待つ

ひとりの母親からみたシュタイナー学校

本書は、自身のドイツ留学に伴った娘の学校を選ぶなかでミュンヘン・シュタイナー学校に出会った著者が、ひとりの母親として感じ、考えたことの随筆です。

授業は著者の目には風変りなことばかりでした。ひとつの授業が、計算を覚えるだけ、文字を覚えるだけ、というように垣根で仕切られているのではなく、クレヨンで文字を描き、それを歌にしてライヤーとともに歌い、体で表現しながら、ゆったりと進められていくこと。数週間同じ科目を連続して学ぶエポック授業。教科書もテストもなく、通信簿はすべて詳細な文章評価。クラス担任は八年間持ち上がり。

しかし、その奥にある深い人間観に気づいた著者は、シュタイナーの教育観に興味をひかれていきます。「芸術」が教育の中心にあるのは何を意味するのか、本書では音楽を中心に考えていきます。そして見えてくるのは、音楽がよくできる人間や音楽家になるための音楽ではなく、空気や水や食物が自明のものとして人間の成長に必要であるように、子どもの魂《たましい》に欠くことのできないものとしての音楽、という考えでした。

著者の深い洞察《どうさつ》と見事な文章が、読者を引きつけて止みません。

私とシュタイナー教育

いま［学校］が失ったもの

子安美知子著
（日本アントロポゾフィー協会文学部門代表）

朝日新聞社　1993年3月1日　定価（本体）480円＋税

【主な目次】◉いま学校教育を問う◉幼稚園こそ深い思想を／頭で読むこと　心で読むこと◉音と光と人の出会い／「いのち」と「かたち」◉おとながどんどん変わってゆく／日本シュタイナー・ハウス誕生／読者への手紙

シュタイナー学校の教育とはなにか

シュタイナー学校とその教育を鮮やかに描き出し、日本に広くその存在を知らしめるきっかけとなった『ミュンヘンの小学生』『ミュンヘンの中学生』などの著者である子安美知子さんが、小・中学校の先生や母親に向けて行った講演をまとめたものがこの本です。

「…これからの世界も日本も、人間個々の自由と相互の多様性とをしっかり認めあっていく方向でしか進んでいけないだろう。たとえその道筋で多くのじぐざぐがあってもだ。シュタイナー教育の根本はあくまでその方向にある。だからといって、何も世界中の学校がシュタイナー学校で埋めつくされる必要はなく、まさにさまざまな学校がそれぞれの自由を認めあう多様性こそが望ましい…」（文庫版あとがきより）という子安さんの眼を通したシュタイナー教育が、具体的に説明されています。

また、単なる表面的な情報にとどまらず、シュタイナー思想に影響を受けた作家、ミヒャエル・エンデの『はてしない物語』などを例に引き、シュタイナーの思想にも触れています。

教育の専門家としてというよりも、自身の体験にそった説明は、シュタイナー教育にはじめて出会うひとにも分かりやすく、興味ぶかいものです。

ウィーンの自由な教育

シュタイナー学校と幼稚園

広瀬俊雄著（広島大学大学院教育学研究科教授）
勁草書房　1994年4月5日　定価（本体）2900円＋税

【主な目次】◉シュタイナー教育の広がりをたしかめて◉ウィーンのシュタイナー幼稚園／シュタイナー幼稚園訪問／幼稚園の一日／メルヘンの世界／創造的な想像力による遊び／リズム遊戯と幼児／人形遊び／模倣の世界／オイリュトミー◉ウィーンのシュタイナー学校／シュタイナー学校の成立と発展／シュタイナー学校の教師／芸術的な要素にみちた教育／なぜ教育を芸術的な要素で浸すのか／音楽で満たされた学校生活／思春期の生徒たちのモード・ショウ／十二年生の卒業論文発表会

ウィーンで体験した市民がつくる教育

シュタイナー教育の研究者である著者が、小学生の息子・娘とともに現地で学び、幼稚園と学校での実践の姿と、市民の手によるウィーンのシュタイナー学校の成立史を報告しています。

幼児から十二年生まで、発達段階に合わせた、子ども中心のソフト／ハード両面に亘《わた》る、一貫したいきとどいた教育的配慮と方針。音楽、絵画、手作業、農作業など身体的、芸術的なものを重視して、それを通してまず意志と感情を充分に育て、それを媒介にして次のステップ、知の世界へとスムーズに移行していきます。教師は生徒に問いかけ、生徒は自ら考え、五感をつかって体験し、学ぶ。効率的に知識をつめこんで、その量と早さを競う日本の教育とは対極の姿です。一人ひとりが自分をゆっくりみつめ、大事に育てていく環境が保障されています。個人、個性が徹底的に重視されます。ただし一四歳位までは教師の指導性が大きく強いのです。自主的な思考、判断が育つのは、そのあとと考えるからです。

うらやましいような、心豊かな理想の教育が、展開されています。

参考にすべき点が多々ある報告。

生きる力を育てる

父親と教師のためのシュタイナー教育講座

広瀬俊雄著（広島大学大学院教育学研究科教授）

共同通信社　1999年4月5日　定価（本体）1600円＋税

【主な目次】◉豊かさのなかの危険性◉親と教師をめぐる問題◉生きる力の基礎を育てる―幼児期◉生きる力の胎動―児童期◉人生への助走―思春期・青年期

心豊かに生きる力を子どもたちに！

「子どものうちに、生きる力を育てることは、大人の責任であり、使命である。私たちが右往左往し、自信を失っていたのでは、責任と使命を果たすことはできない。いま必要とされるのは、子どもの将来の生き方とその支えとなる生きる力の育成についてしっかりした考え方を持ち、子育てや教育を行うことである」

前書きでこのように語る著者の広瀬俊雄先生は広島大学大学院学校教育研究科の教授で、広島シュタイナー教育研究会を主《しゅ》宰《さい》されています。『シュタイナーの人間観と教育方法』（ミネルヴァ書房）や『ウィーンの自由な教育』（勁草書房）などの著書でも知られています。

人生を力強く切り開く力を身につけてほしい。他人のことを思いやりつつ、自己を高めて生きる力をもってほしい。豊かな人間らしい生き方を生み出せる力が育ってほしい…。子を持つ親や教師なら誰しもこうした願いを持つのではないでしょうか。

本書は、そんな願いを実現するための教育を考え、日本を代表するシュタイナー教育研究の権威が自らの子育て体験と学識に基づいて、幼児期から青年期に至るまでの子どもとの接し方、父親の役割を分かりやすく解き明かした著作です。

我が家のシュタイナー教育

幼児期編

広瀬牧子著（「シュタイナーを学ぶ母親の会」主宰）
共同通信社　1998年3月15日　定価（本体）1500円＋税

【主な目次】◉子育てのはじまり◉身体の形成◉宇宙・自然の一員として◉幼児はまわりのことをどのように学んでいくか◉身体活動◉想像力の発達◉大事な遊び◉音楽のもとは幼児の中に◉なぐりがきの絵からわかる幼児の発達◉気質—個性を理解するために◉発達を助けるおもちゃ◉心の形成に役立つ童話◉発達を妨げるものを排除する◉長期の視点で見る幼児期

子育ては学校では教えてくれない

著者はこう書いています。

「シュタイナーは『子どもの教育は学校と家庭の両輪で成り立つ』と述べている。我が家では、日々の子育てに、シュタイナーの見方を実践するようになった。本書はシュタイナー教育を家庭に取り入れてきた、子育ての葛藤《かっとう》と歩みの記録である。それはまた、シュタイナーがいう子どもの成長のプロセスが、はたして我が子にもあてはまるかどうかを、母親の視点で、誕生から大人になるまで長期にわたって見つめてきた記録でもある」（前文より）

人間の成長とは何か、子どもはどういう存在なのか、子育てを基本的にどう考えればよいか——考えてみればいずれも大問題です。

人がこの世に誕生してから最初の七年は、その後の何十年よりも重要な意味をもっているとシュタイナーは言います。そして、「シュタイナー教育は、学校や幼稚園でなくてもどこででも行うことができます」と、シュタイナー学校の先生は言ったそうです。その実感が全編の中にただよいます。

本書は自らの子育てを振り返りながら、家庭でも実践できるシュタイナー教育を提言しています。

続・我が家のシュタイナー教育

児童期・青年期編

広瀬牧子著（「シュタイナーを学ぶ母親の会」主宰）
共同通信社　1999年9月10日　定価（本体）1600円＋税

【主な目次】◉小学校時代／シュタイナーのとらえ方／シュタイナー学校へ／日本の小学校に戻って◉中学校時代／シュタイナーのとらえ方／シュタイナー学校の中学生／日本の中学生／幼児期・児童期の発達が、現象としてあらわれて◉高校時代／シュタイナーのとらえ方／シュタイナー学校の高校生／日本の高校生

小学校から高校までのシュタイナー教育読本

ロングセラー『我が家のシュタイナー教育』の続編で、小学校から高校までの、いわゆる「嵐の時代」の子どもとどう向き合えばよいのかを提言します。

シュタイナー教育では「七年」を子どもの成長の、ひとつの周期としてとらえています。歯がはえかわるまでが「幼児期」だとすれば、小学校から中学一年くらいまでが「児童期」、中学二年ころから二十一歳くらいまでが「青年期」にあたります。「幼児期」の成長プロセスに即した実践的な子育てを提案した前著に続き、本書で著者は「児童期」「青年期」の発達を踏《ふ》まえて、親が子どもにどうかかわっていけばよいのかを、自らの子育て体験の実践例を数多く紹介しながら提案しています。

家庭の重要性を認識したうえで、子どもの発達段階の見方を学び、その視点で子どもに接することもシュタイナー教育の実践であり、日本の家庭でも学校でもシュタイナー教育の見方を取り入れることができると著者は述べています。

また、日本の小中高校とシュタイナー学校での教育がどれほど異なっているのかを具体的に比較し、詰《つ》め込み式の日本の教育が子どもの健全な成長をいかに阻害《そがい》しているかについて警鐘《けいしょう》をならしています。

大切な忘れもの

自立への助走

横川和夫著（ジャーナリスト）
共同通信社　1997年6月1日　定価（本体）1600円＋税

【主な目次】◉不登校の軌跡◉変わる親たち◉賢治を生きる◉私は私―過食嘔吐からの脱出◉シュタイナー学校４年Ｂ組◉なぜシュタイナーなのか◉広瀬家のシュタイナー教育

自分自身を生きる道を探る教育ルポ

わたし達が家庭、学校、そして日本社会で忘れてきた「大切な忘れもの」――受験戦争、偏差値・管理教育で奪われた人間らしさを取り戻す、もうひとつの道はどこにあるのでしょうか。本書は共同通信記者であった著者が、シュタイナー学校、東京シューレ、賢治の学校などの実践を取材。これらの場を通じて、子どもたちや親たちがどう変わり、自立していったかを三六回に渡って新聞に掲載し、好評を受けた感動的なルポルタージュです。著者は「大切な忘れもの」を探す旅で、最後にシュタイナー教育にたどりつきます。

南ドイツにあるシュタイナー学校の先生はこう話します。「シュタイナー学校は子どもを国家に合わせるのではなく、その子の成長のために存在しています。『こう生きたい』というその子なりの人生の目的をつかみ、自分の力で生きていってほしいと願っています。これが公立学校と根本的に違う点です」

日本でも市民が望む学校をつくれないのでしょうか。オランダでは、新しい学校をつくりたいという親たちが一定数集まると、教育省が設立のための援助に乗り出し、予算措置《そち》をとってくれるといいます。日本が、国家のためではない市民のための教育に転換する日を願って、このルポはまとめられました。

教育　その他

もうひとつの道

競争から共生へ

横川和夫著（ジャーナリスト）
共同通信社　1999年6月5日　定価（本体）1500円＋税

【主な目次】◉シュタイナー教育に学ぶ／いいんだよ、ゆっくりで◉保育所は大人の学校／親のがんばり、子を追いつめ◉競争から共生の時代へ／日本の社会福祉に貢献

いまこそ、子育て・教育に逆転の発想を

「責任を他に押しつけ、評論するだけでは、閉塞《へいそく》状況に置かれ、追い詰《っ》められている子どもたちの心を開き、解放させることはできない。私たち大人は、こうした事態を自分のあり方の問題として真っ正面から受けとめ、どうしたら現在の閉塞状況を打ち破ることができるのかを考え、実践しなくてはならない」

著者はこういう立場から、全国各地でユニークな教育や保育の実践に取り組んでいる人々を探し、訪ね歩いてこのルポを書き、全国三四の新聞で一年間の連載となりました。本書はこの原稿を、一冊にまとめたものです。

シュタイナー教育は、国家や経済界による学校支配に抵抗し、学校教育に自由と独立を主張してきました。だからこそ、シュタイナー学校の教師は、子どもの側に立って、子どもの成長、発展段階に合わせて楽しい授業を行うことが可能になっているのです。

実は日本ではずいぶん前からフリースクールの形で、シュタイナー教育はひそかに実践されてきたのですが、その存在はあまり知られていませんでした。本書では日本で最初のシュタイナー学校、東京シュタイナーシューレの活動も初めて詳しく紹介されています。

シュタイナー教育と子どもの暴力

子どもの自我を育てるには

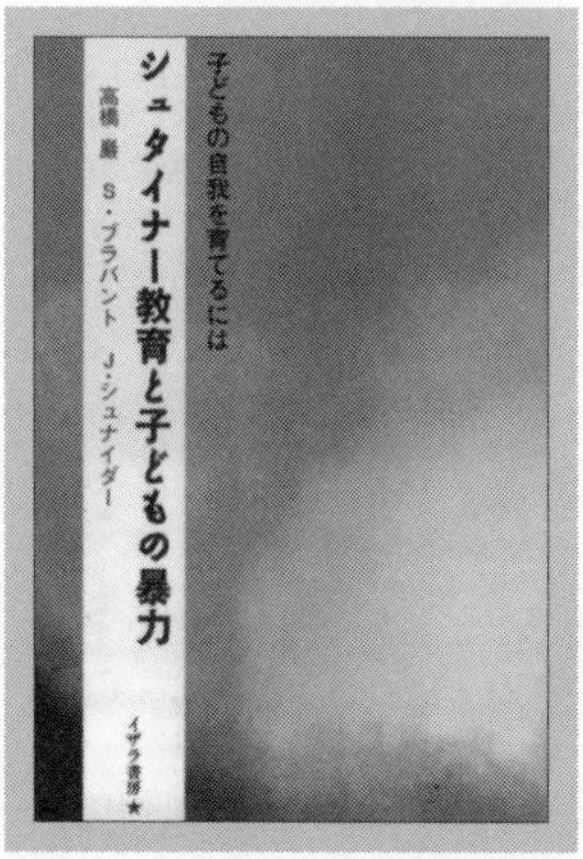

高橋 巖（日本人智学協会代表）
マンフレート・シュミット・ブラバント
ヨハネス・シュナイダー著
高橋 巖訳

イザラ書房　1988年6月30日　定価（本体）1500円＋税

【主な目次】◉シュタイナー教育の本質／感覚教育から感情教育へ◉シュタイナー教育の基本／自己教育の３つのあり方◉子どもの発達期に則した教育／手本としての教師のあり方◉暴力の発生とその治癒／暴力を治癒する自我の尊厳◉シュタイナー学校の教員養成／深い人間理解の目

シュタイナー教育を軸に、子どもの成長を考える

深刻化する子どものいじめ・暴力に対して、私たちに何ができるのでしょうか？　混迷する教育の現状を憂えて、子どもの魂《たましい》の成長にふさわしい教育とはなにか、そのあり方を、三人の著者が豊富な人智学の知識をもって、分かりやすく説いています。

まず、〝認識〟や〝十二感覚〟といったシュタイナー教育の基本となる哲学的な考え方を、たくみな比喩《ひゆ》で表現し、教育のバックボーンとなるシュタイナー思想の理解を促《うなが》します。

また、シュタイナー教育がどのように誕生し、どのように行われてきたのか、その歩みを端的に説明しています。そして、子どもの年齢ごとにおける成長の特徴と教育のあり方を言及したあと、暴力の発生とその対処について語られます。

なぜ、子どもが攻撃性を持つようになるのでしょうか？　最善の暴力治癒とはなんでしょうか？　学校の教師にできることは？

子どもの学びである模倣《もほう》の、見本としての大人のあり方、教師の自己教育などもとりあげ、シュタイナー教育の思想や手法を軸に、さまざまな方向から子どもの教育を考察します。

シュタイナー村体験記

森下　匡（元養護学校校長）他著
白馬社　2000年10月20日　定価（本体）1500円＋税

【主な目次】◉「絆プラン」—旅のはじまり／ドイツからの手紙◉ドイツ体験／いきなり「搭乗拒否!?」される◉シュタイナー・キャンプヒル村／シュタイナーとキャンプヒル村のアウトライン◉イギリス体験／終わりの日、無事帰国◉介護うらおもて／介護体験で学んだこと◉未来へのアピール／障害者も国際感覚を

シュタイナー村を訪れた異色の五人の体験記

本書は、健常者と障害者が共に暮らしている生活共同体・ドイツのシュタイナー村のような施設を日本でも作りたい、と考えた著者五人が、施設づくりのための現地視察にドイツのシュタイナー・キャンプヒル村を訪問、約一ヶ月間滞在した記録です。五人の横顔は重度障害者が二人、介護者が三人。介護者は二人が高齢者、もうひとりは介護経験ゼロ、という人たちです。日本から重度の障害者がシュタイナー村に長期滞在した例はなく、一行にとっては大変な毎日だったことが本書に綴《つづ》られています。しかし、実際に体験した村の様子はすばらしいもので、一行を感激させる出来事や、魅力あふれる人との出会いに満ちた毎日でもあったのです。

そうしたことがらが、日本では情報の少ないキャンプヒル村の生活共同体の具体的な紹介と共に、日記形式で肩ひじ張らずに明るく素直に書かれていて、著者達の気持ちがとてもよくわかります。写真もたくさん収録されており、交流の雰囲気が伝わってきます。

これからの日本の障害者施設づくりに新たな方向性を与える可能性を秘めた、ルポルタージュとしても注目されるユニークな内容の一冊です。

いつもいつも音楽があった

シュタイナー学校の12年

子安ふみ著

音楽之友社　1998年11月20日　定価（本体）1400円＋税

【主な目次】◉全身で体験する言葉や算数――１年生◉ペンタトニックと長調――２年生◉リズムの楽しさ――３年生◉客観の世界へ――４年生◉歌、歌、そしてまた歌――５年生◉短調と長調のコントラスト――６年生◉音楽のための音楽――７年生◉人生の謎の探究――８年生◉芸術の美しさ――９年生◉音楽の形式――10年生◉ロマン派から現代へ――11年生◉20世紀芸術からの発見――12年生◉卒業作品――シュタイナー学校の卒業試験◉同窓会――12年ぶりの再会

ドイツのシュタイナー学校卒業生が語る授業の様子

六歳で両親とともにドイツへ渡りミュンヘン・シュタイナー学校へ入学した著者が、十二年生を終えて卒業するまでの音楽を中心とした学校生活を語ったもの。

カリキュラムは、子どもの心や体の成長と密接に関っています。ファンタジーの世界にいる一～四年生までの下級生は、想像力を働かせることに重点をおいた授業を受けます。ペンタトニックの歌から徐々に洗練されたメロディーとリズムに移り、次第に和音感溢《あふ》れるメロディーに進みます。五～八年生の中級生では、客観的にものをみられるようになると譜面が用いられ、ポリフォニーの音楽を演奏し、転調や短調を体験し、自分の感情を表現することを学びます。上級生となる九～十二年生では、音楽の形式を学びそれを実際の曲で体験します。音楽・美術・文学の関わりや、二十世紀芸術にも目を向ける。そして、それまで学んだことの総仕上げとして卒業作品の創作にとりかかるのです。全学年、どの場面をとっても、音楽することが楽しくて仕方がない子どもたちがいます。人間的にも音楽的にもレヴェルの高い教師たちがいます。

著者の豊かな感性と確かな目をもってして初めて可能であった記録です。

おもちゃが育てる空想の翼

シュタイナーの幼児教育

カーリン・ノイシュツ著
寺田隆生訳
学陽書房　1999年9月10日　定価(本体)1500円＋税

【主な目次】◉遊びを通して子どもは生き方を学ぶ◉毎日が夢ごこち―乳児◉ものまね時代―1～2歳◉言葉とリズム―3～4歳◉着想と発見のころ―5～6歳◉学齢期の子ども◉すっかりそろえたわ、さあ遊びなさい◉遊べない子ども◉作ってみよう―子どもに持たせたい人形

ユーモアがいっぱいの子育て論

この本は原題を〝Lek med mjuka dockor〟（ぬいぐるみ人形と遊ぼう）と言い、スウェーデンでシュタイナー教育を実践する著者、カーリン・ノイシュッツのユーモアを交えた子育て論です。

「いま子どもたちが何を必要としているのか、また子どもたちにとって望ましい遊びとは何かを知り、わが子に持たせたい人形や玩具をひとつでも自分の手で作ってみたいと読者のみなさんが思われたら、本書の目的は十分に達せられたといえるでしょう」と著者は言います。

著者自身、時には子どもたちに与えた手作りの人形より、ハーベイと名づけた木切れの方が喜ばれたり…といった経験をします。でも、悲しんだりはせず、子どもたちの想像力が豊かであることに喜びを感じます。そして、子どもは大人を楽しませるために遊んでいるわけではないのだとも。

物や情報が溢《あふ》れる今、素朴で温かい手作りのおもちゃや落ち着いた大人の判断が、とても新鮮です。

終章では、簡単で素朴な人形の作り方を紹介しています。楽しみながら人形を作り、ゆったりと子どもたちと遊びたくなるような一冊です。

おもいっきりシュタイナー学校

周一君のドイツ日記

永田周一著
五月書房　1997年11月28日　定価（本体）1400円＋税

【主な目次】◉友達ができた／シュタイナー学校からの通知◉シュタイナー学校に入る／学校の最初の日◉クラス旅行／いざ、ハイデへ◉学年末のくらし／シュタイナー学校のヨハネス祭り◉夏休み／ウアラウプを楽しもう◉新学年／「君に贈る詩」の発表◉クリスマス／オイリュトミー事件◉冬の学校／幾何のエポック◉別れ／最後の日

ドイツ・シュタイナー学校に通った十二歳の日記

十二歳の周一君は、ことばもわからないまま、いきなりドイツのシュタイナー学校に通うことになりました！　本書は、周一君が家族と共に一年間ドイツで暮らし、そこで通ったシュタイナー学校での日常を中心に、日記として綴《つづ》ったものです。もともと純粋に私的なものではなく、親戚や友人にドイツのようすを知らせる手紙代わりに使うことを意識して書かれたということで、第三者にもわかりやすい日記となっています。

教育者などの大人から見たシュタイナー教育の分析や紹介は多様に目につくようになってきましたが、本書は子ども自身の言葉でその体験を直接語る、珍しい試みです。

テストも教科書もない自由な学校は、はたしてユートピアなのでしょうか？　赤い屋根と黄色い壁のミュンスター・シュタイナー学校に転校した周一君は、勝手の違う生活にとまどいながらも仲良しの友達をつくり、溶け込んでいきます。楽しかった工作の授業では、トンカチなど「道具を自分の手で作り、それでもって物を作るようだ」と感心し、シュタイナー学校にはないと思っていた宿題やテストも実はあったり。「日本よりてんでレベルが低いなと思っていたら」どんどん難しくなる数学…。生徒の側から見て体験した、生の声が具体的で新鮮です。

シュタイナー教育

その実体と背景

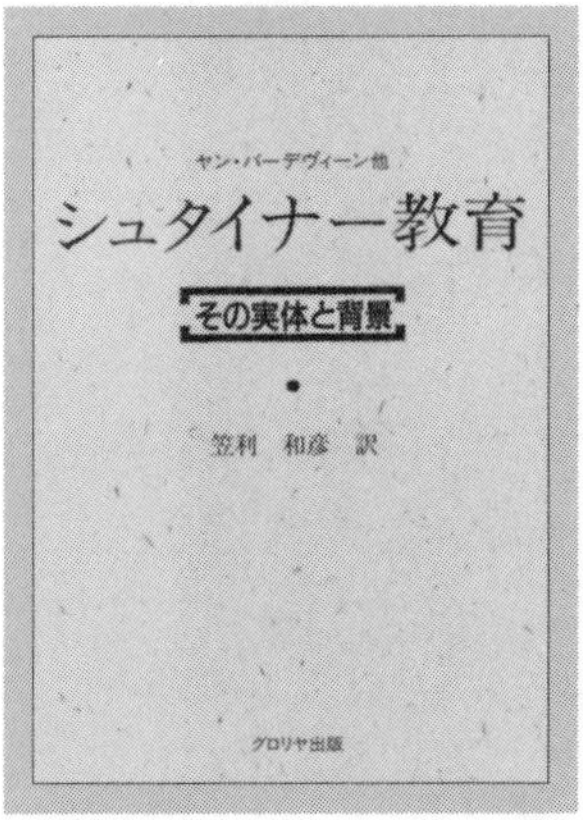

ヤン・バーデヴィーン他著
笠利和彦訳
グロリヤ出版　1990年1月31日　定価(本体)1748円＋税

【主な目次】◉シュタイナー教育、キリスト教の視点から／問題のあらまし／ヴァルドルフ教育の特徴／「自由ヴァルドルフ学校」は、教育刷新をめざす学校なのか／それとも人智学の教派学校なのか◉シュタイナー教育を論じる／絶対的教育学―ルドルフ・シュタイナーの教育思想への批判―／全体統一と秩序の幻想―ヴァルドルフ教育学の人間論への考察／視霊者の夢、もしくは霊学―ルドルフ・シュタイナーの認識論―

シュタイナー教育に対する率直な、批判的考察

世界中に広がるシュタイナーの教育ですが、「父母の間には、ヴァルドルフ学校に対する熱烈な支持と共に、ヴァルドルフ教育と実際に触れあうという経験を通して、厳然とした拒否反応も出てきています。ルドルフ・シュタイナーにさかのぼるヴァルドルフ教育学の背景を知っている父母は、ごくわずかしかいませんし、自分達の子弟が、人智主義者に育てあげられることを自覚している親たちも、ごくわずかしかいないのです」（序文より）という意見もあります。また、画一的な公教育に対する選択肢として期待されるヴァルドルフ学校に対し「一つの価値観、一つの世界観、（むしろ、霊界観か）しか受け入れない、シュタイナー教育が、果たして教育の「荒廃」を救えるのだろうか」（訳者あとがきより）という疑問も提起されます。

本書はドイツ・プロテスタント教会の学校報告会議で行われた牧師による講演をまとめた第一部と、旧西ドイツの「季刊紙、開発教育」一九八七年三月の特集号「ルドルフ・シュタイナーの教育学を論じる」に掲載されたものを訳した第二部からなり、批判のみならず、能力主義教育の欠陥を是正し、自然を大切にする教育のありかたは他の学校もヴァルドルフ学校から学べるものがあると著者の一人、バーデヴィーンは述べています。

第3章　芸術

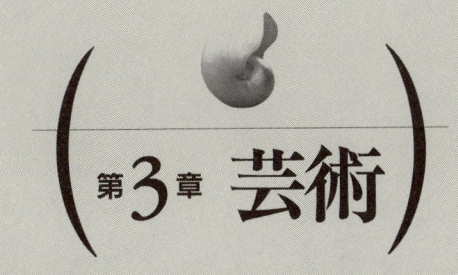

シュタイナー　芸術と美学

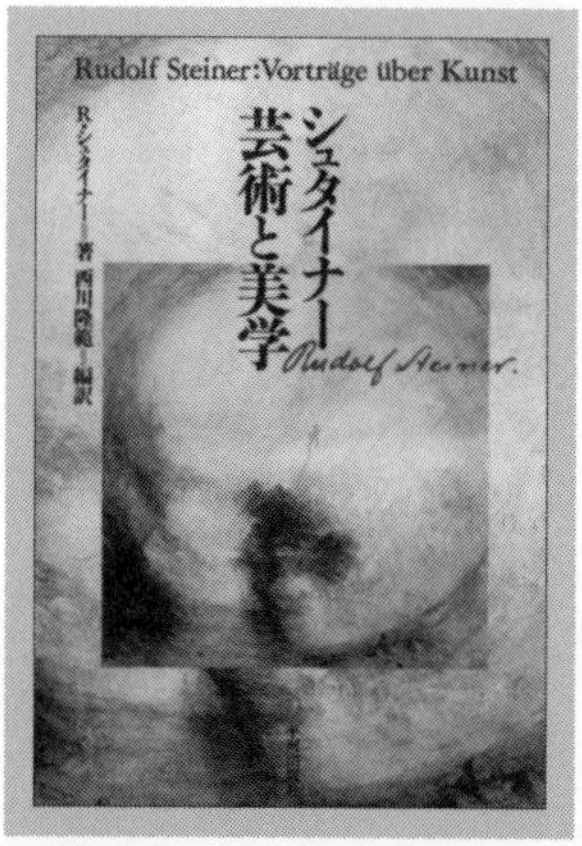

ルドルフ・シュタイナー著
西川隆範編・訳
平河出版社　1987年5月15日　定価(本体)2300円＋税

【主な目次】◉人智学と芸術◉新しい美学の父としてのゲーテ◉芸術の本質◉芸術の心理学◉芸術的ファンタジーの源泉と超感覚的認識の源泉◉人類の芸術的発展のための変容衝動◉付・人智学と芸術（マリー・シュタイナー）

シュタイナーの芸術論

本書は、芸術にかかわるシュタイナーの主要講演を収録し、シュタイナーの芸術観の全体像をつかめるように構成したものです。同時代のカンディンスキー、モンドリアンをはじめ今日にいたるまで、かなりの数の芸術家がシュタイナーから影響を受けたとされています。また、ゲーテアヌムの建築等をみれば、シュタイナー自身が芸術的に「ただものではなかった」ことは疑えません。

本書の中で、シュタイナーはいいます。「『芸術家よ、形成せよ。語るなかれ』というのは美しい、芸術家の言葉です。しかし、人間は語る存在であるがゆえに、この言葉に対して罪を犯さなければなりません。……芸術家よ、形成せよ。語るなかれ。しかし、芸術について語る必要のあるとき、形成しつつ語り、語りつつ形成するように試みよ」

このようなスタイルで、シュタイナーは、芸術創造の謎《なぞ》に迫っていきます。その神秘学も、芸術をテーマにしたとき、いくらか近づきやすくなるように思えます。シュタイナーにとって芸術と宗教と学問の源泉は一つでした。建築・彫刻・絵画・音楽・詩・オイリュトミー。宇宙と人間、感覚と超感覚を結ぶ芸術への洞察《どうさつ》が語られていきます。

こころの育て方

物語と芸術の未知なる力

西川隆範著（日本アントロポゾフィー協会理事）
河出書房新社　1997年6月25日　定価（本体）1600円＋税

【主な目次】◉芸術の治癒力／やすらぎの絵・よろこびの歌／セラピー文芸◉心身一体の健康法／医食の話／心身の病◉物語の治癒力／民話の叡智／少年少女の物語／青年期ー壮年期の物語／壮年期ー熟年期の物語／死後の世界を語る物語◉〈わたし〉のストーリー／自分史セラピー／〈わたし〉であること◉イニシエーション文芸／よみがえる魂／魂から精神世界に架かる橋

豊富な人智学の知恵がつむぎ出す、豊かな心の育て方

物語や芸術は人間にどのような影響を与えるのでしょうか？シュタイナーは、戯曲《ぎきょく》『神秘劇』のなかで、登場人物につぎのように語らせています。「メルヘンは、ほんとうに魂《たましい》の宝だ。メルヘンが精神に与えるものは、死を超えて保たれ、のちの地上生において果実をもたらす。メルヘンはわたしたちに、真理をおぼろげに予感させる。そして、その予感から、わたしたちの魂は人生に必要な認識を作る」のだと。

また、著者である西川隆範さんは、「心理学が童話に注目し、心の問題を治療する手段として童話を用いるようになって久しい。一方、精神学（シュタイナー派のスピリチュアル・サイエンス）は、童話のなかに存在の宇宙的秘密を解読しようとしている。物語は、たんに心に慰《なぐさ》めをもたらすために利用されるのではない。物語は精神に高い認識を呼び起こし、その結果、魂に調和がもたらされるのである。本書では、この精神学的な方向の見方を、いくつか示そうと試みた」と述べています。

メルヘンや戯曲などさまざまな物語を精神学の立場から読み解くとともに、日々の生活に潤《うるお》いをもたらす考え方などをユーモアをまじえながら語っており、豊かな心を育むためのアイディアがいっぱいの一冊です。

新しい建築様式への道

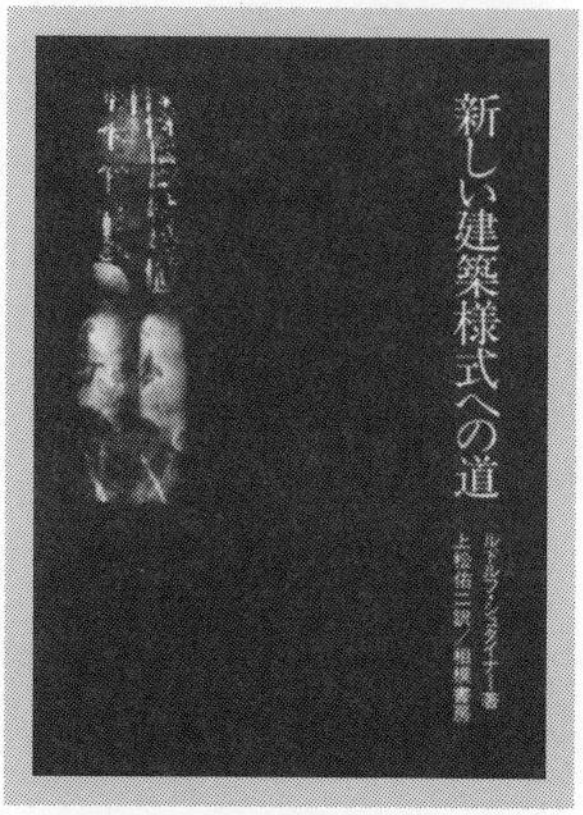

ルドルフ・シュタイナー著
上松佑二訳
相模書房　1977年8月10日　定価（本体）2800円＋税

【主な目次】◉アカンサスの葉◉言葉の家―芸術家のアトリエの落成式に◉新しい建築思想◉真の美的形式法則◉色彩の創造的世界◉第一版への序文◉ゲーテとゲーテアヌム

シュタイナーによる、建築と造形芸術についての講演録

シュタイナー自身が建築を学んだという記録は残っていませんが、二〇世紀初頭に建設されたシュタイナーの設計による建築物・ゲーテアヌムは、他に例を見ない新しい様式にのっとっており、世界の著名な現代建築家からも高い評価を受けているといいます。本書は、すべてが木造で建てられた第一ゲーテアヌム（一九二二年に焼失。現在の第二ゲーテアヌムは一九二四〜二八年にかけて再建された鉄筋コンクリート）の成立期に行われた建築芸術的考察を訳出したものです。

シュタイナーの建築や造形論は物理的な次元にとどまらず、シュタイナーの壮大な宇宙観・神秘学へとつながってゆきます。そして「一九一三年にスイスのドルナッハに着工されたシュタイナーの劇場建築〈ゲーテアヌム〉においては、体験された思想の反映としてのフォルムが到る所から人間に語りかけようとしていた」と訳者である上松さんは、あとがきでその印象を述べています。

また、コリント、イオニア、ドーリア式のそれぞれのモチーフの特徴や、シュタイナーから見た人智学独自のモチーフの解釈など、具体的な説明がなされており、読み物としても面白い講演録です。

シュタイナー・建築

そして、建築が人間になる

上松佑二著（日本アントロポゾフィー協会理事長）
筑摩書房　1998年3月25日　定価（本体）12000円＋税

【主な目次】◉第１部　源流／第１ゲーテアヌム／第２ゲーテアヌム／ゲーテアヌム附属建築◉第２部　潮流／学校／ヤーナ・複合文化施設／銀行／オフィス／集合住宅／教会／ホール、博物館／広場、列車

建築の中に潜む、シュタイナーの精神を観る

草木の緑を背景に、まるで大地から生えてきたかのようにしっくりと馴染《なじ》む建物。緩《ゆる》やかで、心地よい曲線を多用したその建築は有機的で、人を和ませる不思議な安らぎに満ちています。哲学者・ゲーテ研究者・劇作家・社会学者・医学者・農学者など、様々な顔を持つシュタイナー。本書は建築家としてのシュタイナーの作品に触れ、その革新的な建築の源流と現代を問うものです。

建築は思想を顕《あらわ》しています。シュタイナーが建築に関心を持った一九〇〇年頃は、産業革命以降の鉄とガラスとコンクリートによる機能的で近代的な建築が当時のモダニストの考える様式の方向でした。しかしシュタイナーは、近代技術を踏《ふ》まえながらも豊かな精神性をもって建築を行い、機械的な機能主義とは全く異なる有機的な総合芸術へと向かいました。

地形を生かし、温かくゆったりと、時としてユーモアに満ちた建物やそのディテール。二〇世紀初頭の建築物にもかかわらず、それらは今、とても新鮮に見えます。全篇を彩《いろど》る美しい写真は、残念ながら焼失して今はない「第一ゲーテアヌム」の建築過程や全景など、歴史的に貴重な資料であると共に、眺《なが》めているだけでも飽《あ》きることなしに楽しめる一冊です。

世界観としての建築
ルドルフ・シュタイナー論

上松佑二著（日本アントロポゾフィー協会理事長）
相模書房　1974年8月30日　定価（本体）3400円＋税

【主な目次】◉建築へ／建築への萌芽／認識論／自由の哲学／宇宙論／建築史観◉建築／政治社会論／社会有機体三階組織／有機的建築／ゲーテアヌムの空間構成◉建築の彼方へ／群像彫刻／宗教論／第二ゲーテアヌム／シュタイナーと同時代人

シュタイナー建築の思想的分析

シュタイナー自らが設計し、過去の古い様式は故意に無視され、建築史上まったく新しい有機的建築物として生まれたゲーテアヌムとその付属建築物。本書はこのようなシュタイナーの建築に強く魅《み》せられたという建築家、上松佑二さんによる、建築を通したシュタイナー論です。

マリー・シュタイナー夫人によると「ルドルフ・シュタイナーが設計したどのドアも、どの階段も、またどの入り口の階段列も、何か親しく人を招くような、また歓迎するようなものをもっている」といいます。一九〇〇年代初頭に主流だった機能性を重視する建築物とはまったく違うその建築の背景とは？

シュタイナーは、工科大学に入学してまもなく、当時学長に就任したフェルステルの「建築様式は考え出されるものではなく、全体観から、時代の全発展および全民族全時代の感覚的な魂《たましい》から生まれる」（シュタイナー自身によるフェルステルの言葉の要約）という思想に感動したのだといいます。

著者がドルナッハにおもむき、自らの眼で確かめた建築とシュタイナーの世界観についての詳細な解説と分析は、建築を専門とする人のみならず、シュタイナーの思想を学ぶ人にも興味深いシュタイナー論といえます。

色と形と音の瞑想

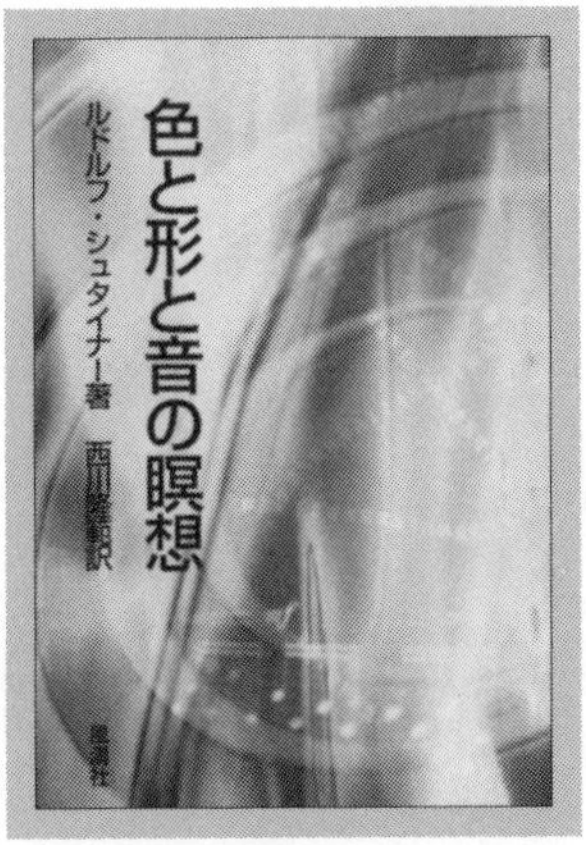

ルドルフ・シュタイナー著
西川隆範訳
風濤社 2001年11月30日 定価（本体）1900円＋税

【主な目次】◉肌色の秘密／肉色・肌色／人種の色◉秘められた印と象徴／象徴の意味◉建物が人間におよぼす作用／ゴシック建築◉数の神秘／１を割る◉象徴と精神世界／物質界・アストラル界・神界◉音楽／音楽の本質／人間の音体験◉ゲーテ色彩論からシュタイナー色彩論へ／ゲーテの色彩論／シュタイナーの色彩論◉虹の色／虹の研究／虹と天使◉色と形の瞑想・オーラの色／五線星形と六芒星形／メルクリウスの杖／オーラ／オーラの色◉補遺／色彩をとおして子どもの気質に働きかける／舞台の色彩／教室の色

色・形・音の意味と作用を解明する

シュタイナー『色彩の秘密』（イザラ書房）の姉妹篇。

私たちが目にする色・形と、耳にする音は心身に無意識に影響を与えています。藍《あい》色・菫《すみれ》色は感情を内面化し、敬虔《けいけん》にします。赤・橙《だいだい》は新陳代謝に活気を与えます。黄色は喜びをもたらします。緑は均衡の色です。青は神経を休めます。シュタイナーは、赤色五角形・黄色五角形・緑色球形・青色五角形・薔薇《ばら》色球形・紫色五角形・藤色五角形の七つの部屋で治療する医院を設計したことがあります。また、頭部にメロディー・管楽器、胸部にハーモニー・弦楽器、手足にリズム・打楽器が作用する、と彼は考えていました。

本書でシュタイナーは、瞑想《めいそう》の対象となる五線星形（清明判）や六芒星形《ろくぼうせい》（籠《かご》目・ダビデの星）に秘められた意味を解き明かし、ノアの方舟《はこぶね》の寸法（30・5・3）が現在人の体型を作り、ソロモンの神殿の寸法（6・2・3）が未来の人体を形作る、と語っています。そして、ゴシック建築の形から神秘主義が発生し、その思想が人の顔かたちに作用を及ぼしていくという見解を述べています。

本書でシュタイナーが説明している色・形・音の意味と作用を、より賢明な生活への参考にできるでしょう。

遺された黒板絵

ルドルフ・シュタイナー

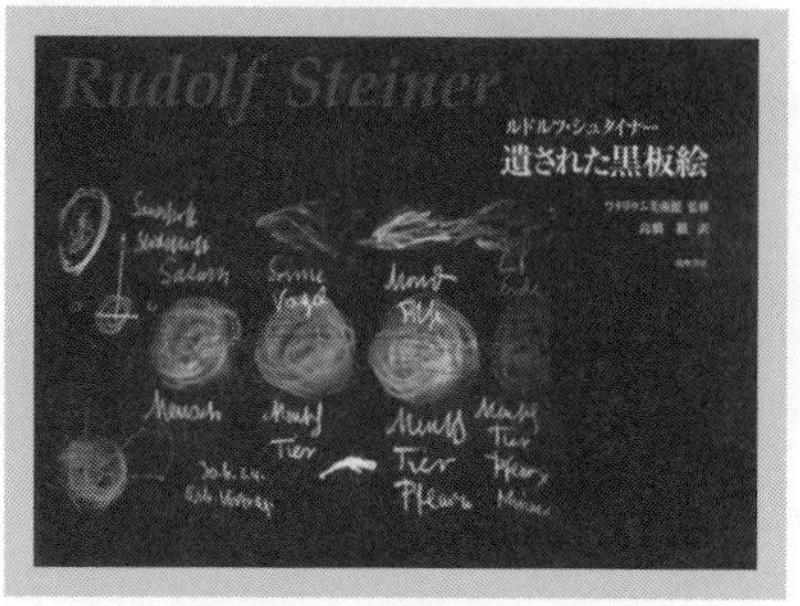

ルドルフ・シュタイナー 著
高橋　巖 訳
ワタリウム美術館 監修
筑摩書房　1996年11月30日
定価(本体)4700円＋税
(※2002年 6 月発行の改訂版より 5800円＋税)

【主な目次】◉黒板絵をめぐって◉宇宙◉地球◉生命◉人間◉文化◉精神世界◉神話と宗教◉生涯と作品

二〇世紀の芸術に、多大な影響を与えた黒板絵

闇《やみ》のような黒を背景に鮮《あざ》やかに浮かび上がる、赤や黄色の色彩。ときに柔らかく霞《かす》み、ときにくっきりと意思を示す、チョークの軌跡――。

最先端の現代アートを感じるこれらの絵は、実は二〇世紀初頭、一九一九年から六年間にわたって制作されたもの。しかも、絵画としてではなく、ルドルフ・シュタイナー本人が講義をする際に受講者への説明の目的で描かれたものです。熱心な生徒が記録のために、あらかじめ黒板に黒い紙を貼って保存することを思いついたことから、シュタイナーがスイス・ドルナッハで死去するまでおよそ一〇〇〇点の黒板絵が遺《のこ》されたのです。

ワシリー・カンディンスキーやパウル・クレーも実際に受けたという講義の黒板絵は何十年もドルナッハの倉庫に眠った後、ドイツ人アーティストに見出され、美術としての価値をも得ることになりました。教育は芸術であるというシュタイナーの思想が、具現したものともいえるのではないでしょうか。

本書は、芸術作品ともいえる黒板絵と共に講義のエッセンスが文字として紹介されています。そして、絵と同様に語られた言葉もまた、美しいのです。シュタイナーの深遠なる哲学と美学の世界に、存分に浸《ひた》る一冊。

子どもの絵ことば

ミヒャエラ・シュトラウス著
高橋明男訳
水声社　1998年4月20日
定価（本体）3000円＋税

【主な目次】◉幼児の絵のなかに働く力◉線と動き／幼児の絵の構成要素／人間の像と木のイメージ／人間と家／頭足人間―頭＝手足人間◉線から面へ／魂の表現手段としての色彩◉記号から摸写へ／対象的・描写的な作品◉人間学についての覚書／ヴォルフガング・シャート

シュタイナー教育からの児童絵画論

「子どもの絵を前にたたずむおとなは、あたかも一冊の本を開いてみるようなものだ。そこには、子どものなかに蘇《よみがえ》った太古の創造力が、謎《なぞ》に満ちた痕跡《こんせき》を刻み付けている」。生き生きとしたダイナミックな子どもの絵に惹《ひ》かれ、この本のもととなった資料を四〇年以上にもわたって集めてきたハンス・シュトラウスは、そう述べています。

本書は彼の娘であり、シュタイナー自身にも学んだドイツの女性美術教育家ミヒャエラ・シュトラウスが、父の研究を引き継ぎ、膨大《ぼうだい》なコレクションをもとに、幼児の絵画を子ども自身の身体と心の発達を映し出すものと捉《とら》え、児童画の理解に新しい展望を開いた目覚しい児童絵画論です。

「子どもの絵は私たちに、子どもの発達を多用な変容のプロセスとして見ることを教えます。…中略…その時どきの発達段階を、一人ひとりの子どもの絵とあわせて見ることによって、子どもの個性を理解するための扉が開かれます」と著者は述べています。

また、絵画論の具体例として子どもたちの絵も豊富に紹介されており、その明るい色彩や技巧のない、のびのびとした絵が楽しめます。

色彩のファンタジー

ルドルフ・シュタイナーの芸術論に基づく絵画の実践

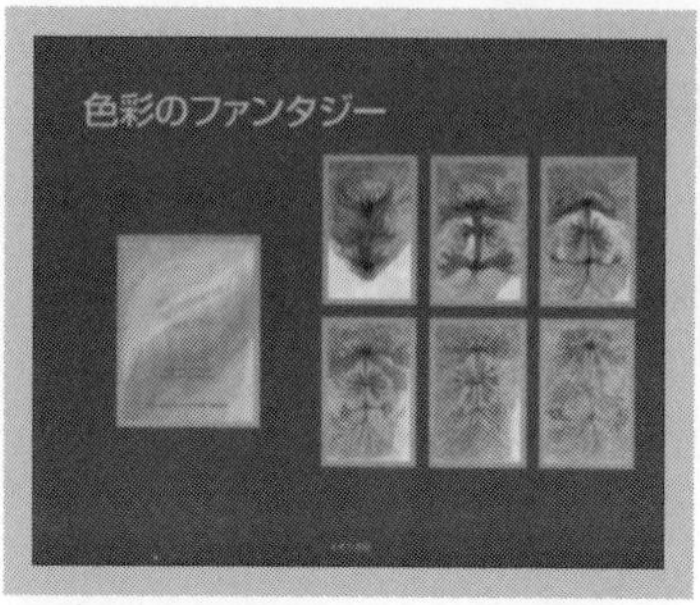

エリーザベト・コッホ
ゲラルト・ヴァーグナー著／絵
松浦　賢訳
イザラ書房　1998年4月21日
定価(本体)5800円＋税

【主な目次】◉導入として◉線―黒―白―色彩◉絵画の授業の教育学のために◉練習の道を歩む前の前提条件◉人間の教育に奉仕する造形芸術◉３つの色の共同作用◉ルドルフ・シュタイナーによる「練習のためのモティーフ」◉太陽のモティーフ◉４つの元素◉均衡に関するいくつかのこと◉空間がそなえている力について◉木のモティーフ◉色のついた紙に描く◉イメージの色と輝きの色◉月のモティーフ◉動物のモチーフ◉植物のモティーフ◉宇宙的な色相環◉解説　ゲーテとシュタイナーの色彩論について

色の本質を体験する、癒しと芸術の実践書

色彩は生きています。暖かい感じの青もあれば、クールな黄色もあります。また挑発的な赤や、静けさと沈静の青。色はそれぞれの特性や人間に与える様々な影響力を持っています。豊かな色彩の神秘を体験することはそのまま芸術への入り口であり、生き生きとした色彩を実感することは、癒《いや》しにも通じます。

本書は色彩をテーマに、ドイツのシュタイナー病院での治療やシュタイナー教育の現場で実際に行われている絵画の練習を再現したものです。使用する絵の具や絵筆から各々の色彩の意味、描くうえでの具体的な方法、組み合わせる色・描くモチーフ・技術的なヒントなどについて、ゲラルト・ヴァーグナー氏による柔らかで美しいイラストと共に、分かりやすく説明しています。

色彩を語ることとは、自然や人間の精神につながること。芸術や教育、哲学などにわたるシュタイナー自身のコメントも交えており、読み物としても充分に手応えのある本なのです。そして、多くの理論的見解を超えて、色彩を体験する手引きとも言えるでしょう。「私たちが何よりもお勧めしたいのは、皆さん自身による探求であり、色彩の世界における実験なのです」
(原書第3版に寄せた著者の言葉より)

シュタイナー学校のフォルメン線描

子どものための創造力と生きる意志をはぐくむために

高橋　巖著・訳（日本人智学協会代表）
H・R・ニーダーホイザー著
イザラ書房　1989年3月20日　定価（本体）1500円＋税

【主な目次】◉フォルメン線描／人間らしい知性形成のために／ルドルフ・シュタイナーの言葉／直線と曲線のリズムと運動／人間形成の観点と方法的、教授法的な観点／教師自身と高学年のためのフォルメン／フォルメン線描から幾何学へ／基礎図形の組合せによるユークリッド幾何学の修得／隣接するものの関係と作用／想像力と創造力の育成◉気質教育としてのフォルメン線描／フォルメン線描による人間教育／フォルメンによる心的障害の判断／意志の表現に悩む子供たち

家庭でもできる、フォルメン線描の教授法と解説指導書

雪の結晶模様、蜜蜂《みつばち》の巣の六角形、カタツムリの殻《から》の螺旋《らせん》形、植物の葉脈の規則的な配列、天空に描く地球や諸惑星のみごとな曲線……フォルメン線描とは、さまざまな対称図形を描かせる、シュタイナーによって創始された、芸術的人間教育。子どもの創造力と生きる意志を育《はぐく》むための芸術的教育法として、世界中のシュタイナー学校で行われているものなのです。

著者の一人であるハンス・ルドルフ・ニーダーホイザーは、「多様なフォルメン創造をその文化のなかに認識する時、人間の全存在と、この地上における人間の多様な使命とがはじめて完全に見えてくるのです」と述べています。

本書では、まずシュタイナー自身がいろいろな機会にフォルメン線描について述べた言葉をふまえ、フォルメンを描くうえでの方法論・教授法上の事柄に目をむけ、さらに幾何学の前段階としてフォルメン線描を考察してゆきます。

また、九歳における危機の克服や、憂鬱《ゆううつ》質、粘液《ねんえき》質など、心の障害としての四つの気質を和らげるフォルメン線描の素晴らしい働きや、シュタイナー学校に行けない子どもたちのために、家庭でもできるその教授法を、分かりやすく平明に解説指導しています。

フォルメン線描

シュタイナー学校での実践と背景

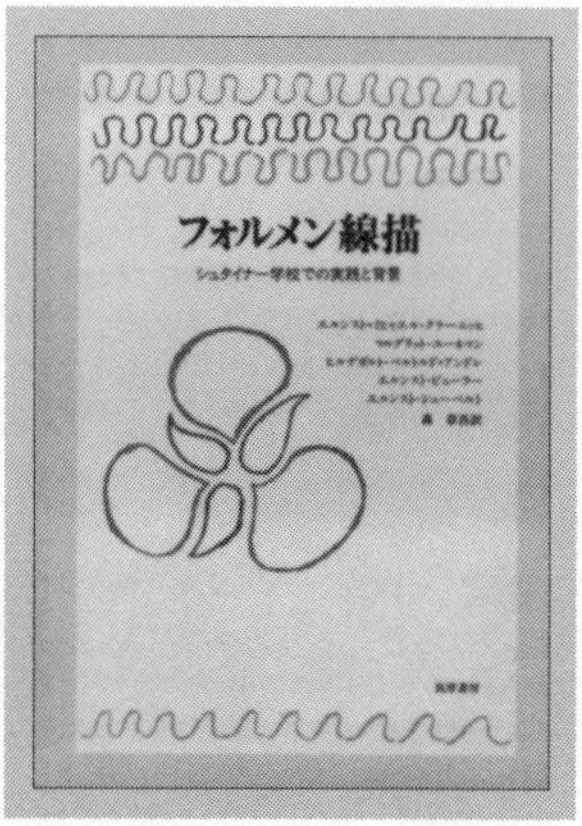

E・M・クラーニッヒ M・ユーネマン
H・ベルトルド・アンドレ
E・ビューラー E・シューベルト著
森 章吾訳

筑摩書房 1994年10月25日 定価(本体)4300円＋税

【主な目次】◉肉体内の形成力から魂内の形成力への変容◉独自の表現手段としての線◉フォルメン線描についてのR．シュタイナーの教材案、及び授業実践からの例◉気質の観点から見たフォルメン線描◉治癒教育でのダイナミック線描◉通常のクラスでのダイナミック線描◉フォルメン線描の幾何学的・人間学的な基礎

教育の観点からの実践方法、初の集大成

シュタイナー学校独自の教材である「フォルメン線描」が、なぜ学齢期の子ども達にふさわしいのか、さらにその効果を最もよく発揮させるにはどのように授業を組み立てていったらよいのかを詳述《しょうじゅつ》した本書は、実践方法の初の集大成です。

気質の観点から見た場合や、治癒《ちゆ》教育でのセラピーとしてのフォルメン線描などは、子ども達の教育の一環としてのみならず、大人にとっても興味深い内容です。

「本書では、フォルメン線描に教育の観点からアプローチしています。しかし、モルフォロギー（ゲーテ形態学）やアントロポゾフィーを深めていきたいと思う人達にとっても、これは大変に貴重な糧《かて》となってくれます。本書に述べられている練習をきっかけにして、自らの手と魂《たましい》を動かしていきますと、物質界にだけ囚《とら》われていた目が、何か違ったものに向かい始めるのに気づかれるはずです」と。

また、「かっての子ども、現在を生きている子ども、そしてこれから生まれてくる子どもに、本書が直接、間接に生かされんことを祈ります」と訳者である森章吾さんは述べています。

より深く、シュタイナー教育の手法を学びたいと思われる人にお勧めしたい一冊です。

フォルメンを描く I・II

シュタイナーの線描芸術

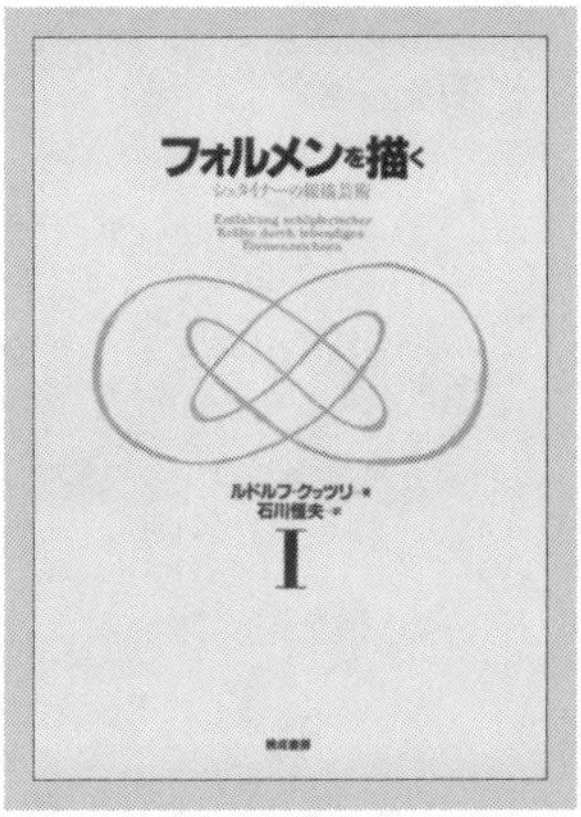

ルドルフ・クッツリ著
石川恒夫訳

晩成書房　I：1997年11月15日　II：1998年3月25日
I：定価(本体)4800円＋税
II：定価(本体)5200円＋税

【主な目次】 I 巻◉基本要素の練習◉組紐文様を織りなす◉組紐文様のリズム化◉結びの神秘◉カリクトゥスの結び
II 巻◉線の質と表現技法◉フォルメンの教育的、治療的課題◉「土星封印」を描く◉「神秘劇の封印」を描く◉第一ゲーテアヌムの「柱脚封印」を描く◉「惑星封印」を描く◉対極と高昇

線描芸術、フォルメンの詳細なテキスト

シュタイナー芸術の根幹の一つ、シュタイナー教育の重要な要素でもあるフォルメン線描。その基礎から、シュタイナー自身の芸術に至るまでを、多数の図版と奥行きのある解説で学ぶテキストです。

訳者である石川恒夫さんによると「フォルメン線描（Formenzeichnen）とは、フォルム、かたち（Form）という名詞の複数形と描く（Zeichnen）という動詞の造語であり、さまざまなかたちを描くという意味です。…中略…フォルムを動きの軌跡としてとらえるという観点から、ヴァルドルフ教育におけるフォルメン線描は、文字を習う出発となるとともに、幾何学への橋渡しをしつつ、さらに自然科学（動物学、植物学）における成長とその変容を学ぶ基礎として重要な役割を演じているのです」ということです。

上巻（I）では直線と曲線から始め、波や組紐《くみひも》文様《もんよう》などの基本フォルムを学びます。下巻（II）では創造力を自由に発揮して、自分自身から生まれる造形のためのきっかけを与え、フォルメン線描の教育や治療への応用の可能性を示し、シュタイナーの〝惑星封印〟の文様《もんよう》へと進んでいきます。さまざまな文様の意味なども説明している、詳細なテキストです。

色彩論

ヨーハン・ヴォルフガング・フォン・ゲーテ著
高橋義人　前田富士男ほか共訳
工作舎　1999年12月1日　全3冊　定価（本体）25000円＋税

【主な目次】第１巻◉第１部　教示篇――生理的色彩／物理的色彩／化学的色彩／色彩論の概要／隣接領域との関係／色彩の感覚的・精神的作用◉第２部　論争篇――ニュートン『光学』　第１篇　第１部／第１篇第２部
第２巻◉歴史篇――ギリシア人（ピュタゴラスほか）／ローマ人（ルクレティウスほか）／中間時代（ロジャー・ベーコンほか）／16世紀（デルラ・ポルタほか）／17世紀（ガリレオほか）／18世紀（ニュートンほか）／18世紀後半
別冊◉『色彩論』図版集（教示篇・論争篇）

シュタイナー色彩論の原点にして二一世紀色彩論の原典

　自然を切り刻み、色も味もない抽象的なモノにしてしまう近代科学のやりかたに疑問をいだいたシュタイナーは、学生時代にゲーテの自然科学思想にであい「これぞ、自分の求める科学！」とひらめきました。色彩論にはとりわけ共感し、ゲーテ全集を編纂《へんさん》した際には丁寧《ていねい》な注をつけました。感動できる自然科学のありかた、ゲーテ＝シュタイナー的科学観の誕生です。

　本書は、文豪ゲーテがニュートン自然学全盛の時代にニュートンの光学に反旗を翻《ひるがえ》し実験、論証、文献的考証を重ねた成果を集大成した著作。抽象的な「光」ではなく、残像効果から美術や工芸における色彩まで、人間の心にさまざまに現象する「色彩」をテーマに、今日の認知科学や感覚生理学を先取りするアプローチを開きました。ゲーテは数ある自著のなかで、『色彩論』こそが将来最も重要な著作とみなされるであろうと予言していたそうですが、その真価はシュタイナーなど、ごく限られた偉才にしか理解されてきませんでした。二一世紀となり、ようやくゲーテの真意を展開させる機会が到来しました。著名な染色家であり、日本人智学協会のメンバーでもある志村ふくみさんも「ゲーテの『色彩論』は自然を読み解く最奥の書である」と完訳版の刊行をよろこんでくださいました。

音楽の本質と人間の音体験

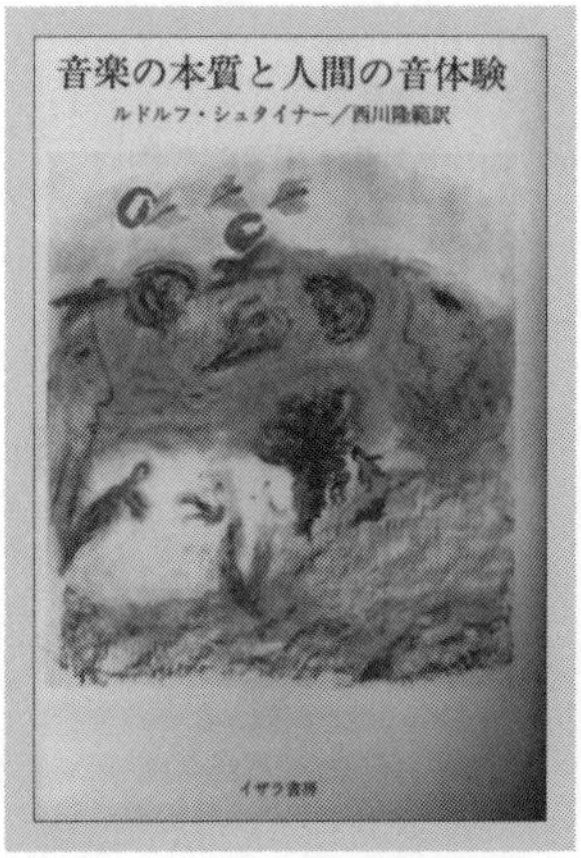

ルドルフ・シュタイナー著
西川隆範訳
イザラ書房　1993年3月25日　定価(本体)2330円＋税

【主な目次】◉建築・彫刻・絵画・音楽◉音楽の本質◉人間の音体験―音楽教育の基礎◉霊的諸存在の世界と音の世界◉音と言葉をとおしての人間表明◉楽音体系の拡張◉音響効果について◉月琴伝説◉音をとおしての霊界体験

音楽を軸に広がるシュタイナーの世界

「今日存在する音楽作品は、未来の無限に意味深い音楽的創造行為のための試作なのである。人間が秘儀参入の本質を知ったとき、未来の音楽作品は意味深い刺激を受けることができる」とシュタイナーは述べています。

本書はシュタイナーが行った講演の中から、音楽について言及したものを、訳出しています。音楽をさまざまな面から語っており、最後に音を通しての霊界参入という、人類の音体験の歴史的経過とはまた違った観点から、音階について述べられています。

長い人類の歴史の中で、音階と人間の関係はどのように変化してきたのでしょうか？　原初《げんしょ》の歌にさかのぼるとき、歌は何を意味していたのでしょうか？　ピアノがオーケストラの中にいることができない理由、宇宙から語られる十二の子音とは？　音楽を軸に、歴史や宇宙などシュタイナーの世界が広がってゆきます。

訳者である西川隆範さんは「シュタイナーの時代以後、実に多くの音楽的試みがなされてきた。本書が音楽の新たな可能性に思いを馳《は》せておられる方々の参照になるところがあれば、訳者はたいへん嬉しく思う」と述べています。

オイリュトミーの世界

高橋弘子編
（那須みふじシュタイナー幼稚園園長）
水声社　1998年11月9日　定価（本体）1500円＋税

【主な目次】◉オイリュトミーの歴史と理論◉オイリュトミーの基本的要素◉オイリュトミーと色彩◉オイリュトミーの発生と発展◉幼児のためのオイリュトミー

シュタイナーにより創始された宇宙神殿舞踊

古代ギリシャを連想させる緩《ゆる》やかで優雅な衣装で踊る人智学独特の芸術、オイリュトミー。それは「眼に見える言葉」「眼に見える歌」などとも呼ばれ、バレエともモダンダンスとも、さまざまな民族舞踊とも異なる芸術です。

宇宙と人間におけるリズムの符号《ふごう》に関する講演を行ったシュタイナーは、その後「舞踏は独立したリズムであり、人間の外にその中心を置く運動なのです。舞踏のリズムは、太古の世界に導いてくれます。現代の舞踏は、深遠な宇宙の神秘を認識させてくれた太古の時代の神殿舞踏が退化したものなのです」と述べ、後にこの新しい運動芸術の基盤を築くことになりました。

シュタイナーは、自身が創始したオイリュトミーを表現主義芸術と名づけ、その教育的、衛生学的、治療的な応用も繰《く》り返し提起したということです。

現在までに、オイリュトミーは世界にある約八〇〇校のシュタイナー学校で正規の授業に組み込まれて教えられており、また治療教育施設や病院などの治療施設では、治療にも応用されているとのこと。日本ではまだ一般的に馴染《なじ》みの薄いオイリュトミーですが、その哲学的背景や成り立ち、オイリュトミー学校などを、具体的に分かりやすく紹介しています。

シュタイナー教育とオイリュトミー

動きとともにいのちは育つ

秦 理絵子著（オイリュトミスト）

学陽書房　2001年10月25日　定価（本体）2000円＋税

【主な目次】◉東京シュタイナーシューレとの出会い◉オイリュトミーとは／オイリュトミーの教育的な力◉オイリュトミーの教師として／初めての授業◉一年生がやってきた／まっすぐとまろみ◉二年生・それぞれの自分らしさ／心の仲間◉ある三年生クラスのこと／痛み多い時期◉四年生が治める国／その子の色◉五年生のりんごの園／りんごの中の星◉六年生の旅立ち／リズムのある波◉四季のめぐりとともに／心の暦◉明るくて重たいみのり

オイリュトミーを通して見る「未来への音楽」

「この本をお読みになる中で、子どもたちがオイリュトミーをしている場面になったら、時には本を置いて動きを思い描いてみて下さい。そして、『こういう動きが、シュタイナー教育の営みを芯《しん》から生き生きさせるんだ』と少しでも感じていただければ、とても幸せです」と、あとがきで述べている著者の秦《はた》理絵子さんは、オイリュトミーという動きの芸術の道を歩み、日本のシュタイナー教育実践の芽生えに立ち会ってきました。

声を出してオイリュトミーの手と腕の仕草をしてみると、それまで騒ぎまわっていた子どもたちが魔法のように輪になったり、「つまんない」「つかれる」と姿で訴え動きたがらない子どもたちと、向かい合って口に出すのではない対話をしたり…。

オイリュトミーの教師として、一五年間シュタイナー学校で子どもたちの指導をしてきた秦さんの日々の体験や、日本では一般にまだ馴染《なじ》みの薄い〝オイリュトミー〟を柔らかな語り口で分かりやすく説明しています。

シュタイナーは、教師と生徒のあいだに行きかう「問いと答え」＝「教育」という名のこの関係を「未来の音楽」と呼んだといいます。世界中のシュタイナー学校で行われているオイリュトミーを通し「未来の音楽」の世界をのぞいてみましょう。

「泉の不思議」—四つのメルヘン

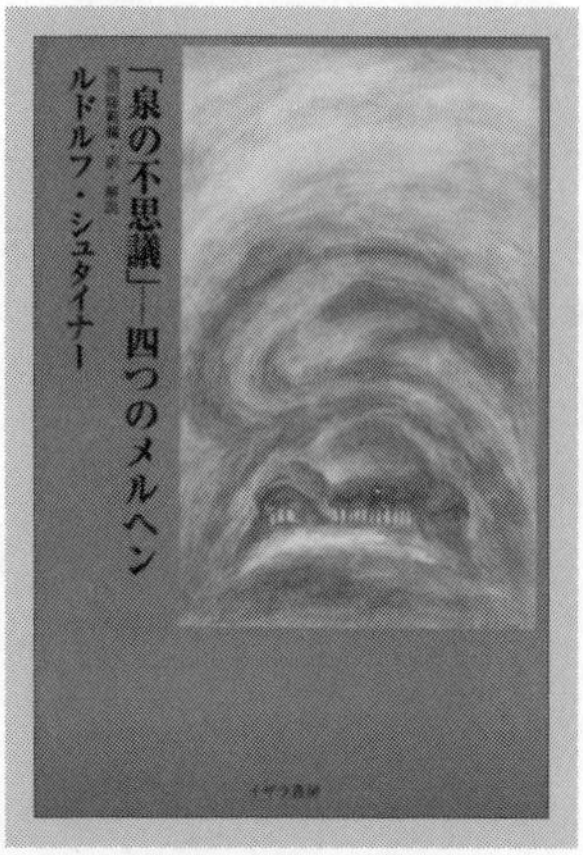

ルドルフ・シュタイナー著
西川隆範編・訳
イザラ書房　1993年9月25日　定価（本体）2427円＋税

【主な目次】◉泉の不思議—四つのメルヘン／泉の不思議／悪はどこから来るか／ファンタジー／愛と憎しみ◉シュタイナーのメルヘン—神秘劇について◉神秘劇のあらすじ／おもな登場人物／第一部　秘儀参入の門／第二部　魂の試練／第三部　境域を見張る者／第四部　魂の目覚め

シュタイナー神秘学最高結晶のひとつ「神秘劇」を読む

「神秘劇」は、シュタイナー神秘学とオイリュトミーなど芸術が結びついた総合芸術舞台であり、スイスのゲーテアヌム専用劇場で定期的に上演されているといいます。本書は、その劇の骨格を紹介するものです。東洋の心を代表し、芸術家の運命を具現するヨハネス、認識を探求するヨーロッパ的な人間を代表するカペシウス教授、自然科学者、技術者として西洋の課題を代表するシュトラーダー博士。この三人の魂《たましい》の歩みが、劇の中心となっており、秘儀参入、輪廻《りんね》転生《てんしょう》とそれによって生じる因果法則・カルマを描いた不思議な物語です。

また、「童話や伝説は、人間が生まれたときに人生遍歴にそなえて故郷から授《さず》けられるよき天使である。それは人生を通じて、忠実に人間とともに歩む。童話や伝説が人間に付き添うことによって、人生は真にいきいきとしたメルヘンになる」というシュタイナーは神秘劇中で語られる、詩のようなメルヘンを遺《のこ》しています。「シュタイナー神秘学の最高の結晶のひとつが『神秘劇』だということができます。そして、そのなかで語られる童話は、子どもに語って聞かせることもできますし、大人が読んで、日々の生活のなかで失われつつある生気を蘇《よみがえ》らすこともできます」と編・訳者の西川隆範さんは解説しています。

メルヘン論

ルドルフ・シュタイナー著
高橋弘子訳
水声社　1990年6月10日　定価（本体）2000円＋税

【主な目次】◉霊学の光のもとにみた童話《メルヘン》◉童話《メルヘン》の解釈◉童話における薔薇十字会の叡智◉「緑の蛇と百合姫のメルヘン」にみられるゲーテの精神様式◉付録　緑の蛇と百合姫のメルヘン（J・W・ゲーテ）

シュタイナーが読み解くメルヘンの叡智

「昔々あるところに……」で始まるメルヘン。シュタイナーの思想にもとづいた教育を行う幼稚園では、子どもたちにメルヘンを語る時間があります。メルヘンには、どのような叡智《えいち》が込められているのでしょうか？　それぞれの土地や民族、あるいは時代を超えて存在する、共通の真理とは？

　本書には、シュタイナーがメルヘンについて行った講演や論文、また、シュタイナーが影響を受けたゲーテの「緑の蛇と百合姫のメルヘン」が収められています。講演はシュタイナーとともに神秘学を学んできた神智学協会の会員に向けて行われたので、「エーテル体」「アストラル体」など独特な用語が用いられ、学術的で難解に感じられるかもしれません。けれども、シュタイナーは講義の中で様々なメルヘンを取り上げており、独自の思想にもとづいて読み解くメルヘンは、物語の意外な側面を照らし出しており、とても新鮮に感じられることでしょう。「メルヘンに表現されているのは、魂《たましい》の奥深くに根ざしているものであり、人間はそれを、七歳までの子どもであれ、中年の人間であれ、あるいは老人になっていようと、同じように体験するのです」とシュタイナーは語ります。

　シュタイナーの眼を通したメルヘンを、深く学びたい人に。

メルヘンの世界観

ヨハネス・W・シュナイダー著
高橋明男訳
水声社　1993年10月20日　定価(本体)2200円＋税

【主な目次】◉メルヘンの３つの類型／メルヘンの世界と現実の世界／第１の類型／第２の類型／第３の類型◉人間の発達と運命／子どもの成長と発達／メルヘンを通して見た人類の歴史／人間の運命◉秘儀参入の道／神々の世界から地上の世界へ／悪魔の役割／メルヘンのなかの秘儀参入者たち／現代における秘儀参入のあり方

人智学の観点から解説する、メルヘンの世界

赤ずきんちゃんの帽子はなぜ、赤いのでしょうか？　オオカミがそそのかした、花摘みの意味は？　いばら姫の百年の眠り、そしてその原因となった〝つむ〟とはいったい何を表しているのでしょうか？

本書の著者であるヨハネス・W・シュナイダーは、シュタイナー教育を代表する教育者の一人で、これまでに何度も日本の各地でシュタイナー教育に関する講演を行っています。本書に収められているメルヘンについての三つの講演も、日本の幼児教育、学校教育に携《たずさ》わる人々を対象に行われたもので、それぞれのメルヘンの要旨とその解説、その後に質疑応答が紙上で再現されており、内容がより分かりやすくなっています。

そして様々な象徴やたとえを、一つひとつ、丁寧《ていねい》に読み解いていきます。メルヘンの中に出てくる王や漁師、粉ひき、きこりといった職業が表す人間の発達過程。また様々な苦難を乗り越えていく王子様は、秘儀に参入する者の姿であったり…。

みんながよく知っているメルヘンも、人智学の観点から著者の眼を通すと、新たな発見があることでしょう。子どものためだけではなく、大人の知的好奇心をも満足させる、実り豊かなメルヘン解説です。

幼児のためのメルヘン

スーゼ・ケーニッヒ編・著
高橋弘子訳
水声社　1999年9月30日　定価(本体)1800円＋税

【主な目次】◉人形劇の舞台セットについて◉いろいろなところへ連れていってもらおうとした男の子◉こぶっこ坊や◉ピンパーネル◉三びきの子ぶた◉山の小人◉ちょうちんごっこ◉白い子馬◉ヤギの兄弟◉大ぐらいの猫◉チョウチョのきょうだい◉炎の城に閉じこめられた王女さま◉五ひきのヤギ◉大きなカブ◉小さなお城◉ホットケーキをつくりだす手ひきうす◉ホットケーキ◉ホットケーキ物語

子どもたちの魂の栄養としてのメルヘン集

メルヘンは、さまざまな国の民族の魂《たましい》の源から生まれます。心をこめて、ふさわしい仕方で、子どもたちにお話を語って聞かせるとき、メルヘンの魔法が働きはじめます。テレビやビデオやコンピュータ・ゲームより、もっと素敵なもの、安心して心を寄せて、人の温《ぬく》もりを感じる〝お話〟を子どもたちに贈りたいものです。

本書はシュタイナーの教育理念に基づいて教育を行っている連盟加盟園の教材であり、この本にあるメルヘンは、シュタイナー幼稚園で、お話や人形劇の素材として語り継《つ》がれているものなのです。園ではここに収録されているお話が一日に一回必ず、同じ時間にカーテンをしめ、ローソクをともし、円になって座る子どもたちに向けてくり返し語られるのだそうです。

内容は幼い子どもたちにも良く分かり、お話の中に入りこめる、素朴でほのぼのとした温かいものです。決して込み入った物語ではないのですが、とてもユーモラスで、語る側の大人も思わず微笑《ほほえ》んでしまうような心あたたまる魅力に満ちたお話ばかりなのです。

子どものためにはもちろんですが、昔、子どもだった大人のための癒《いや》しや和《なご》みになる、うれしいメルヘン集です。

ウォルドルフ人形の本

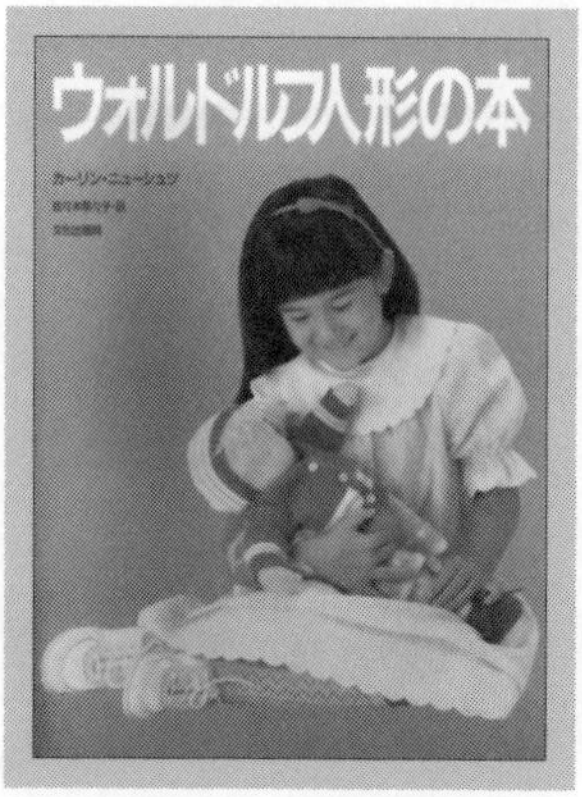

カーリン・ニューシュツ著
佐々木奈々子訳
文化出版局　1986年10月26日　定価（本体）1553円＋税

【主な目次】◉子供と人形◉アンナのボディを作る◉子供の年齢に合わせて／結び人形／くるみの赤ちゃん／おくるみ人形ソフィ／赤ちゃん人形ラッセ（小）／ピア（大）◉ヘアスタイルのまとめ方◉フェルト作り◉オーバーオール人形ヨアキムとハナ◉草木染めをする◉人形たちの服と小物

ファンタジーを共有する仲間として

ひとの魂《たましい》は、いつどのようにしてその人の心に宿るのでしょう。人形は、ときに子供にとって、心のなかの喜びや悲しみ、またはファンタジーを共有する仲間として大きな部分を占めている、と著者は言います。心理学、教育学、社会学を修め、特に子供の心理に深く興味をもつ著者は、自らスウェーデンのウォルドルフ教育で育ち、子供たち三人も同じ環境で育てたなかで確信をもって人形の意味を、私達に教えてくれます。

生まれてから学童期までの子供達に、それではどんな人形を作ってあげたいか、作る材料にはどういう配慮が必要か、どのように作るか、を年令に応じたいくつかの人形をとおして案内しています。こうして作られた人形は、そのシンプルさ故に、子供の豊かな想像力を受け止める余地を残して、しかも生き生きとして元気です。それぞれにユニークで、子供そのもののような、不思議ななつかしさを感じさせます。作った人形には、やさしい心配りを忘れません。それはもうすでに、もうひとりのわたし、の誕生を意味するのですから。本書ではシュタイナー教育についてはあまりふれていませんが、手作りの時間をとおして、あるいはその人形が、家族の一員になったとき『きっとこういうことなのかなー』と考える糸口になることでしょう。

ウォルドルフの動物たち

さわってやさしいぬいぐるみ

カーリン・ノイシュツ著
佐々木奈々子訳
文化出版局　1996年9月15日　定価（本体）1456円＋税

【主な目次】◉動物作りへの提案◉自然素材で作るぬいぐるみの動物たち◉作り方-うさぎ／テリア／ねずみ／猫／子犬／馬／牛／子牛／豚の親子／羊／ろば／おっとせいの親子／北極ぎつね／北極熊の親子／ペンギン／赤ぎつね／子熊／ひぐま／おこじょ／しま馬／アフリカ象／きりん／らくだ

どうして手作りの動物？

著者のカーリン・ノイシュツ（ニューシュツ）さんは、先に出版された『ウォルドルフ人形の本』の著者でもあります。子供たちの心が、解放されてファンタジーの世界で、思いっきり空想の翼を広げて人形や動物と遊べる幸せを邪魔《じゃま》したくないといつも思っています。けれどコマーシャリズムの横行《おうこう》する現代の世の中には、好ましい人形や動物のぬいぐるみばかりとは限りません。また高層建築に住んでいる子供達は身近に動物と触れあえる機会が年々少なくなっています。動物アレルギーの子供もいるでしょう。そこで保育に携《たずさ》わる大人は、よし自分で作ってみようと思い立ちます。

さて、初めてぬいぐるみを作るのはとても大変な気がします。ウォルドルフ学校の生徒たちは実際に動物を観察し、スケッチしてそれをもとにそれぞれの動物ぬいぐるみを製作するそうですが、私たちぬいぐるみ初心者は本書の丁寧《ていねい》なナビゲートによって、本物の形に近い、愛らしい動物を作る事ができるのです。平らな布が立体になり、その形に命を吹き込むように羊毛を詰《つ》めて、縫《ぬ》い合わせていく作業は、作り手を幸せな気持ちに誘ってくれます。本書の誠実な動物の形は、子供の心を裏切ることがありません。

ウォルドルフ人形と小さな仲間たち

自然素材で作る人形のアイディアいろいろ

佐々木奈々子著（スウェーデンひつじの詩舎主宰）

文化出版局　1994年10月24日　定価（本体）1560円＋税

【主な目次】◉『ウォルドルフ人形の本』の著者カーリン・ノイシュツさんからのメッセージ◉人形－ぽあぽあマリヤ◉はいはい人形◉エミールくんの家族◉まりーなちゃんとぱたぽん◉ポンポンピエロ◉わんぱく赤ちゃん◉ハートの赤ちゃん◉ウーリーさん◉花かくれんぼ◉くるみの赤ちゃん◉ぼくのフェルトくまさん◉手作りフェルトの動物指人形

スウェーデンで、ひつじから生まれた人形たち

著者、佐々木奈々子さんが縁あって、手仕事の豊かな伝統をもつスウェーデンに住んだことから、ウォルドルフ人形との運命的な出会いをします。羊毛と植物で染めた毛糸に囲まれながら、ウォルドルフ人形の魅力にとりつかれて続けるうちに、ウールドッカと著者が呼ぶウォルドルフ人形とは少し違う小さな人形たちが誕生しました。この人形たちには、著者がこの国で受けたあらゆる感動が凝縮《ぎょうしゅく》されているようです。たとえば羊毛を染める、紡《つむ》ぐ、フェルトにするなどの手仕事。たとえばきのこを採り、ベリーを摘《つ》み、野生のりんごをほおばる自然に親しい生活。のびやかな子どもとおおらかな大人。ベスコフやリンドグレーンの物語。これらの世界と、著者の遊び心が謳《うた》い合っているような人形たちは、抱っこする、あやつる、指にはめる、赤ちゃんをあやす、お祝いにする、ドール遊びする…と、たくさんの役割を担《にな》ってもいてくれて、次々に作りたくなります。

材料や人形を作るときに心しなければならないことは、ウォルドルフ人形の精神と同じ。けれど子どもの分身を作るという緊張感とは少し違っています。羊毛を使っての人形作りのアイディアを楽しんで、読者とオリジナルな人形の発見の旅にでませんかと、著者は呼びかけているようです。

ネイチャーコーナー

シュタイナー教育クラフトワールド Vol.1

M.V.レーウェン J・ムースコップス著
松浦 賢訳
イザラ書房　1998年10月15日　定価(本体)2500円＋税

【主な目次】◉基本的な技術／羊毛で作る人形◉春の初め／ルートチャイルド◉春／スプリング・フェアリー◉復活祭　イースター／ヒヨコを連れたメンドリ◉キリスト昇天祭と聖霊降臨祭／ペーパーフラワー◉ヨハネ祭／サマーフェアリー(夏の妖精)◉夏／◉秋／キノコ◉ハロウィンと聖マルタン祭／フェルトで作るノーム◉アドヴェント　待《たい》降節《こうせつ》／天使◉クリスマス／厩《うまや》に集まる人びと◉冬／キング・ウィンター

自然の変化を芸術的に表現する、ネイチャーコーナー

ヨーロッパのシュタイナー幼稚園や学校で〝季節のタブロー〟(日本では季節のテーブルやネイチャーコーナーともいう)と呼ばれている、人形や花を使った飾りつけの方法を紹介しています。季節のタブローは教室の隅《すみ》などにかわいらしくしつらえられており、草花、石、木の実や手作りの人形やぬいぐるみなどいろいろなものが登場します。

自然の素材を生かして一年の推移を美的に表現する芸術なのですが、飾り方もさまざまです。手間をかけたものもあれば布の上に石を並べドライフラワーを飾っただけのシンプルなタブローもあります。「一年の変化を芸術的に表現する」という基本的な約束ごとさえ守られていれば、自由に作ってよいのです。

本書には、四季折々の風情とともに、クリスマスやハロウィンなど季節ごとの催しにちなんだ飾りつけもなされたタブローの美しい図版がいっぱいで、目で見る〝ヨーロッパ歳時記《さいじき》〟といった趣《おもむき》です。訳者である松浦賢さんはあとがきで「本書は基本的におとながタブローを製作するように書かれていますが、可能ならばできるかぎりこどもを参加させて、教育の場で、あるいは家庭で、季節のタブローを楽しんでいただきたいと思います」と述べています。

メルヘンウール

シュタイナー教育クラフトワールド Vol. 2

ダグマー・シュミット
フライヤ・ヤフケ著
松浦　賢訳

イザラ書房　1998年11月25日　定価（本体）2500円＋税

【主な目次】◉羊毛で作る壁掛け／（作り方の基本）作品製作のための実践的なアドバイス／作品の例／シンデレラ◉羊毛で作る人形と動物／農夫／小鳥◉ヴァルドルフ幼稚園における、羊毛を使った教育実践について／こどもと羊毛／羊毛を使った人形劇◉日本語版のための追補／日本人造形人形作家による作品例

シュタイナー教育に欠かせない羊毛クラフトの紹介

柔らかく、あたたかい質感が心地好い羊毛…。羊毛を使った壁《かべ》掛《か》けや人形はシュタイナー教育の現場で幅広く取入れられており、羊毛はシュタイナー幼稚園や学校にとって、欠かすことのできない重要な素材です。訳者、松浦賢さんは、「シュタイナー教育の関係者のあいだでは、紡《つむ》いでいない羊毛（メルヘンウール）は、薄くて柔らかく、はっきりとした形態を取らないので、こどもが魂《たましい》で体験するものを表現するのに適していると考えられています」と述べています。

　本書の著者ダグマー・シュミットとフライヤ・ヤフケは、長年にわたってドイツのシュタイナー幼稚園で、羊毛を使った教育に取り組んできた女性たちです。前半はシュミットが壁掛けや人形などの具体的な作り方を、後半ではヤフケが羊毛を使った幼稚園での教育実践について説明しています。また、日本語版のために、グリム童話と日本人造形作家によるフェルトの作品例も付録されており、作ってみるときには、よい参考になることでしょう。

　優しく生き生きとした作品の、写真の数々が目に楽しく、しかも作り方が分かりやすく紹介されています。家庭でも作ってみたくなりそうな一冊です。

フェルトクラフト

シュタイナー教育クラフトワールド Vol. 3

ペトラ・ベルガー著
松浦 賢訳
イザラ書房　1998年12月10日　定価（本体）2500円＋税

【主な目次】◉木で作る人形／木の実で作るこども◉フェルトの人形／基本的な人形の作り方／花の妖精◉パイプクリーナーで作る人形／クリスマスのノーム◉動物と鳥／アヒル／カタツムリ◉タペストリー／フェルトの絵本◉ボール◉アクセサリー／ネックレスとピアス◉プレゼント用の作品／本の栞《しおり》／櫛《くし》入れ◉解説・シュナイター教育の観点から見たフェルトクラフト

フェルトを使った人形やマスコットの作り方を紹介

シュタイナー教育では「手を動かす」ことを重視し、編物など手先を使う授業をふんだんに取り入れています。近年ヨーロッパのシュタイナー幼稚園や学校でよく行なわれるのが、本書で紹介するフェルトの人形やマスコット作りです。

著者のペトラ・ベルガーは、フェルトについて「生地は強くて、いたみにくい上に、はさみなどで簡単に好きな形に切ることができます。フェルトは、こどもでも容易に扱うことができる素材なのです」と推奨しています。

お店で買うフェルトは、できれば百％ウールを選びます。木の人形も購入して用いますが、なければワインのコルク栓《せん》を使ったり、くるみの殻《から》や、木の実を利用したりして、それはそれはかわいいマスコットができあがるのです。紹介する作品のほとんどは小さなもので、簡単なものもありますから、子どもと一緒に作ってみることもできそうです。「現在の日本の教育では、どちらかというと、手芸や工作よりも、算数のような頭を使う教科を重んじる傾向がありますが…中略…手芸の小物をきちんと作れるこどもは、将来正しく数学的な思考を身につけることができる、というのが、シュタイナー教育の考え方なのです」と訳者、松浦賢さんは述べています。

メイキングドール

シュタイナー教育クラフトワールド Vol. 4

ズンヒルト・ラインケンス著
松浦 賢訳
イザラ書房　1999年3月25日　定価(本体)2500円＋税

【主な目次】◉人形の頭部を作る◉人形の髪を作る◉顔を描く◉抱き人形◉小さいこども向きの人形◉プリント地のコットンかコールテンの布で作るベビードール◉毛糸を編んで作る人形◉ベビードール◉着せ替え人形◉小さいベビードール◉指人形◉小さなテーブル・シアター◉パンチ・イン・ザ・コーン◉ノーム◉白雪姫と七人の小人◉ヘンゼルとグレーテル◉おじいさんとおばあさん◉ドールハウスの住人たち◉木馬◉人形の修繕について

シュタイナー教育から生まれた、ヴァルドルフ人形の作り方

ヴァルドルフ人形とは、シュタイナー（ヴァルドルフ）学校の先生や親が子どものために作る、手作りの人形のことをいいます。訳者の松浦賢さんによると「それ以外にも、ヴァルドルフ学校では手仕事の授業のときに生徒が自分の手でおもちゃの人形を制作することがあり、このような人形もヴァルドルフ人形と呼ばれることがあります」「シュタイナーはあくまで素朴な手作りの人形を推奨しました。……中略……こどもにとってよい人形があるとするなら、内面からおのずと魂《たましい》的な温かさがにじみ出てくるような人形はよい人形です」ということです。

ヴァルドルフ人形には厳密な作り方があるわけではありませんが、子どもが遊ぶのに手触りのいい天然の素材をなるべく使うようにしていたり、リアリズムを追求するよりは素朴で微笑《ほほえ》みを感じさせる、といった特徴があります。

本書では、「こどものために店で人形を買うよりも、自分で素朴な人形を一体作るほうが、はるかにいい」というのがモットーの、ドイツの人形作家、ズンヒルト・ラインケンスが丁寧《ていねい》に作り方を説明しています。シンプルながら想像力を刺激する人形の写真が楽しく、また修繕のアドヴァイスなど、こまかい気配りがうれしいテキストです。

イースタークラフト

シュタイナー教育クラフトワールド Vol. 5

ペトラ・ベルガー
トマス・ベルガー著
松浦 賢訳
イザラ書房　1999年4月4日　定価（本体）2500円＋税

【主な目次】◉春／◉造形用の蠟《ろう》で作る透かし絵◉動物と人形のパン／基本的なレシピ◉塩を入れたパン生地で作るイースターの飾りつけ／ソルト・ドウのパン生地の基本的な作り方◉イースターのテーブルを飾る／折り紙で作る卵立て◉羊毛と布地で作る作品／布を結んで作るウサギ◉イースターエッグを飾る／こどもが作るイースターエッグ◉紙で作るイースターのクラフト作品／イースターの透かし絵

春をよろこび生命を祝うクラフト作り

イースター（復活祭）は、春を祝うお祭りです。現在ではキリスト教のお祭りとしてとらえられていますが、実際にはその起源はもっと古く、太古の昔から続いてきた春のお祭りなのです。訳者である松浦賢さんは「クリスチャンでなくてはイースターの真の意味が理解できない、ということはありません。大切なのは、各人が春という季節が備えている霊的な雰囲気を、自己の内面において、どこまで深く体験できるか、ということです」と述べています。

長くて暗い冬が去った、春の気分にふさわしく、イースターにはシンボルのウサギや綺《き》麗《れい》な模様をつけたイースターエッグやパンなどを作って飾ります。本書では羊毛を使った作品や、折り紙、編物、パン作りなど、イースターでのさまざまなクラフトを紹介しています。特にイースターエッグの作り方は一〇通り以上も紹介しており、ヨーロッパ流の作り方はほとんど網《もう》羅《ら》しているといえるのではないでしょうか。

イースターのシーズンは比較的長く、四月いっぱいはイースタークラフトを部屋に飾っておけます。クラフト作りを楽しみ、ウサギやニワトリの形をしたパンやお菓子を食べて春のおとずれを祝ってみましょう。

ハーベストクラフト

シュタイナー教育クラフトワールド Vol. 6

トマス・ベルガー著
松浦 賢訳
イザラ書房　1999年10月7日　定価(本体)2500円＋税

【主な目次】◉基本的な技法◉麦わらを使ったクラフト作品◉編んだ麦わらを飾りつける◉麦わらで動物や人形を編む◉トウモロコシの皮で作る人形◉自然の素材をもちいた秋のクラフト作品◉木の葉で作るクラフト作品◉秋のミカエル祭とハロウィン◉解説・秋のクラフトについて◉日本版のための追補・大天使ミカエルについて

美しいデザインの伝統的クラフト技法を満載

秋になると、澄んだ空のもと、色づいた木の葉や実がくっきりと映えて見えます。本書では、こんな秋の雰囲気を伝えるクラフトを満載しました。室内や教育の場に彩《いろど》りをそえる、素敵なヒントがいっぱいです。

木の葉や実、わらを使った本書の作品には、あねさん人形、ほたるかご、駒の民芸品にも似通った、私たちにもなじみ深いものがたくさん登場します。どれも、実りの季節への思いを感じさせる作品たちです。

また、ウェールズ地方（イギリス）のコーン・ドリーなど、ヨーロッパに伝わる伝統的クラフト技法もいろいろ収録しました。どの作品も図解とカラー写真でくわしく解説していますので、誰にでもやさしくつくれます。

ヨーロッパでは九月二九日にミカエル祭を祝います。また、一〇月にはハロウィンが、十一月には聖マルタン祭があります。一年のこの時期には、感覚を魅了する夏の刺激も静まり、内面の新しい目ざめが生じるといいます。こうした秋のお祭りを題材とした、鮮明さあふれるクラフトも本書で取り上げます。

秋という季節のもつ気分を、クラフトづくりからも味わっていただける一冊です。

第4章　思想

ゲーテ的世界観の認識論要綱

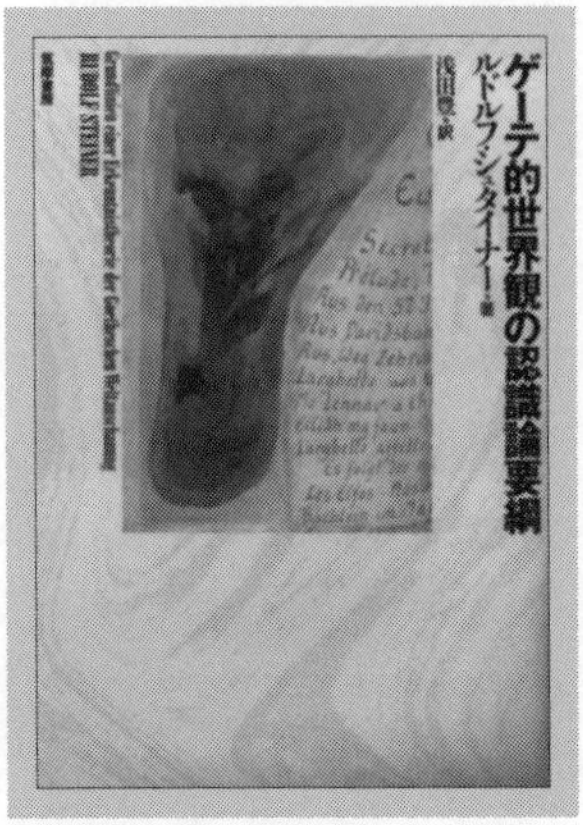

ルドルフ・シュタイナー著
浅田 豊訳
筑摩書房　1991年6月10日　定価（本体）2900円＋税

【主な目次】◉予備的な考察／シラーの方法によるゲーテの学問◉経験／経験という概念を確定する◉思考／思考は経験の中のより高次の経験である◉学問／悟性と理性◉自然認識◉精神科学／人間の自由◉結論／認識することと芸術的創造

シュタイナー世界観の源流を発見する

文豪ゲーテは文学に秀《ひい》でていたのみならず、自然科学の分野でも優れた考察を示しました。「ドイツ国民文学」叢書《そうしょ》の一環としてゲーテの自然科学論集を編集した弱冠二五歳のシュタイナーは、そうしたゲーテの自然観・世界観から強い影響を受けました。

「…実際のところ、個々の発見はゲーテの探求がなくてもなされたであろう。しかし彼の素晴らしい自然観は、科学が直接彼から学ばない限り失われたままであろう」（シュタイナーによる初版の序より）とシュタイナーに言わしめたゲーテの自然観察は非常に詳細であり、その対象物に向かい合う姿勢や方法は、二十一世紀の今なお、とても新鮮です。

本書はゲーテの認識を主軸に哲学的思想を深く掘り下げていますが、その根底にはシュタイナー自身の認識と哲学が感じられます。後に哲学者となったシュタイナー思想の源流といっても過言ではないでしょう。ゲーテのみに終始せず、シラーやダーウィン、カントなどの思想などにも言及し、当時のヨーロッパの思想や哲学の潮流をも感じさせる興味深い一冊。

また、訳者によるシュタイナーへの解説も分かりやすく要点を押さえており、読み応えがあります。

ゲーテの世界観

ルドルフ・シュタイナー著
溝井高志訳
晃洋書房　1995年3月31日　定価(本体)3300円＋税

【主な目次】◉西洋の思想史におけるゲーテの位置づけ／ゲーテとシラー／プラトン的な世界観／プラトン的な世界観の帰結／ゲーテとプラトン的世界観／人格と世界観／世界現象のメタモルフォーゼ（変態）◉自然と生物の発展についての見解／変態《メタモルフオーゼ》論◉色彩世界の考察／色彩世界の現象◉地球の発展史と大気現象についての思想／地球の発展史についての思想／大気現象についての考察◉ゲーテとヘーゲル

ゲーテ論に見るシュタイナー思想の源泉

ルドルフ・シュタイナーがゲーテの自然科学論を評価する以前は、もっぱらゲーテは文学という限られた領域で評価されたのにとどまりました。しかし、シュタイナーが自然科学研究の側面からゲーテに照明を当て、その思想の新たな鉱脈を発見したという意味で、この著作のもつ歴史的意義は極めて大きいものでした。更に、シュタイナー思想の形成の足跡をうかがう上でも、この著作のもつ歴史的意義は極めて大きいものです。

それまでの伝統的な西洋の思想は、その二元的世界観のために経験世界の中に理念的なものの有機的な働きを見ることが出来なかったのですが、そのために、西洋の伝統的な思想的潮流の中で、若きシュタイナーは苦悶《くもん》していました。しかし、ゲーテの自然科学研究を通して、彼はようやくその病弊《びょうへい》から脱し、彼の思想の基盤である有機的世界観の確かな足がかりを獲得します。

この著作は、西洋思想の伝統に相対峙《たいじ》することによって、自らの思想の独自性を明らかに示した、少壮のゲーテ学者であった時代の、そしてそこから一歩踏み出さんとしていた時代のシュタイナーの記念碑的文献です。

シュタイナー哲学入門

もう一つの近代思想史

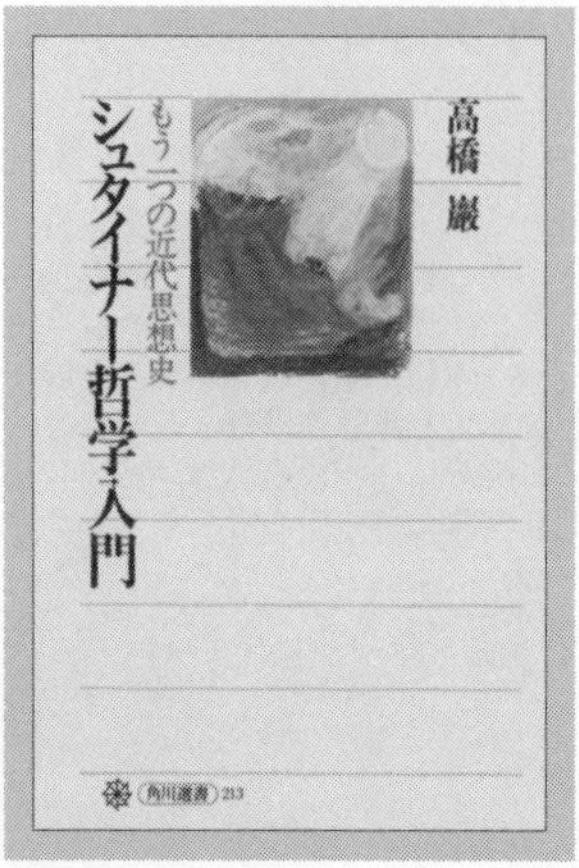

高橋 巖著（日本人智学協会代表）
角川書店　1991年5月31日　定価（本体）1400円＋税

【主な目次】◉神秘学と哲学◉カントとフィヒテ◉ドイツ・ロマン派◉ヘーゲルとその学派◉思想家ゲーテ◉ブレンターノとシュタイナー◉シュタイナーの哲学

人間という存在の不思議を語る

本書は、シュタイナーの思想を学ぶことによって近代における精神のいとなみがどのように見えてくるかを、著者自身の体験をふまえて語るものです。

近代ドイツは、霊的衝動にもとづくギリシア精神の復興と近代的合理主義の発展を共に成し遂げました。そして本書は、この両者を融合させたシュタイナーの眼を通してデカルト、フィヒテ、ヘーゲル、ゲーテらの思想をたどり、思想家たちの魂《たましい》の奥深くに働いている共通の衝動に光をあてます。また、ドイツ観念論といわれるゲーテ的直観をめぐる、十九世紀ドイツのドラマティックな意識変革のプロセスが生き生きと描き出されており、読み手を生きた哲学の世界に引き込み、魅了します。「他者への絶対的ともいえる深い関心、自他合一の体験のなかに、シュタイナーは愛の衝動を見ていました」と著者は述べています。そして、シュタイナーによりさまざまに語られる、宇宙の叡智《えいち》を内にふくむ「自己意識的な自我」という存在の不思議が、すべての現代人に生きる勇気を与え、人間の本質に迫ります。

従来の哲学史、思想史、文学史とは異なる観点が、とても新鮮です。

神智学

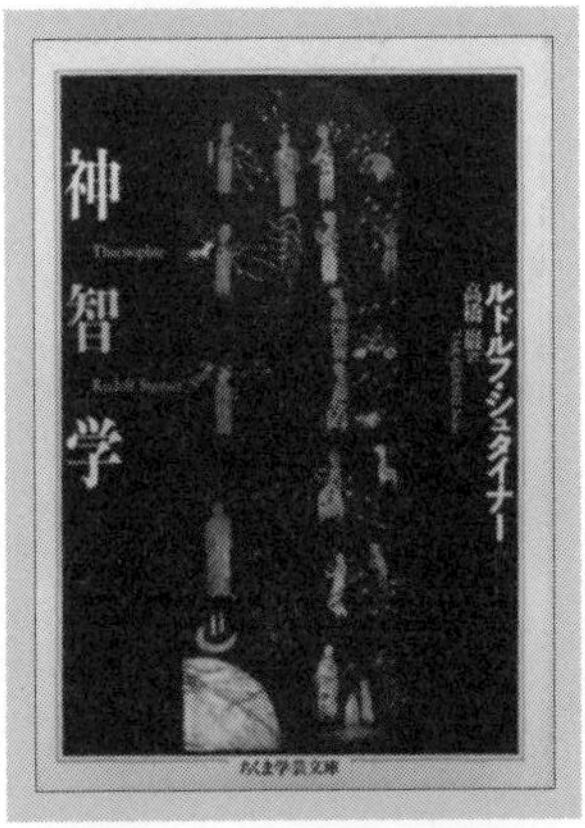

ルドルフ・シュタイナー著
高橋 巖訳
筑摩書房　2000年7月10日　定価（本体）1000円＋税

【主な目次】◉人間の本質／人間の体の本性／人間の魂の本性／人間の霊の本性／体、魂、霊、◉霊の再生と運命◉三つの世界／魂の世界／魂の世界における死後の魂／霊界／死後の霊界における霊／物質界、並びに魂界、霊界とこの物質界との結びつき／思考形態と人間のオーラ◉認識の小道

※本書は松浦賢氏の訳により「テオゾフィー 神智学（柏書房）のタイトルでも刊行されています。

シュタイナー四大主著の一冊

「本書の中で、超感覚的世界の若干の部分を叙述するつもりである。感覚的世界だけを通用させようとする人は、この叙述を空疎な想像の産物と見なすだろう。しかし感覚界を超えてゆく道を求める人なら、もうひとつの世界を洞察することによってのみ、人間生活の価値と意味が見出せる、という本書の観点をただちに理解してくれるだろう」（本書より）

本書は「秘教」の思想を、明晰《めいせき》な思考に導かれた新しい総合文化へと再編し、個人の自己実現と社会の進歩へとつながる可能性を提示した記念碑的著作であり、シュタイナー四大主著の一冊です。また、シュタイナーは「本書は今日一般に行われているようには、書かれていない。どの頁も個々の文章が読者自身の精神的作業によって読み解かれるのを待っている。意識的にそう書かれている」と第三版の前書きで述べています。読み手の精神的なあり方次第で超感覚の精神世界を見出すことが出来るのかもしれません。

なお、四部形式からなる本文のほかに、付録としてシュタイナー自身の長文が紹介されており、彼の履歴やいかに強烈な霊的体験の中を生きてきたのかがよく分かる、充実した資料となっています。

テオゾフィー　神智学

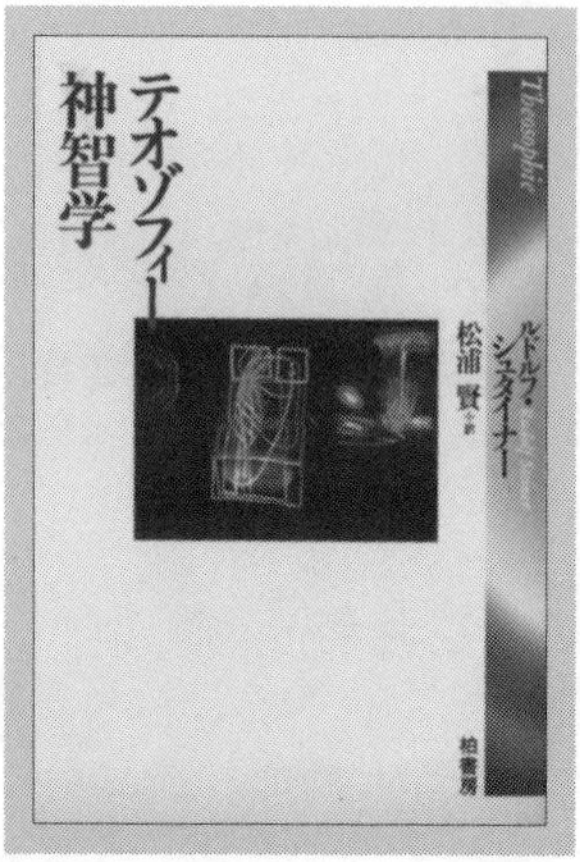

ルドルフ・シュタイナー著
松浦 賢訳

柏書房　2000年11月15日　定価（本体）2400円＋税

【主な目次】◉人間の本質／人間の体的な本質／人間の魂的な本質／人間の霊的な本質／体と魂と霊◉霊の再受肉と運命（輪廻転生とカルマ）◉三つの世界／魂の世界／魂の世界における死後の魂／霊の国／霊の国における死後の霊／物質の世界、およびこの物質の世界と魂の世界・霊の国との関係について／思考の形態と人間のオーラについて◉認識の小道

※本書は高橋巖氏の訳により「神智学」（筑摩書房）のタイトルでも刊行されています。

二〇世紀の大いなる遺産　精神世界名著の新訳

本書は、シュタイナーの霊学（精神科学）について学ぼうとする人が最初に手に取るべき「入門書」として世界中で広く読まれている、シュタイナーの著作のなかでも最も重要な作品のひとつです。一九〇四年の刊行以来、百年の歳月を経て読み継がれてきたロングセラーで、ドイツ語版は二〇万部を超えています。『テオゾフィー』が優れているのは、「シュタイナーはあやしいオカルティストではない」ことを「読書」という行為を通して私たちに教えてくれることです。一般的な自然科学の方法にしたがって霊的な事柄が記述された、歴史的にも決定的な意味をもつ一冊といえるでしょう。

日本には一九七七年に高橋巖氏の訳（一九〇四年版テキスト）で紹介されましたが、本書は一九一八年の大幅な増補改訂を経た最終決定版である一九二二年版テキストに基づき、訳者が若さと情熱で全訳に挑みました。訳文は初めてシュタイナーの著作に触れる読者を念頭に、わかりやすさと親しみやすさを心がけました。科学文明の高度な発達によって、物質文明による繁栄を手にした一方で、私たちが失いつつあるものとは？「科学としての霊学」は新しい世界を切り開くことができるのでしょうか？　すべては読者の選択にかかっています。

神智学の門前にて

ルドルフ・シュタイナー著
西川隆範訳
イザラ書房　1991年9月10日　定価（本体）2300円＋税

【主な目次】◉人間の本質◉３つの世界◉欲界における魂の生活◉神界◉高次の世界における人間の仕事◉子どもの教育・カルマ◉人間の生活におけるカルマの法則の働き◉善と悪◉地球の進化◉人間の進化◉修行◉東洋の行法とキリスト教の行法◉薔薇十字の修行・人間と地球

現代人のための秘儀参入入門書

シュタイナーによって創始された人智学は、いにしえより密教的な道によってのみ代々引き継がれた教えを、自然科学的思考法に慣れた現代人が言葉によって理解する道を開いたものといえます。本書は、そうした精神科学の概要を学ぶ一作。

訳者の西川隆範さんによると「シュタイナーが人智学的精神科学としておおやけにした人間論、宇宙論は、それまでの密教教理において象徴言語によって語られてきた内容を、一般人の思考力によって把握できるように論理的に再構築したものであり、さまざまな秘教教理の象徴言語を解くための鍵《かぎ》を提供するものである。シュタイナーが精神科学の構築とならんで重視したのは、現代人の意識にふさわしい修行の形を提示することだった」ということです。

超感覚的な事実について語るとなされる反論に、シュタイナーは「私はヘレン・ケラーの美しい言葉で答えたいと思う」といい、「何年ものあいだ、夜と闇がわたしを取り巻いていた。それから、わたしは教えられ、夜と闇のかわりに、平和と希望が現れた」という言葉を紹介し、忍耐と持続力があれば誰にでも不可視の世界が開かれることを伝えています。様々なたとえ話をちりばめた、読みやすい講演録です。

薔薇十字会の神智学

シュタイナー講演集

ルドルフ・シュタイナー著
西川隆範訳
平河出版社　1985年2月5日　定価（本体）1553円＋税

【主な目次】◉薔薇十字会の神智学／叡智の新しい型／人間の本質／元素界と天界・目覚めと眠りと死／再受肉への過程／死後の生命・物質界への再受肉／運命／カルマ／7つの意識状態／宇宙の進化／地球上での人間の進化／人類の未来／秘儀参入の本質◉霊的観点から見た宇宙の進化／土星紀／太陽紀／太陽紀から月紀へ／月紀／地球紀

シュタイナー思想の核心

本書は、15世紀前半に結束固い秘密の霊的同胞団、薔薇《ばら》十字会を創設したクリスティアン・ローゼンクロイツに影響を受けたシュタイナーの、神秘学の真髄《しんずい》を伝える連続講演「薔薇十字会の神智学」および「霊的観点から見た宇宙の進化」を収録した講演集です。

人間の本質、輪廻《りんね》転生《てんしょう》とカルマ、生と死、宇宙と人類の進化、行法。本書で取り上げられたこれらのテーマは、人智学思想の核心をなすものです。数年後に公刊された『神秘学概論』と通底する一筋縄ではゆかぬ内容ですが、当時非公開でおこなわれた講演ゆえに、シュタイナーの〝声〟が伝わってきます。このような神智学（人智学）協会における内輪の講演では、シュタイナーは「目を閉じるように、遠くを見るように、おそらく霊視しつつ、霊的な事象を直接的な表現で語ったといわれている」（訳者あとがき）のです。

シュタイナーは、人間と同じく宇宙も輪廻転生をくりかえすとしました。「霊的観点から見た宇宙の進化」は、その宇宙進化論のなかでも特に重要とされ、土星紀から地球紀にいたる宇宙の進化の光景が、人間の霊的進化と重ね合わせて語られます。

神秘学概論

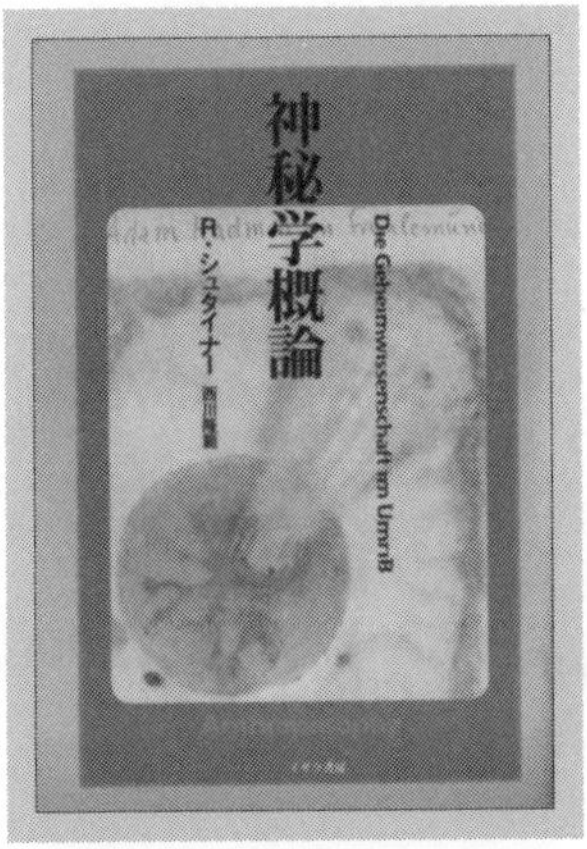

ルドルフ・シュタイナー著
西川隆範訳

イザラ書房　1992年10月30日　定価（本体）3500円＋税

【主な目次】◉神秘学の性格◉人間の本質◉眠りと死◉宇宙の進化と人間◉高次の世界の認識—秘儀参入について◉宇宙と人類の進化の現在と未来◉精神科学の領域からの細目／人間のエーテル体／アストラル界／死後の人生について／人間の人生／霊的世界の高次の領域／人間の構成要素／夢の状態／超感覚的認識の獲得／霊的世界の個別のできごとと存在の観察

※本書は高橋巖氏の訳により同じタイトルで筑摩書房からも刊行されています。

人智学のすべてが集約された、壮大な代表的著作

人智学におけるバイブルともいえる、シュタイナーの代表作のひとつです。

訳者である西川隆範さんは、「人間論、宇宙論、修行論のすべてを現代の意識にふさわしいかたちで叙述した本書一冊があれば、全神秘学を再構築することができるのである。混沌《こんとん》とした現代の精神的—霊的状況のなかで、真正《しんせい》な光にむかって努力しようとする者に確固とした指標を与えるものとして、本書はきわめて貴重である。…中略…凝縮《ぎょうしゅく》された文章で綴《つづ》られた本書の内容は、シュタイナーのさまざまな講演録を読み進んでいくうちに、しだいにより深く解読されうるようになる。本書はそれらの講演録の基盤になっており、人智学的精神科学の全体像を提示したこの『神秘学概論』の内容が、シュタイナーの教育学、芸術論、社会論、医学、農学、自然科学等の根底をなすものになっているのである」とあとがきのなかで述べています。『神智学』では人間論を語り、『いかにして超感覚的世界の認識を獲得するか』で修行法を述べたあと、シュタイナーは本書で人間論と修行法に加えて、彼の思想の骨子《こっし》である壮大な宇宙論を展開しています。

人智学の真髄《しんずい》を学ぶ、一作です。

神秘学概論

ルドルフ・シュタイナー著
高橋　巖訳
筑摩書房　1998年1月9日　定価（本体）1300円＋税

【主な目次】◉神秘学の性格◉人間性の本質◉眠りと死◉宇宙の進化と人間／土星紀／太陽紀／月紀／地球紀◉高次の諸世界の認識（秘儀参入またはイニシエーションについて）◉宇宙の進化と人類の進化との現在と未来◉霊学で用いられる諸概念／人間のエーテル体／アストラル界／死後の人間の生活について／人間の経歴／霊界の高次の諸領域／人間の存在部分／夢の状態／超感覚的認識を獲得するために／霊界の事象や存在を個別的に観察する

※本書は西川隆範氏の訳により同じタイトルでイザラ書房からも刊行されています。

四大主著の一冊、シュタイナー思想の根幹

本書は『神智学』『いかにして超感覚的世界の認識を獲得するか』『自由の哲学』などと並ぶ、シュタイナーの四大主著の一冊であり、その思想の根幹が綴《つづ》られています。ドイツ浪漫派《ろうまんは》の源流をなす太古からの叡智《えいち》を、シュタイナーは近代的な知性にふさわしい仕方で表現することで、時代の精神に新しい方向づけを与えようとしました。そして、シュタイナー自身が「人智学」と名づけたこの試みを集大成したのがこの著作なのです。

肉体、エーテル体、アストラル体、自我という人間存在のヒエラルキアを解明し、宇宙論、人間論の中で、めくるめくような宇宙史の壮大な展望の下にマクロコスモス（宇宙）とミクロコスモス（人間）との関わりをあとづけ、進化の法則と意識の発達史、古代秘儀の本質、輪廻転生《りんねてんしょう》論、悪魔論、霊的認識の方法などを記し、地球の由来を論じています。読んでいくと過去と現在と未来についての常識をくつがえす前代未聞の神秘学大系が展開されています。「本書に述べた高次の認識への道は、現代という時代にこの世に生を受けた魂《たましい》たちのための道である」と述べているように、本書のどの部分からも、現代人の時代意識に答えようとする著者の意志を読み取ることができる、と本書の訳に十数年の歳月をかけた訳者は結んでいます。

人智学指導原則

ルドルフ・シュタイナー著
西川隆範訳

水声社　1992年9月20日　定価（本体）1500円＋税

【主な目次】◉人智学指導原則◉人智学的共同体形成

シュタイナー最後の思想へと誘う、人智学徒の必読書

アントロポゾフィー＝人智学協会と人智学運動の分裂という危機を乗り越えた、一九二三年の普通人智学協会の出発に当たり、「協会の中には統一的な意識が生じるべきである」と考えたシュタイナーが病の床にあって、死の直前まで、最後の力を振り絞《しぼ》って人智学の内容をあらためて包括的に整理、発展させた本書は、世界中の人智学徒の座右《ざゆう》の書となっています。

またこの重要な著作とともに、協会の再編＝設立に至る危機のなかで、ドイツの全支部の代表者たちを前に、人智学的共同体の在り方について率直に語った「人智学的共同体形成」を収録しています。

シュタイナーは本書でさまざまなアドヴァイスを行っています。協会自体の目指すべき理念や定義、運営への提案はもちろんのこと、たとえば「グループ（アントロポゾフィー＝人智学協会支部）で講演をおこない、話し合いを指導する人物が、以下に与えられる諸原則を方針として受け取り、自由な仕方でその講演、話し合いに結びつけてくれることを私は望んでいる」と語り、その内容を短い文で要約するなど細部に至るまで、具体的な指示を遺《のこ》しています。

人智学徒として運動を行う人のための、一冊です。

アカシャ年代記より

ルドルフ・シュタイナー著
高橋　巖訳
国書刊行会　1981年9月10日　定価（本体）2400円＋税

【主な目次】◉われわれの祖先であるアトランティス人◉第四根幹人類から第五根幹人類へ◉レムリア時代の人類◉男女両性の分離◉両性分離に先行する時期◉ヒュペルボレイオス期とポラール期◉現在の地球の始まり～太陽の分離◉月の分離◉若干の必要な補足◉地球の由来について◉地球とその未来◉土星紀の生活◉太陽紀の生活◉月紀の生活◉地球紀の生活◉四重の存在としての地球紀の人間

宇宙誌における起源の書

シュタイナーが「アカシャ年代記」と呼んでいる、彼が霊視した宇宙発生とその歴史を綴《つづ》った書。レムリアやアトランティスに触れながら、宇宙発生の壮大なヴィジョンを文章によって再現しています。

イマジネーションに溢《あふ》れた筆致で描かれた宇宙誌は、幻想文学としての評価も高いのです。この書においては、シュタイナーの霊視した宇宙の歴史の真偽が問題となるのではなく、いかなる方法で、どのような宇宙の歴史を見出すかという、認識の方法こそ問われるものです。本書一四八頁で紹介している『秘儀の歴史』の中で「思考において、人間は宇宙の秘密の一端を把握する」とある通り、人間にとっての認識とは外部を観察することではなく、むしろ内的思考によってなされると考えるシュタイナーの思想が実に色濃くでている一冊といえるでしょう。

本書にはこの年代記に加え、現代の認識論に触れた論文「霊学の鏡に映した現代の文化」「自称〈科学〉の諸偏見」も併せて収録されています。

近代神秘学の最も偉大な集成者の、オカルティストとしての面と、社会学者としての側面がいかんなく発揮されている一作です。

シュタイナーの宇宙進化論

宇宙進化と人間

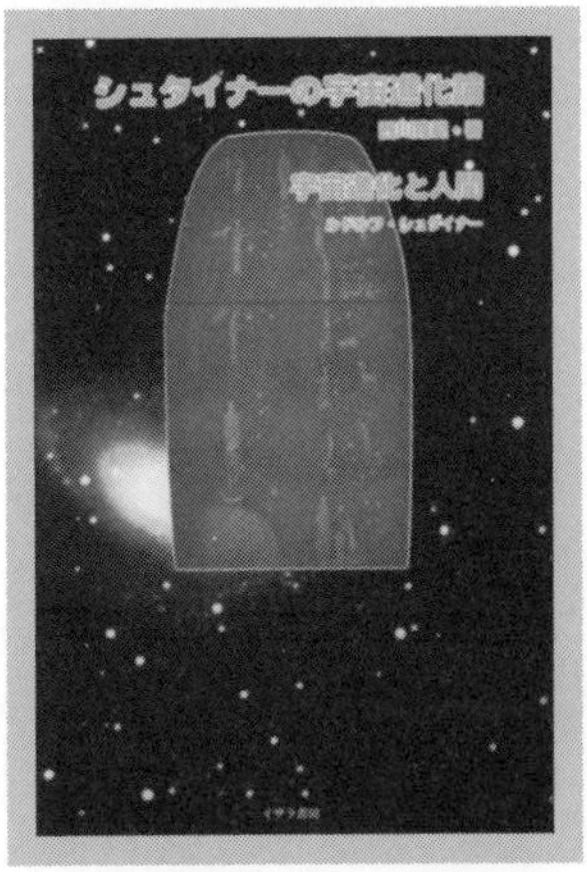

ルドルフ・シュタイナー著
西川隆範訳
イザラ書房　1991年12月15日　定価（本体）2039円＋税

【主な目次】◉宇宙開闢《かいびゃく》／概観／熱の時代／空気の時代／水の時代／土の時代◉人類の発生／ポラール時代／ヒュペルボレアス時代／レムリア時代／アトランティス時代◉文化の形成／洪水伝説／蟹座の時代／双子座の時代／牡牛座の時代／牡羊座の時代／魚座の時代◉地球の未来

読みやすく、分かりやすいシュタイナーの宇宙論

「シュタイナーのアントロポゾフィー（人智学的精神科学）の全領域にとって、宇宙進化論はその基盤となるものである。シュタイナー派の農学や医学において、天体と作物、天体と人体の関係が重視されるのはよく知られているが、教育学においても宇宙進化論は無視できない。人間を宇宙進化との関連において理解するのが人智学の方法だからである」訳者、西川隆範さんは、序文でこのように述べています。

物理学的宇宙論と宗教的宇宙論のはざまに位置して、シュタイナーの宇宙論が展望するものは…。霊視と洞察に満ちたその内容は宇宙進化論的であり、宇宙生命論的でもあります。本書は、深遠かつ膨大《ぼうだい》なその内容をわかりやすく解釈・説明したものです。また、一九〇九年に、宇宙進化と人間をテーマにシュタイナー自身が行った三つの講演も収録しています。

太古の昔、宇宙はどのように始まったのでしょうか？　現在とは能力や外見も違ったという、不思議な人間たちの姿…。

難解なシュタイナーの言葉が分かりやすく整理されており、読みやすいので、人智学の知識がなくても読み物としても楽しめる、充実した宇宙論です。

神秘主義と現代の世界観

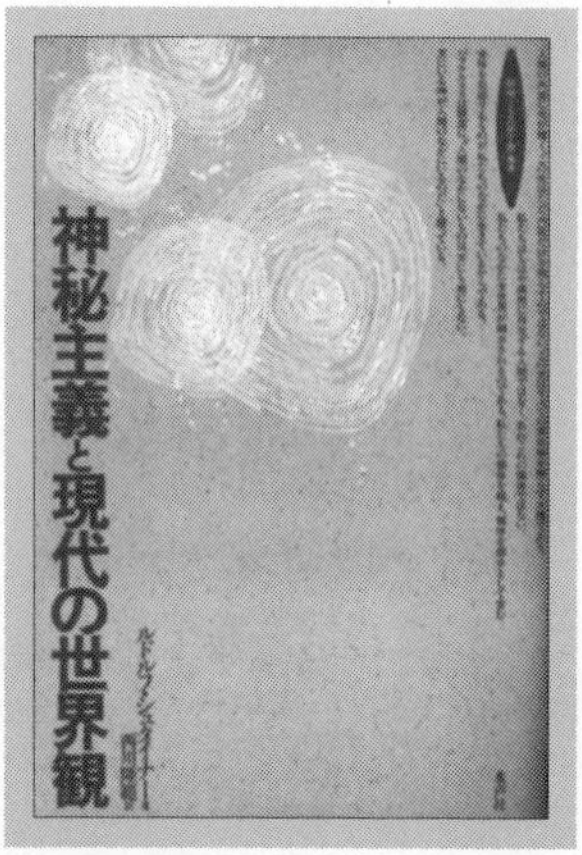

ルドルフ・シュタイナー著
西川隆範訳

水声社　1989年8月10日　定価（本体）2000円＋税

【主な目次】◉マイスター・エックハルト◉神の友◉ニコラウス・クザーヌス◉アグリッパ・フォン・ネッテスハイムとパラケルスス◉ヴァレンティン・ヴァイゲルとヤーコプ・ベーメ◉ジョルダーノ・ブルーノとアンゲルス・シレジウス

シュタイナー神秘学の源流を学ぶ

シュタイナーは本書において、「なぜ、一三世紀から一七世紀までの間、神秘主義の特別の形態と近代的な自然科学的思考の萌《ほう》芽《が》が相次いでぶつかりあったのか」という問いに答えようとしたのだと、述べています。

自己の内面で神を体験し、神との神秘的合一を実現しようとする神秘主義の歴史の中でも、一三世紀から一七世紀にかけての中世ヨーロッパには偉大な神秘家たちが輩出しました。本書ではシュタイナーがエックハルト、パラケルスス、ベーメからブルーノ、シレジウスに至る大神秘家九人の思想の、今日的な意味を問います。

暗い、神秘的な出発点から霊認識へと上昇する魂《たましい》の衝動を獲得するために、そして霊的世界を正しく理解するために書かれた著作といえるでしょう。

近代の〝新しい自然科学の認識に浸透されつつ、同時に、ベーメとシレジウスが霊を探求した道〟を歩もうとするシュタイナーが、二〇世紀初頭、オカルティストとして公然と活動し始めた直後に書かれた、重要な著作です。

シュタイナー神秘学の、源流を学ぶ一冊です。

西洋の光のなかの東洋

ルドルフ・シュタイナー著
西川隆範訳
水声社　1992年11月10日　定価(本体)2500円＋税

【主な目次】◉西洋の光に照らした霊認識の使命◉秘儀参入の四段階◉「土星」・「太陽」・「月」・「地球」◉東洋の思考方法と西洋の思考方法◉上位の神々と下位の神々◉インド・ペルシア・ギリシアの神界／ルシファーとキリスト◉地水火風／オイディプス伝説とユダ伝説◉七と十二◉時間の秘密と空間の秘密／菩薩とキリスト◉付録　エドゥアール・シュレー『ルシファーの子どもたち』あらすじ

西洋の霊的な観点からみた東洋の叡智

本書は、シュタイナーがフランスの神秘学者、エドゥアール・シュレーの戯曲《ぎきょく》『ルシファーの子どもたち』の上演に触発された、きわめて秘教的な連続講演集です。アトランティス大陸崩壊以降の壮大な人類史を踏《ふ》まえながら、東洋的霊性の統治者としてのルシファーとキリストの、深くかつ根本的な関係を語っています。太陽領域から地上に下ったキリスト、そして〝霊的結婚〟とはどのようなことなのでしょう？

一九〇九年に行われた、この連続講演においてシュタイナーは「東洋の叡智《えいち》に、キリスト衝動の光と、西洋の歴史の流れのなかでキリスト衝動から発展してきた認識の光を当てようと思います」と述べ、霊的な観点からの観察から「菩薩《ぼさつ》が紀元前六〇〇年頃にゴータマ仏陀《ぶっだ》に受肉」して偉大な導師、秘儀の封印の管理者、ゴータマ仏陀となったのだと語っています。古代インド人の叡智や考え方などにも触れながら、霊認識を説き明かしています。

霊視力など、太古からの叡智の保管者である「スキティアノス、ゾロアスター、仏陀が進化をつづけて、私たちの時代に説くであろう教えを、私たちは受け取るのです」と洋の東西を超えた秘儀参入者の世界を紹介しています。

世界史の秘密

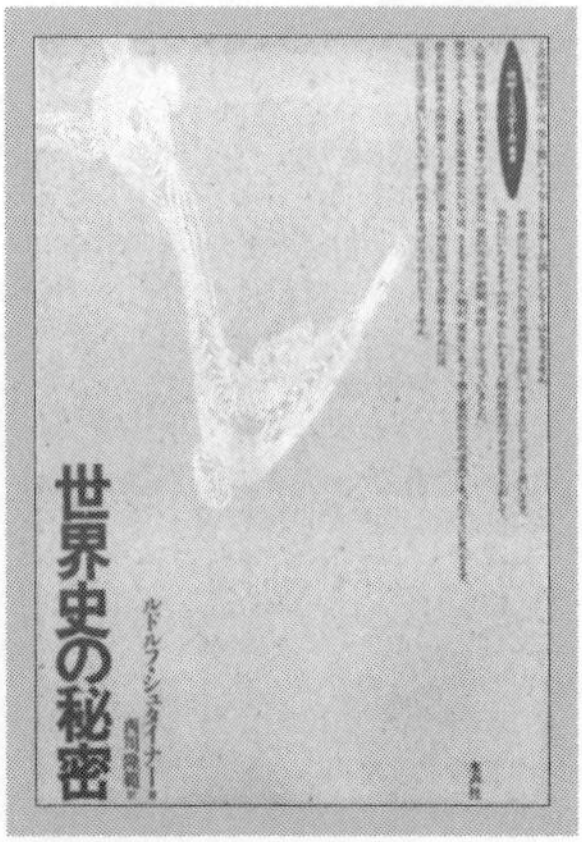

ルドルフ・シュタイナー著
西川隆範訳
水声社　1992年9月30日　定価（本体）1500円＋税

【主な目次】●ギルガメッシュ神話とアレキサンダー大王／オルフェウス教密儀とヒュパティア●ジャンヌ・ダルク／古い魂と若い魂●輪廻転生と霊的存在の働きかけ／ギリシアの密儀と悲劇●天の尺度と人間の尺度／背教者ユリアヌスとティコ・ブラーエ●アトランティス大陸の崩壊と西暦1250年／ニコラウス・クザーヌスとコペルニクス／オーバーリン●禁欲主義と快楽主義／エリヤーヨハネーラファエローノヴァーリス

シュタイナーが語る、世界史に秘められた謎の真相

アレキサンダー大王のなかに見出せる、古代の秘儀参入者、シュメール神話のギルガメッシュ王の影像。高次の霊的存在に導かれたという、一五世紀に出現したオルレアンの少女ジャンヌ・ダルク…。「この連続講演では、歴史的事件、歴史的人物を精神科学＝霊学の観点から解明して、信じ難いようなことを多くお話ししなくてはなりません」と冒頭でシュタイナー自身が述べているように、現実から遊離したかのような、不思議な世界史の物語がここに繰り広げられています。歴史上の数々のエピソードとともに、シュタイナーは世界史に秘められた謎の真相を語ります。

シュタイナーは「現代に至るまでの何千年にわたる人類の歴史のプロセスをとおして、人類の発展に関わる事象すべての背後に、霊的存在が教師、導師として立っていました。歴史上のもっとも重要な諸事件においては、さまざまな人物が、背後にあって働く霊的存在の道具であったように見えます。歴史的諸事件の間の驚くべき秘密に満ちた相互関係を洞察するためには、日常生活では用いられない多くの概念を学ばなければなりません」とも語っています。何年もシュタイナーの精神科学を学んだ聴衆に向けての講演を訳出したものです。

秘儀参入の道

シュタイナー講演集

ルドルフ・シュタイナー著
西川隆範訳

平河出版社　1986年7月15日　定価（本体）1359円＋税

【主な目次】◉東方の秘儀とキリスト教の秘儀／秘儀の本質と人間の精神生活／真夜中の太陽／宇宙音楽と宇宙言語／東方の秘儀と聖杯◉薔薇十字の秘儀／中世の精神生活／中世の秘儀の地／薔薇十字会の創設／薔薇十字の学堂／近代の秘密教義／薔薇十字の秘儀とミカエルの時代

イニシエーションの体験とは？

本書は、人智学的観点からみた壮大な秘儀の歴史と、秘儀参入者の内的体験を語る主要講演「東方の秘儀とキリスト教の秘儀」および「薔薇《ばら》十字の秘儀」を収録したものです。

「東方の秘儀とキリスト教の秘儀」の中でシュタイナーは、すべての秘儀において、ある段階までの体験は共通であり、次のように表現できるといいます。

「まず第一に、秘儀参入のある段階に達しようとする魂《たましい》は、〈死への接近〉を経験しなければならない。第二に魂が経験しなければならないのは〈四大元素界通過〉である。第三には、エジプトやその他の秘儀で〈真夜中に太陽を見る〉と表現される体験、さらにその次には、〈高次の神々および低次の神々との出会い〉の体験である」

そして、古代中近東（ゾロアスター）およびエジプト（イシス）の秘儀、中世キリスト教（聖杯《せいはい》伝説）の秘儀、さらには現代の秘儀の特質を軸《じく》に、秘儀参入者の得た内的体験として、それぞれの言葉が象徴する秘儀の四段階について語っていきます。

「薔薇十字の秘儀」では、中世に端を発する薔薇十字の秘儀の特質と象徴、さらに、時代の霊的衝動により、新たな形で現代に受け継がれた薔薇十字の霊智《れいち》が語られます。

秘儀の歴史

ルドルフ・シュタイナー著
西川隆範訳
国書刊行会　1996年10月21日　定価（本体）2427円＋税

【主な目次】◉世界の霊的根底を見るにいたるまでの人間の心魂のいとなみ◉人体における心魂の創造◉表象と意志による自然の内面への参入◉人間と地球との関連◉鉱物・植物・動物の創造◉エフェソスのアルテミス秘儀◉ヒルベニアの秘儀の地◉ヒルベニアの秘儀の本質◉ヒルベニアの大秘儀◉エレウシスの秘儀◉植物・金属・人間の秘密◉サモトラケのカベイロス秘儀◉古代の秘儀から中世の秘儀へ◉中世における人間の心魂の努力

シュタイナーが解き明かす古代密儀の謎

　本書はシュタイナーが晩年にスイスのドルナッハで行った連続講義を収録したものです。人間の心魂について、そして自然界について論じたあと、ギリシャの秘儀、アイルランドの秘儀、中世の薔薇《ばら》十字の秘儀等のマントラとヴィジョンを公開し、人智学的洞察《どうさつ》を展開します。

　シュタイナー思想の中核には、「いかにして人間は自由を獲得するのか」という、「自由の哲学」があります。そして「自由の哲学」では、内奥の思考体験と宇宙の秘密は分かち難く結びついていると考えられているのです。

「…ほんとうに思考を体験すると、自分が宇宙の秘密の外、神的なものの外にいるのではなく、宇宙の秘密のなか、神的なもののなかにいると感じる、といいたいのです。自分のなかで思考を把握すると、自分のなかで神的なものを把握することになるのです…」（『秘儀の歴史』十一頁より抜粋）

　自らの外ではなく、自らの内部、即ち思考の中にこそ探究すべき宇宙の秘密があるとして、その探究の試みの一形態である「秘儀」の謎《なぞ》と歴史を細部にわたって追究《ついきゅう》すると同時に、外部にあると思われたものこそ内部にあるという、大いなる認識の転換を論じています。

いかにして前世を認識するか

「カルマ論」集成 1

ルドルフ・シュタイナー著
西川隆範訳

イザラ書房　1993年12月10日　定価（本体）2100円＋税

【主な目次】◉いかにして輪廻転生する人間存在の核を観照するか◉輪廻転生を理解するために必要な感情記憶能力の形成◉輪廻転生とカルマについての経験を形成するための思考の訓練◉前世と現世・現世と来世におけるカルマの作用◉輪廻転生とカルマは人智学的世界観の基本理念である

未来に向けて生きるために、前世を考える

カルマとは、輪廻転生《りんねてんしよう》（生まれ変わり）を生じさせる法則。輪廻転生はシュタイナー思想の根幹をなすもので、その教育・治療・芸術・社会論など広範囲にわたる偉業のすべてに関わるものです。「人生が誕生から死までの一度かぎりのものであれば、人生でどのような人々に出会うかは偶然としかいいようがありません。人々は人生が一度かぎりのものだと思い、自分が巻き起こした出来事についてこの人生内で責任を負うと思っています。自己は生まれてから死ぬまでのあいだに生じることを越えており、前世における他者と結びついていると感じると、この人生における自己の行為に対する責任感は拡張します」とシュタイナーは語り、前世の行為が現世に、そして現世の行為が来世に引き継がれて影響することを詳しく説明しています。

訳者である西川隆範さんは「『いかにして前世を認識するか』はシュタイナーの〝カルマ論〟の珠玉《しゆぎよく》とも言うべきものであり、本書以上に前世認識の方法を具体的に語っているものはほかにない」また「現在の果を過去の因から解明するだけがカルマ論ではなく、その本質は未来へのカルマを築いていくことにある」とあとがきで述べています。前世を認識することで現在の苦悩を考え、未来に向けて生きるためのガイドブックです。

カルマの開示

「カルマ論」集成2

ルドルフ・シュタイナー著
西川隆範訳
イザラ書房　1993年12月10日　定価（本体）3107円＋税

【主な目次】◉個人のカルマ・人類のカルマ・地球のカルマ・宇宙のカルマ◉カルマと動物◉病気とカルマ◉治る病気と治らない病気◉自然な病気と偶然の病気◉事故とカルマ◉天災とカルマ◉高次の構成要素とカルマ◉男と女・誕生と死◉カルマと自由意志◉個人のカルマ・共同体のカルマ・人類のカルマ・霊的存在のカルマ

人生の深い謎を、シュタイナーの精神科学で読み解く

人生に深く食い込む問い。その答えは一体どこにあるのでしょうか？　シュタイナーの精神科学に基づいた、輪廻転生《りんねてんしょう》の因果法則としてのカルマ（業《ごう》）から、人生の謎《なぞ》を探ります。

本書はシュタイナーが一九一〇年にハンブルグで行った、カルマを中心に取り上げた唯一の連続講座をまとめたものです。カルマの法則の解明に本格的に取り組んでおり、シュタイナーのカルマ論の基盤をなすものといえるでしょう。

様々なカルマの法則が取り上げられていますが、例えば病気の因果関係について「シュタイナーは、過去の行為の結果、人間の高次の意識がそのカルマの埋《う》め合わせをする機会として病気になることを欲するとし、病気が治るか死にいたるかも患者の高次の意識が決定するという見方をしている。この高次の意識は病気だけでなく、事故というかたちを選ぶこともある。そしてシュタイナーは、悪魔的な力を受け入れていない、純粋な光の凝固《ぎょうこ》した自然界、および人間の純粋な愛が治療的効果を発揮することに言及している」と訳者、西川隆範さんはあとがきで述べています。

また、人類・地球・宇宙など壮大なカルマを知ることで、個人の人生や役割を考えるきっかけになりそうな講演集です。

カルマの形成

「カルマ論」集成3

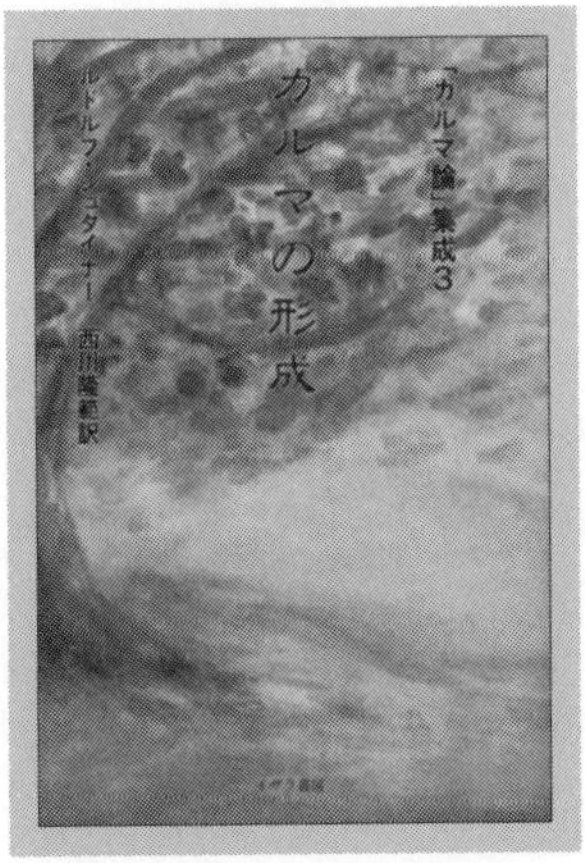

ルドルフ・シュタイナー著
西川隆範訳
イザラ書房　1994年4月8日　定価（本体）2621円＋税

【主な目次】◉カルマ的諸力の形成／カルマの法則／鉱物・植物・動物・人間・霊的存在／カルマと自由／愛と憎しみ・同時代人／健康と病気／頭部組織・胸部組織・四肢組織と霊的存在たち◉個人の運命のカルマ的決定／フィッシャー・シューベルト・デューリング／ハルトマン・ニーチェ／ベーコン・ダーウィン・ラプラス・ウィルソン／ガリバルディ・レッシング・バイロン

カルマの法則を学び、実在の人物の前世を読み解く

本書は、シュタイナーが晩年に行ったカルマ論講義（カルマ的関連の秘教的考察）からの訳出です。前半部はカルマの法則をまとめており、後半部では実在の人物を例にあげてその前世を読み解き、カルマ（業《ごう》）を考察しています。

輪廻転生《りんねてんしょう》によって生じる因果の法則、カルマはどのように形成され展開していくのでしょうか？　地上の生と彼岸《ひがん》の生を繰《く》り返し、「過去の物質的な原因が、物質界の現在の作用になる」という前世と現世の関わり…。眼に見えない不可思議な出来事のようですが、シュタイナーは「現在の地上生の背後には数多くの前世があり、それらの前世においてわたしたちはさまざまな人間関係を有してきました。正確な精神科学的探求によれば数えることが可能なので、無数の前世という言い方はできません。かつての人間関係の作用は、わたしたちがいまの地上での生において遂行するものの作用が来世に及ぶのと同様のあり方をしています」と言いきります。前世は繊細な精神のムーア人だった楽聖シューベルトや、禁欲的なフランシスコ会修道士だった哲学者ニーチェ、アイルランドの秘儀参入者だったというイタリア建国の英雄ガリバルディなどのカルマを読み解く過程も興味深い、カルマ論です。

歴史のなかのカルマ的関連

「カルマ論」集成 4

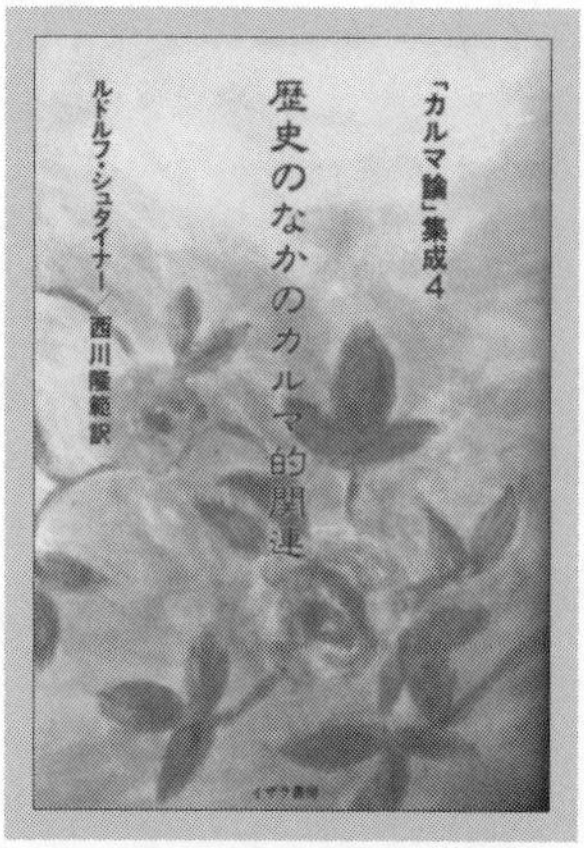

ルドルフ・シュタイナー著
西川隆範訳
イザラ書房　1994年9月15日　定価(本体)2330円＋税

【主な目次】◉人類の歴史的生成に関するカルマ考察／マルクス・エンゲルス・ハウスナー／ランケ・シュローサー・マイヤー／ペスタロッチ・エマーソン・グリム／イプセン・ヴェーデキント・ヘルダーリン・ハマーリング／ルドルフ皇太子◉個々の人生のカルマ的考察／実践的カルマ考察—人間の背後の土星衝動・太陽衝動・月衝動／カルマ洞察の方法／身体形姿に現われる前世のありよう／月に棲む原初の導師たち

カルマの視点から読み解く歴史上の人物

かつて領主であった男が、留守のあいだに別の人物にその財産と地所を奪《うば》われ農奴となってしまいました。奪われた男は奪った男を憎み、この二人は十九世紀に生まれ変わりました。農奴であった男は近代社会主義の樹立者カール・マルクス。もう一人の男は彼の友人フリードリッヒ・エンゲルスなのだとシュタイナーは語ります。二人は「死から再受肉への長い道程のあいだに、彼らのかつての行為の均衡を取るための衝動が刻印づけられ」たというのです。本書ではこのようにペスタロッチ、グリム、イプセンなど様々な歴史上の人物たちを取り上げ、彼らがかつて何者であり、未来に向けてどのような運命を準備しつつあるのかを考察しています。

しかしシュタイナーは、興味本位に自分の〝生まれ変わり〟を知ろうとすることに対して「センセーションを目指さず、『誰の生まれ変わりなのか』のみを知ろうとしないことによって誤謬《ごびゅう》をまぬがれることができます。歴史の歩みのなかで、人類の喜びと苦しみに関することを個々人の輪廻転生から把握しようと試みることによって、誤謬をまぬがれるのです」と警鐘《けいしょう》を鳴らしています。歴史をシュタイナー独自のユニークな視点でとらえた、カルマ論です。

宇宙のカルマ

「カルマ論」集成5

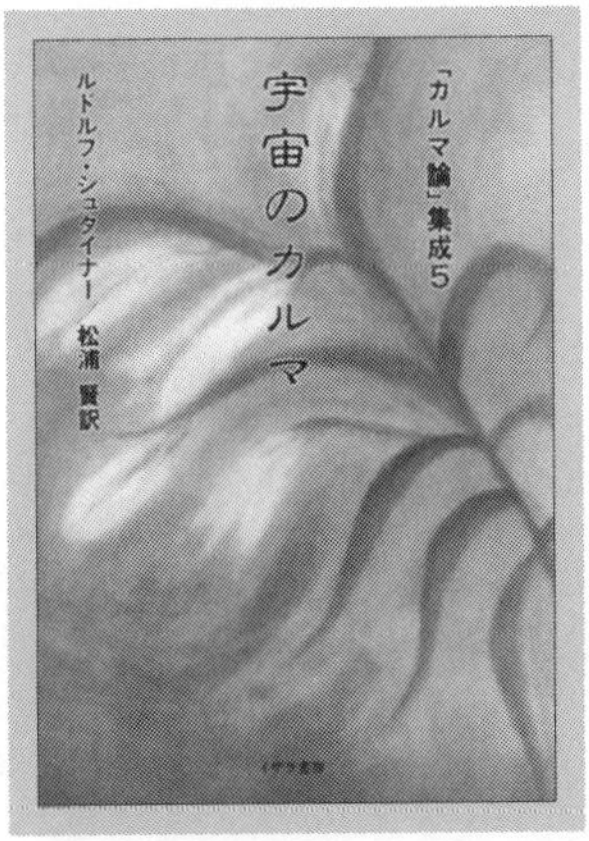

ルドルフ・シュタイナー著
松浦 賢訳
イザラ書房　1996年6月11日　定価(本体)2816円＋税

【主な目次】◉死の直後、地上の人生をさかのぼって体験する際のカルマの形成◉カルマの宇宙的形態とカルマ的関連の個人的観察

壮大な宇宙を舞台に語られる人間のカルマ

死とはなんでしょう? シュタイナーは、「人間は生まれてから死ぬまでの間この空間の中で生き、死んでからまた新たな誕生を迎えるまでの間この〝空間を持たないもの〟の中で生きるのですが、では空間を抜け出して〝空間を持たないもの〟の中に足を踏み入れるようとするとき」人間が必然的に体験することが死なのだといいます。

シュタイナーの自然科学は、日常的な地球感覚から大きくはずれ、壮大な宇宙を舞台とした人間の輪廻転生《りんねてんしょう》の法則・カルマを物語ります。死後の体験は夢のようにはかないものではなく「それらは普通地上の生活で経験されるものよりも、もっと強烈な体験です。そして、これらの体験においてカルマは準備されます。なぜなら、私たちはこのとき、私たち自身の中ではなく、他のあらゆるものの中で集中的に生きてバランスをとらなくてはならないからです」とシュタイナーは語っています。

本書は、シュタイナーが創設した普遍アントロポゾフィー協会会員に向け、晩年に行われた連続講義の忠実な訳出です。時として、難解な事柄や言葉をまじえた講義のなかで〝愛する友人のみなさん〟という呼びかけを行っており、シュタイナーの息づかいが聞こえてくるような講演集です。

シュタイナーのカルマ論

カルマの開示

ルドルフ・シュタイナー著
高橋　巖訳

春秋社　1996年1月20日　定価（本体）2500円＋税

【主な目次】◉個人、個性、人類、地球、宇宙におけるカルマの本質とその意味◉カルマと動物界◉カルマとの関係における健康と病気◉治る病気と治らない病気◉カルマとの関係における内因性の疾病と偶発性の疾病◉カルマから見た事故や災害◉カルマとの関係における天変地異◉高次の存在たちのカルマ◉男の体験と女の体験のカルマ作用、カルマとの関係における死と誕生◉人類進化の未来における自由意志とカルマ◉個人のカルマと共同のカルマ——人間のカルマと高次存在のカルマ

めぐる人生の法則を理解して、実り豊かに生きる

本書は、シュタイナーが人智学を創始する以前、神智学協会のドイツ支部代表として活躍していた一九一〇年当時、カルマをテーマにした連続講義を訳出したものです。

カルマとはなにか？　シュタイナーによると、それは「霊的な因果法則のことであり、霊的ないとなみの中で、ある原因が特定の結果を生じさせる際の法則」なのです。

人間のどのような行為にも深い意味があり、いつしかその結果が自身に戻ってくるというカルマの法則性をさまざまな角度から説明しています。女性・男性としてのカルマ。また健康や病気、事故や災害、天地異変、死と誕生との因果関係とは？　ケプラーがいかにして天文学上の発見を成し遂げたのか、といったエピソードを交え、具体的に人間のカルマを語っています。

そして、カルマは個人だけに存在するのではなく、民族や人類全体、時代や社会、地球や宇宙そのものにもあるのだと、シュタイナーはその壮大なスケールのカルマ論を繰《く》り広げますが、この講義の目的として、シュタイナーは次のように述べています。「カルマを学ぶことは、人生におけるそれぞれの事情がよく見えてくるというだけではなく、社会の中で人びと共に生きる喜びと高揚感とをうけるということでもあるのです」と。

輪廻転生とカルマ

ルドルフ・シュタイナー著
西川隆範訳
水声社　1988年12月15日　定価（本体）2500円＋税

【主な目次】◉霊的経済の原理／人類の進化のなかのキリスト教／大宇宙の火と小宇宙の火／ゴルゴタの秘跡―聖杯の兄弟団／アルファの神とオメガの神／仏陀からキリストへ◉ゴルゴタの秘跡の三つの前段階／三重の太陽と復活したキリスト／キリストの再来◉人智学運動のカルマ

シュタイナーが人智学徒に贈る輪廻転生の高度な講演

きわめて複雑で、錯綜《さくそう》した〝輪廻転生《りんねてんしょう》〟とその因果法則〝カルマ（業《ごう》）〟の問題をめぐる講演を、シュタイナーは数多く行っています。本書では、人類の霊的指導者たちのあいだでどのように生まれ変わりが行われたかを解き明かした「霊的経済の原理」と関連の三講演、そして人智学の霊統《れいとう》を、精神史上の諸人物とのカルマ的関連において、また十九世紀における〝天上の〟人智学運動と今日の運動との関連において語った「人智学運動のカルマ」を収録しています。

　訳者である西川隆範さんは「シュタイナーが語る人智学の霊統を意識して生きる人智学徒は、自分の思考と行為に大きな責任を感じざるをえないであろう。その意味で、この〝人智学運動のカルマ〟は人智学徒が魂《たましい》の奥底に秘めて、自分の思考と行為を律するための宝のような講演なのです」と述べています。

　また、「輪廻転生の経過は通常考えられているほど簡単なものではありません。自分の過去生を霊的な方法で探求する場合、非常に慎重でなくてはなりません。自分がネロやナポレオンやベートーヴェンやゲーテの生まれ変わりだと空想するのは馬鹿げたことです」とシュタイナーは語っており、興味本位に生まれ変わりを探ることに警鐘《けいしょう》を鳴らしています。

精神科学から見た死後の生

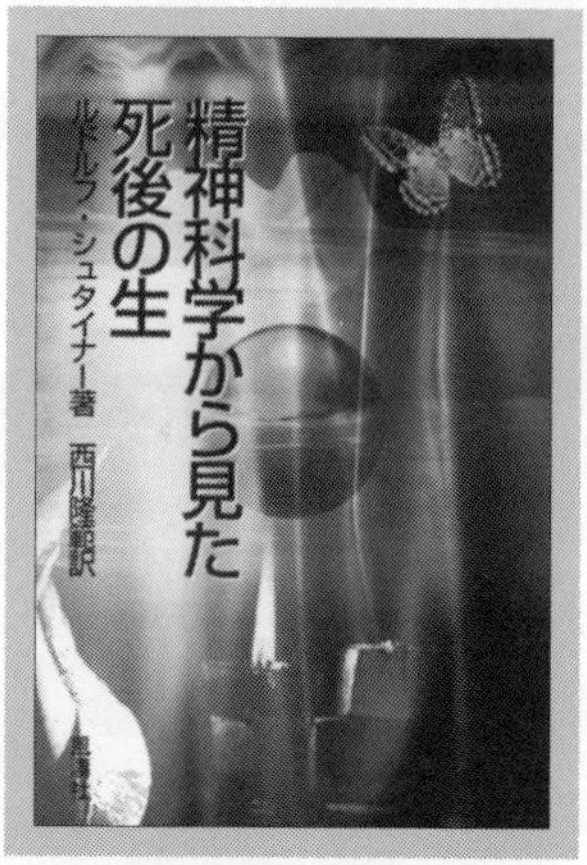

ルドルフ・シュタイナー著
西川隆範訳
風濤社　2000年7月20日　定価（本体）1900円＋税

【主な目次】◉精神科学から見た死後の生／眠りと目覚め／輪廻転生◉死んでから生まれ変わるまで／精神界への帰還／死者との語らい◉死後の宇宙体験／星空に記入される自分の特性◉死者との交流／大法則と個々のケース／心を込めて死者に語りかける◉死者と私たち／死者の世界と私たちの日常生活

死後の歩みと死者の供養法を具体的に述べる

死後、〈からだ〉から離れた人間は、数日間で自分の一生を外面的に振り返り、ついで心魂界（いわゆる霊界）に入って、道徳的な観点から自分の一生を、内省的に遡行《そこう》していきます。その遡行をとおして〈こころ〉が浄化されると、〈たましい〉は精神界（天国）に入って神々とともに活動し、やがて時が満ちると再び地上に下って、新しい地上生活を体験する、とシュタイナーは語ります。外側から自分の一生を絵巻物のように見渡すのは三〜四日間（自分が眠らずに起きつづけていられる時間）、心魂界で自分の一生を反省しながら遡行していくのは、地上での寿命の約三分の一（一生のあいだで睡眠に費やした時間）だ、とシュタイナーは述べています。心魂界で自分の生前の言動を再体験し、償《つぐな》いをしたいと思う結果、人間は再び地上に生まれることになります。前世の埋《う》め合わせの機会として提供されるのが〈運命〉だと述べたあと、シュタイナーは読書・朗読、死者と過ごした日々の想起、入眠時と目覚めの瞬間における死者との対話をとおして、死者との結び付きを作る方法を具体的に語り、また葬儀のあり方に触れています。訳者による『死後の宇宙生へ』（廣済堂出版）とともに、死生観を確立し、なつかしい死者たちの冥福《めいふく》を考えるために最良の本。

人智学の死生観

人智学からみた人間の本質、その死と運命

ワルター・ビューラー著
中村英司訳
水声社　1994年4月10日　定価（本体）2000円＋税

【主な目次】◉人間を生み出した二つの流れ／思考の道標としてのゲーテ的自然観◉人生の意味／地上における人間の課題◉人間の運命と、「再生」からみた運命の意味づけ／運命の不可解◉死の恐れと、その克服／死をめぐる魂の修練

シュタイナー思想の実践者による、人間の死生観

本書は人智学の立場に立ち、シュタイナーの思想を実践してきた内科医、ワルター・ビューラー博士による著作です。博士は医学のほかに天文学、暦学《れきがく》、一般生物学などを学んだ碩学《せきがく》であり、シュタイナーが行った講演「社会全体の問題としての人間の健康」を基本的理念として、様々な活動を行う「拡大医療活動協会」をシュトゥットガルトで設立した中心人物でもあります。

哺乳動物から生じた変種であるだけではない、人間の本質とは？　全人類を包みこむ再生の思想とは？　第一章では地上における生命の発生と発展に関する人智学的思考を展開し、ダーウィンなどと密接に関連はしていますが、生物の進化についての全く新しい考え方を示しています。第二章では　人生の意味について考察。第三章では人間の地上での運命の問題。第四章では確実にやってくる〝死〟について述べており、著者は本書を作家、ノヴァーリスの深い思想を持つ文章で、しめくくっています。

生は死のはじまり　生は死のためなのだ
死は終わりでもあり、始まりでもある
別れでもあるが、さらに深く自らに結ばれること

シュタイナー 霊的宇宙論

霊界のヒエラルキアと物質界におけるその反映

ルドルフ・シュタイナー著
高橋 巖訳
春秋社　1998年12月20日　定価（本体）2500円＋税

【主な目次】◉叡智の公開／超感覚的な認識能力◉四大存在／火の霊的意味◉人間の起源／人間の進化◉流出／人格霊の表象力◉太陽系の進化／天上の争い◉霊的に見た天動説／プトレマイオスおよびコペルニクスの宇宙説◉人格霊、大天使、天使／人間の存在部分の相互関係◉惑星の生成過程／霊学から見た太陽系◉人間とは何者なのか／生成と消滅◉進化の目標／自由と愛

霊界での位置づけを知り、人間の役割を考える

一九〇九年にドイツで行われた連続講義をまとめたもので、本書の原題は「霊界のヒエラルキアと物質界におけるその反映――黄道獣帯《こうどうじゅうたい》、惑星、宇宙」です。シュタイナーは至高の神的存在から人間にいたるまでのヒエラルキア（階層制・位階《いかい》制）と、その物質的な表現として黄道十二宮や太陽系惑星をとりあげ、宇宙的なスケールで語っています。

月・太陽・水星などといった天体を指す言葉は、古代の秘儀の導師や認識の学堂の下で学ぶ人びとがいうとき、それは霊的存在の位階のことであるといいます。また「人間のすぐ上に存在する不可視の霊たちは、キリスト教の秘教で天使、アンゲロイ、つまり神霊界の「使者」と呼ばれ、それよりも一段高次の存在たち、つまり人間よりも二段階高次の存在たちは、大天使、アルヒアンゲロイ、または火の霊と呼ばれます。大天使よりもさらに一段高次のところにまで進化を遂げた存在たちは、原初、アルヒャイまたは人格霊と呼ばれます」とシュタイナーは述べています。

神智学など、オカルティズムの知識を持った聴衆に語られた内容なので、シュタイナーの神秘思想をより深く学びたい人におすすめの講義録です。

民族魂の使命

ゲルマン北欧神話との関連において

ルドルフ・シュタイナー著
西川隆範訳

イザラ書房　1992年8月20日　定価（本体）2500円＋税

【主な目次】◉天使・民族霊・時代霊◉正常な民族霊と逸脱した民族霊／正常な時代霊と逸脱した時代霊◉民族霊の内面生活／人種の形成◉人種の進化と文化の発展◉自然界のなかの霊的存在たち◉五大人種◉民族霊から時代霊への昇格／一神教と多神教／２つのキリスト教◉アトランティス後の５つの文化◉北欧神話の神々◉過去・現在・未来における民族の使命◉神々のたそがれ

シュタイナー民族論の、重要基本文献

一九二〇年前後のヨーロッパ、とりわけ敗戦国ドイツは未曾有《みぞう》の危機に見舞われていました。本書はそうした危機に臨《のぞ》んでシュタイナーが発表した、洞察力に溢《あふ》れた民族論です。大天使率いる諸民族の謎と真相、そしてその運命とは？

「シュタイナーの民族論の第一の特徴は、民族心、民族精神の背後に民族霊、民族魂という、民族を導く霊的存在がいるとする見方である」と訳者である西川隆範さんは、あとがきで解説しており、また「一九〇四年の著作『神智学』にも、この存在は民族全体の感受性、感情、傾向、衝動のなかに明らかに生きている」と書かれています。

　それぞれの民族を導く民族霊、民族魂とはどのようなものなのでしょうか？　例えば「スカンディナヴィアの民族魂の内的本質を理解するために、北欧神話は大きな意味を持っているのです」とシュタイナーは語っており、その神話が北欧に送られてきた大天使の性向を表現しているのだといいます。また、「北欧神話に語られている宇宙進化のイメージは、精神科学の宇宙進化論の前提となりうるものです」とも。

　シュタイナーから見た、北欧神話の神々の真の姿。そして民族の使命…。読み物としても面白いゲルマン民族論です。

天使たち 妖精たち

精神世界の霊的存在

ルドルフ・シュタイナー著
西川隆範訳

風濤社　2000年11月30日　定価（本体）1900円＋税

【主な目次】◉妖精たちと自然界◉妖精たちと動物界◉妖精たちの合唱◉土の精と水の精◉空気の精・火の精・地球の神霊存在たち◉下級３隊と中級３隊の天使たち◉上級３隊の天使たちと三位一体の神◉人間が精霊を救済する◉天使の仕事

多彩な自然界の妖精と天界の天使を紹介

目に見えない存在には、神・天使・悪魔・妖精・死者の霊魂・動物群の霊魂・植物群の霊魂・鉱物群の霊魂があり、天使は九階級に、妖精は土の精・水の精・空気の精・火の精の四種類に分類されます。

人生に対する肯定的な態度が、妖精たちには心地よく、喜びが彼らの重要な活動だといいます。人間が日々に感謝し、楽しかったことを繰り返し思い出すことが有益だ、とシュタイナーは言います。人間が妖精から得るばかりで、何も贈り与えないと、妖精たちは人間に悪意を抱くというのです。シュタイナーによると、土の精は人によい思いつきを送り、難問を解く手助けをします。人と友達になりたがっており、人の愛を求めています。ただ賢《かしこ》すぎるために、いたずらを好みます。水の精は、人間を自己認識へと刺激します。その愛は所有欲的であり、欲しいものを水中に引きずり込みます。空気の精は所有しないし、所有されたくもない。無私の愛を持っており、人を無私の愛へと促します。火の精は、人間に神の意志を認識させ、幻想を焼き尽くすそうです。

訳者による『見えないものを感じる力―天使・妖精・運命』（河出書房新社）とともに手元に置いておきたい講演集。

天使と人間

シュタイナー天使学シリーズ①

ルドルフ・シュタイナー著
松浦 賢訳

イザラ書房　1995年7月15日　定価（本体）2330円＋税

【主な目次】◉天使とは何か◉天使は私たちのアストラル体で何を行うか◉人間と天使、および高次のヒエラルキー存在の関係◉眠りと目覚めにおける運命の形成／言語の霊性と良心の声◉人間の魂と宇宙存在の３つの出会い

シュタイナーの天使学を学び、人類の未来を考える

シュタイナーの著作や講演録を読むと様々な場面で天使についての言及があります。ところが、解説とあとがきによると、シュタイナーは天使についてのみの事柄を、独立した天使学として著作や講演でとりあげることはなかったのだそうです。

また、それにもかかわらず、シュタイナーの語った天使論はキリスト教圏では有名なのだといいます。人々の関心を引きつけたシュタイナーの天使学。語られたときも場所も様々に異なり、複雑に符合《ふごう》し合う五つの講演を、本書では一冊の本にまとめています。

シュタイナーが語る天使像にはあいまいなところがなく、常に明快にその存在を説明します。「天使には物質的な肉体はありません。したがって天使には目や耳のような肉体の器官もありません。これが天使の特徴です。…中略…天使は現在、事実上人類の指導者であり、導き手であるわけです。天使は人類のために準備をします…」というように…。

天使は、人間にどのような準備をし、天使によって人類の中で何が形成されるのでしょうか？

天使という存在を学ぶと共に、人類の未来を考えさせる講演録となっています。

魂の同伴者たち　スピリチュアル・コンパニオンズ

シュタイナー天使学シリーズ②

アダム・ビトルストン著
大竹 敬訳

イザラ書房　1995年10月10日　定価（本体）2330円＋税

【目次】◉第三のヒエラルキア／天使／大天使／アルヒャイ◉第二のヒエラルキア／エクスシアイ―形態の霊たち／デュナミス―動きの霊たち／キュリオテテス―叡智の霊たち◉第一のヒエラルキア／トローネ、ケルビム、セラフィム／神の三位一体

シェイクスピアの引用を交えたユニークな天使論

シュタイナーの本拠地ドイツについでアントロポゾフィー運動が盛んで、シュタイナー学校も数多いというイギリス。著者であるアダム・ビトルストンはシュタイナーの助言を得て創設された「キリスト者共同体」の司祭を長年にわたり務め、二〇世紀のイギリスにおけるアントロポゾフィー＝人智学運動を代表する人物です。

本書はシュタイナーの天使に関する言及や思想を根幹に、シェイクスピアの著作を数多く引用しながら解説した、ユニークな天使論です。霊的なヒエラルキア（位階《いかい》）の中で、人間に近い存在である天使や大天使、アルヒャイと呼ばれる存在から始まり、形態や動き、叡智《えいち》の霊たち。そしてもっとも高いヒエラルキアへと展開します。著者は序文でこのように述べています。「注意深くしていると、私たちは、一生のある時期に日常的な感覚の範囲を超えた体験をした人々に出会うことがよくあるものです」また感情的になったり、慌《あわ》てて判断を下したりしないで、日常的でない体験に耳を傾けることができるようになることが、大いに必要とされているのだとも。著者独特の語り口を通して、眼に見えない存在を感じる一冊といえます。またシュタイナー思想の本質を突いている解説文も読み応えがあります。

悪の秘儀　アーリマンとルシファー

シュタイナー天使学シリーズ③

ルドルフ・シュタイナー著
松浦 賢訳
イザラ書房　1995年11月13日　定価（本体）2330円＋税

【主な目次】◉人間との関係におけるキリスト、アーリマン、ルシファーの本質◉キリストの行為と、キリストに敵対する霊的な力としてのルシファー、アーリマン、アスラについて◉ルシファーとアーリマンの受肉について◉アーリマンの学院と人類の未来に関する３つの予言

よりよい未来を開くために、悪を知る

現代文明の深層にひそかに入り込み、人類を脅《おびや》かす悪の力。現代人の認識方法にこそあらゆる悪の根源が潜《ひそ》んでいるとシュタイナーは喝破《かっぱ》しています。人類の未来をよりよく開くためには、悪の力について知りつくすことが必要なのかもしれません。

本書は、シュタイナーが行った悪の霊的存在・アーリマンとルシファーに関する四つの講演を収めています。

シュタイナーの精神科学によれば、悪とは「人類が進化の道を歩むのを妨害し、人類を霊的に後退させようとする力である」のだといいます。アーリマンは硬く、唯物論に偏《かたよ》り、干乾《ひから》びた悟性《ごせい》を特徴としています。一方、ルシファーは柔らかく感情的で、幻想性、神秘主義に満ちた存在です。

シュタイナーは「本来キリストという人物は、〝アーリマン的なものとルシファー的なものの間に均衡、つまりバランスを保つことを可能にするような教義をすべての人間に伝える〟という意図を持っていました」と述べています。

シュタイナーはまた、人類が「絶対的な道徳意識」の育成を怠《おこた》り、これらの知恵を好き勝手に用いるなら、破壊的な力が地上に解き放たれることになろう、と警告していたのだということです。

天使がわたしに触れるとき　さまざまな運命の物語
シュタイナー天使学シリーズ④

ダン・リントホルム 著
松浦 賢 訳
イザラ書房　1995年12月18日　定価(本体)2330円＋税

【主な目次】●わたしたちは、天使の存在を信じているのでしょうか。●ある子どもが見た夢●イプセンが見た天使の夢●賛美歌の本の木版画●彼は自分の名前を呼ぶ声を聞いた。●命を救った復活祭のたまご●つらい転落●彼は部屋を手に入れた。●天使の命ずるままに●「主が天使をお遣わしになった」●特別の警告●森で道に迷って●ほとんど信じられない。●埠頭の端を越えて●クリスマス・イヴの海難事故●天使はどこにいたのか？●「単なる偶然でしょうか？」●「あなたのエンマ」●「神様から貸し与えられたもの」●ムター・イネーツ●天使の姿について●天使との対話

シュタイナー学校教師による、面白い天使体験物語

「あなたは自分の守護天使に逢ったことがありますか？」本書はノルウェーのシュタイナー学校教師であり、人智学徒であった、ダン・リントホルムによって聞き書きされた天使体験談の数々です。生命の危機を天使に助けられた話、天使に導かれて人生の転機を迎えた話、天使の力で不思議な出会いを体験した人々の話などを、シュタイナーの天使学を認識の土台としながら、あくまでも個々の体験的事実を一切の虚飾や説明を排したかたちで述べた実話ばかりが収められています。

　これらの様々な体験談に直接天使そのものが姿を現すことは少ないのですが、「純粋に感覚的なものとのみ結びついた目には、霊的存在はいつまでも不可視のままに留まります。この場合、むしろわたしたちは、出来事を演出している独自の存在に目を向けなくてはなりません」と著者があとがきで述べているとおり、偶然というにはあまりに不思議な出来事や運命が、天使という存在を感じさせます。また実話ではありますが、大人のためのメルヘンのような面白さに満ちており、シュタイナーの思想に関する予備知識などがなくても楽しめる物語となっています。読後には、天使の存在を実感できそうな心温まるエピソードがいっぱいです。

いかにして超感覚的世界の認識を獲得するか

ルドルフ・シュタイナー著
高橋　巖訳
筑摩書房　2001年10月10日　定価（本体）1200＋税

【主な目次】◉条件◉内的平静◉霊界参入の三段階◉実践的観点◉神秘修行の諸条件◉霊界参入が与える諸影響◉神秘修行者の夢に現れる変化◉意識の持続性の獲得◉神秘修行における人格の分裂◉境域の守護霊◉生と死――境域の大守護霊

※本書は松浦賢氏の訳により「いかにして高次の世界を認識するか」（柏書房）のタイトルでも刊行されています。

高次の認識を獲得するための実践書

シュタイナーの代表的な著作であり、晩年に著した彼の自叙伝では、本書が「人智学運動の基礎」とされています。「人間の魂《たましい》の進化に関する本書の記述はさまざまな要求に応えようとしている。…中略…霊学は人生の高次の謎《なぞ》の本質に深く係わろうとする。この霊学からの発言の根底にある諸事実を吟味しようとする人は自力で超感覚的な認識を獲得しなければならない。本書はそのための道を記述しようとしている…中略…ここに記された道を歩むつもりのない読者も、自分の内面生活にとって有益な事柄、たとえば生活に役立つ諸規則や、謎としか思えぬ事柄に出会ったとき、それをどう理解したらいいか、等々の示唆《しさ》を本書の中に見出すであろう」とシュタイナーは述べています。

そして「どんな人間の中にも、感覚世界を超えて、より高次の諸世界にまで認識を広げることのできる能力が微睡（まどろ）んでいる」とも。

秘教・神秘修行・霊界参入（イニシエーション）などという言葉に驚かず、冷静に読み進むとシュタイナーの説く人智学の真髄《しんずい》に触れることができるかもしれません。

より深く、人智学を学ぶ人におすすめする一冊です。

いかにして高次の世界を認識するか

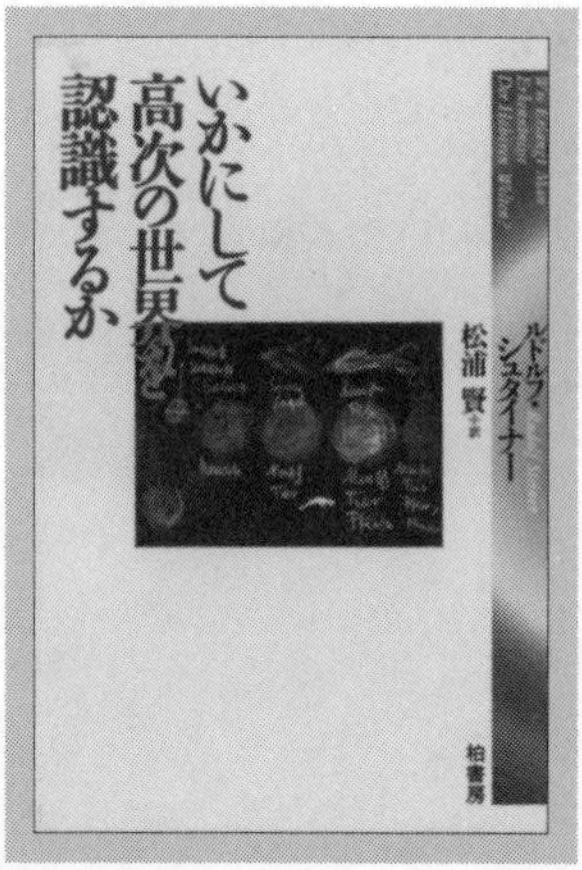

ルドルフ・シュタイナー著
松浦　賢訳
柏書房　2001年1月15日　定価（本体）2400円＋税

【主な目次】◉いかにして高次の世界を認識するか／条件／内面の平静◉秘儀参入の諸段階／準備／啓示／思考と感情の制御◉秘儀参入◉実践的な観点◉神秘学の訓練のための条件◉秘儀参入のいくつかの作用について◉神秘学の学徒の夢の生活に現れる変化◉意識の持続性の獲得◉神秘学の訓練に伴う人格の分裂◉境域の守護者◉生と死―境域の大守護者

※本書は高橋巖氏の訳により「いかにして超感覚的世界の認識を獲得するか」（筑摩書房）のタイトルでも刊行されています。

神秘学の訓練の方法を示したガイドブック

　本書は、『テオゾフィー（神智学）』と並ぶシュタイナーの最も代表的な著作で、太古より秘儀の場で伝えられてきた霊的な訓練の方法を、現代人のために解説した本です。

　シュタイナーの霊学には「読書による思考力の育成」と「瞑《めい》想《そう》などの神秘的な訓練」という二本の柱があります。前者の代表作が『テオゾフィー』だとすると、本書は後者の代表作。シュタイナーがここで述べようとしたのは「超感覚的世界と向き合うときに、私たちはどのような魂《たましい》の状態にいなくてはならないか」ということです。

　本書のもとになる文章は一九〇四年から一九〇五年にかけて、『テオゾフィー』が執筆・刊行されるのと同時進行で、雑誌『ルシファー＝グノーシス』に発表されました。訳文は初めてシュタイナーの著作に触れる読者を念頭に、わかりやすさと親しみやすさ、さらに原文のもつ語りかける文体の再現を心がけました。現在最も信頼できると定評のホフマン校訂による一九九三年版テキストの全訳です。

　本書に書かれていることを正しく実行するかぎり、私たちは確実に霊的な訓練の道を歩むことができるのではないでしょうか。大切なのは日々淡々と続けることです。

霊界の境域

ルドルフ・シュタイナー著
西川隆範訳
水声社　1985年11月10日　定価（本体）2500円＋税

【主な目次】◉霊界の境域／思考への信頼と思考する魂の本質／瞑想／霊界の認識／境域の守護霊と超感覚的意識の特徴／感覚界と超感覚界との境界◉霊的認識の階梯◉宇宙論・宗教・哲学／人智学の３つの課題／魂の意志領域の体験他

人智学的霊学の集大成、瞑想行をめぐる三論文

二〇世紀最大の神秘学者であるシュタイナーによって、霊的認識の諸段階、そして瞑想《めいそう》行をめぐる諸問題について包括的に論じられた三つの論文、「霊界の境域」「霊的認識の階梯《かいてい》」「宇宙論・宗教・哲学」が、気鋭の人智学者によって訳出されています。

『霊界の境域』はシュタイナーが神智学協会から離れてアントロポゾフィー＝人智学協会を設立した一九一二年に出版されました。小著ながら人智学の全容を他には見られぬほどの的確さで論述し、瞑想について本質的な記述をしているため、多くの人智学者の導きの書となっています。シュタイナー自身、本書は霊的修行の道を歩もうとする者に、瞑想の素材への手掛りを提供するものであり、魂的生活の探求者は本書の中に瞑想の根拠を見出すことができるはずであると述べています。「霊的認識の階梯《かいてい》」では人智学の立場から、感覚界を超えて拡大、上昇、深化してゆく意識の歩みをイマジネーション、インスピレーション、インテュイションの諸段階として論述。「宇宙・宗教・哲学」では宗教の問題を重視して取り上げています。

人智学の核心に迫るこれらの重要著作は、霊的認識と修行の道を歩もうとする者の導きの書ともなるでしょう。

瞑想と祈りの言葉

ルドルフ・シュタイナー著
西川隆範編・訳
イザラ書房　1993年12月25日　定価(本体)2427円＋税

【主な目次】◉礎石の瞑想◉朝と夜のマントラ◉一週のマントラ◉四季のイメージ◉瞑想の言葉◉食事の祈り◉子どもの祈りの言葉◉病気のときの祈り◉死者のための祈り◉家屋の言葉◉密儀の言葉◉思索の言葉―世界認識と自己認識

シュタイナーが贈る、詩のような祈りと瞑想の言葉

夜の神聖を宇宙とともに感じ、朝の太陽を地球と共に喜ぶ。宇宙との魂《たましい》の共振のなかで日々を暮らし、やがて精神を神的世界に飛翔《ひしょう》させようと試みる。本書はそうした人々にシュタイナーが贈る、アンソロジー（詩華集）のような聖句集です。たとえば、シュタイナーによる食事の祈り…。

大地の夜のなかで植物が芽生える。
空気の力をとおして葉が出る。
太陽の力をとおして果実が熟す。
そのように魂《たましい》は心の中で芽生え、
そのように精神の力は宇宙の光のなかで芽吹き、
そのように人間の力は神の姿のなかで実る。

このように、朝や夜、クリスマス、妊娠・出産のときなど様々なシチュエーションで唱《とな》える言葉が紹介されており、「祈りの言葉、瞑想《めいそう》の言葉という道を通って、人間の意識は宇宙の神性のなかに入っていくことができる」と編・訳を行った西川隆範さんは述べています。

霊視と霊聴

ルドルフ・シュタイナー著
西川隆範訳

水声社　1993年12月5日　定価（本体）2000円＋税

【主な目次】◉内的進化／認識の道◉瞑想の本質／霊的現実と一体になる／死の扉の前に立つ／べつの時空に移る

シュタイナーが説いた、修行の基本条件と瞑想修行

瞑想《めいそう》修行、そしてそれによって到達される霊視、霊聴とは？とりわけ薔薇《ばら》十字的な瞑想修行による霊視と霊聴に至るための具体的なプロセスと理論を、基礎から深遠で難解な核心部に至るまで、余すところなく公開するきわめて秘教的な連続講演集です。

「神秘学の知識をいくら蓄《たくわ》えても、それだけでは単なる知識であり、そこに修行がともなうことによって、知識は実感される確信となり、神秘は人生の力になっていく。しかし、ただやみくもに修行をすればよいというものではない。修行の仕方を誤れば、神経を害する」と訳者である西川隆範さんは述べています。ではどんな修行をすればよいのでしょう？

「朝、集中する時間を作る。この時間を守らねばならない。静《せい》穏《おん》な状態を作り出し、自分のなかに偉大な神秘的導師を目覚めさせる。外界とはなんの関係もない偉大な思考内容について瞑想しなければならない」シュタイナーが説いた修行は、このような段階から始まります。

物質というものはない、物質とはすべて凝縮《ぎょうしゅく》した霊なのだとするシュタイナーが、瞑想修行の道を真摯《しんし》に歩もうとする人々に与える導きと励《はげ》ましの書です。

シュタイナー　ヨハネ福音書講義

ルドルフ・シュタイナー著
高橋 巖訳
春秋社　1997年12月20日　定価（本体）2500円＋税

【主な目次】◉ロゴスの教え◉秘教的キリスト教、神なる先人◉地球の使命◉ラザロの復活◉キリスト以前の秘儀と自立への過程◉「私である」◉ゴルゴタの秘儀◉キリスト原則から見た人間の進化◉旧約の預言とキリスト教の発展◉キリスト衝動の働き◉キリスト教の秘儀◉処女ソフィアと聖霊の本質

シュタイナーが語る、秘教的キリスト教

本書は、もともと神智学協会会員に向けてシュタイナーが行った講義を発展させた形で、一九〇八年にドイツで行われた講義をまとめたものです。訳者である高橋巖さんによると、マタイ福音書《ふくいんしょ》、マルコ福音書、ルカ福音書などとはまったく異なったヴィジョンを基にして神の福音を説くヨハネ福音書は、すでに三世紀の頃から神秘主義的な立場のキリスト教徒たちの特別重要な聖典とされていたということです。

シュタイナーの論じるヨハネ福音書も、キリスト教の秘教的な側面を物語っています。「初めに言葉があった」という有名な冒頭のことばの真意、キリストの母をマリアと呼ばないわけ、そして「ラザロの復活」の秘密とは？　霊視者ヨハネが遺《のこ》したさまざまな謎《なぞ》を、シュタイナーは霊的な観点から読み解き、解説しています。「この連続講義には、ルドルフ・シュタイナーのキリスト教に対する姿勢が最も明瞭《めいりょう》に現れている。ヨハネ福音書を語るシュタイナーの口調には、この世を生きるということが、途方もなく遠い過去から用意された、宇宙的な営為《えいい》のひとつの帰結であることを、キリスト教の「愛」の思想として、伝えたい、という願いが込められている」と高橋さんは訳者あとがきの中で述べています。

ルカ福音書講義

仏陀とキリスト教

ルドルフ・シュタイナー著
西川　隆範訳
イザラ書房　1991年9月30日　定価(本体)2500円＋税

【主な目次】◉第１講◉第２講◉第３講◉第４講◉第５講◉第６講◉第７講◉第８講◉第９講◉第10講

シュタイナーが語る、聖書の謎と仏陀論

マタイ福音書《ふくいんしょ》とルカ福音書とでは、イエスの系図もイエスの幼年期の物語もまったく異なっています。聖書は二つの異なる真実を記しているのでしょうか。真実は一つだとすれば聖書は真実でないことを語っているのでしょうか？　シュタイナーの口から語られる驚くべき言葉で、聖書のこの謎《なぞ》が解明されます。

ダヴィデの家系に二人いたヨセフという男。その妻の名も、ともにマリア。西暦紀元のはじめ、パレスティナにはヨセフとマリアという名の二組の夫婦がいて、イエスは二人いたという……。そして、イエスとゾロアスター、仏陀《ぶっだ》との関係は…。シュタイナーの仏陀論の最重要文献である本書では、奇想天外とも感じられるくらい大胆なキリスト論が、繰《く》り広げられています。

訳者である西川隆範さんのあとがきによると、一九〇九年に行われたこの『ルカ福音書講義―仏陀とキリスト教』の講義で、シュタイナーは初めて詳細に「二人のイエス」について語り、聴衆のあいだに途方もない興奮が呼び起こされたといわれています。また、「人智学の中には、その不可欠の一部として仏陀の流れが存在している。そして同時に、精神科学としての人智学は、仏教を現代的に解明し、仏教改新のための認識を提供しうるものである」と述べています。

第五福音書

ルドルフ・シュタイナー著
西川隆範訳
イザラ書房　1986年4月20日　定価（本体）2000円＋税

【主な目次】◉仏陀と二人のイエス◉第五福音書１◉第五福音書２◉第五福音書３◉第五福音書４◉第五福音書５

シュタイナーが語る、人智学の福音書

ついに書かれることのなかった、五つ目の福音書《ふくいんしょ》とは？　紀元前後に何が起こったのでしょうか？　宇宙的キリストとは？　本書はシュタイナーが語る〝第五福音書〟を収録しています。「第五福音書は書物としてはまだ存在していません。将来、第五福音書は一冊の書物として存在することになります。けれども、ある意味で、第五福音書はマタイ、マルコ、ルカ、ヨハネの四つの福音書と同じく古いものだと言うことができます」とシュタイナーは冒頭で述べ、ゴルゴダの秘蹟《ひせき》やペテロが感じたことなどを鮮明に語っています。

また、「キリスト教の秘密に関連する表象像をアカシャ年代記から取り出すのには種々の困難と苦労を感じます。アカシャ年代記から取り出した像を必要な濃度にまで凝縮《ぎょうしゅく》し、確固としたものに固定するのに苦労を感じるのです」とこの福音書の根拠が、シュタイナーが霊視する壮大な宇宙の記録・アカシャ年代記であることを物語ります。

あらゆる密儀で唱《とな》えられ、もう人々に忘れられてしまった原初の神聖な祈りの言葉の謎《なぞ》。肉体を抜け出し、しばしば弟子たちの口を通して語られたというキリストの言葉。

シュタイナーを、より深く学ぶ一冊です。

創世記の秘密

ルドルフ・シュタイナー著
西川隆範訳
水声社　1991年8月10日　定価（本体）2000円＋税

【主な目次】◉原言語の秘儀◉ハアレツとハシャマイム◉創造の７日間◉エロヒムの形態と創造行為／時の霊エオーネン◉光と闇／ヨムとライラ◉元素存在の背後に活動する霊的存在たち／ヤハウェ・エロヒム◉創造の第１日と第２日◉創造の第６日までの人間の進化◉人間のなかの月的なもの◉聖書と霊視的探究

シュタイナーが考察する、創世記の霊的な意味

世界の諸民族の創世神話の中でも最も有名な旧約聖書の創世記。シュタイナーにとっての創世記は決して荒唐《こうとう》無稽《むけい》な神話ではなく、古代ヘブライの霊視者によって書かれた神秘学的な叡《えい》智《ち》に満ちた啓示《けいじ》の書であり、とりわけその冒頭に語られている〝創造の六日間〟の物語は、地球紀の第四周期第四球期におけるポラール時代、ヒュペルボレアス時代、レムリア時代の出来事を描いたものだ、としています。創世記の言語の忘れられた霊的な意味を、そして宇宙進化の頂点ともいうべき人間の責任を深く考察する、シュタイナー唯一の旧約聖書を巡る連続講演集です。

　現代の言葉とはまったく違ったふうに魂《たましい》に作用するというヘブライ語の一つひとつを丁寧《ていねい》に解説しながら、天地創造から人間創出までの六日間を、シュタイナーは旧約聖書の本来持つ生き生きとしたイメージをもって説明しています。

「すべては新しい光の下に現れてきます。古代の生命を含んだ言葉を現代語に翻訳することが不可能なために、理解できないままになっていたかもしれない創世記が、神秘学をとおして、私たちに理解できる言葉で語りかける聖典として人類に与えられたのです」とシュタイナーは述べています。

黙示録の秘密

ルドルフ・シュタイナー著
西川隆範訳
水声社　1991年4月10日　定価（本体）2500円＋税

【主な目次】◉ヨハネ黙示録とキリスト教の秘儀参入◉秘儀参入の本質／第１の封印と第２の封印◉７つの教会への手紙◉７つの封印◉宇宙と人類の進化／24人の長老とガラスの海◉レムリアとアトランティス／ゴルゴタの秘跡◉善なる人種と悪しき人種◉７つの封印の時代と７つのラッパの時代◉太陽をまとった女／７つの頭と10本の角を持った獣◉７つの意識、生命、形態の進化／怒りの鉢◉666／バビロンの没落／新エルサレム／ミカエルと龍◉第１の死と第２の死／新しい天と新しい地

シュタイナーが読み解くヨハネ黙示録の謎

神学者や哲学者などから様々な解釈がなされているヨハネの黙示録《もくじろく》。「それらに対して、シュタイナーは、黙示録はヨハネが霊において受け取ったもの、人間が内的な魂《たましい》の創造能力の発展をとおして到達した高次の意識状態に由来しているもの、と見ている。黙示録はある人物の心のなかの暗い情念の産物なのか、信者に迫害を耐え忍ばせるために書かれたものなのか、あるいは、秘儀参入をとおして見られた霊的世界のヴィジョンを記し、読者の意識を秘儀の認識へと上昇させるものなのか。その問いに対する答えは黙示録を瞑想《めいそう》の対象にしてみれば、おのずと明らかになるであろう」と訳者、西川隆範さんは解説しています。

「六六六」というミステリアスな数字、そして七つの封印、七つのラッパとは何を表すのでしょうか？　黙示録を秘儀参入者の書として、様々な謎《なぞ》をシュタイナーが読み解きます。

本書は、一九〇八年にニュルンベルクで行われたシュタイナーの講演を訳出したものです。初版は、一九一一年にベルリンの哲学神智学出版社から、神智学協会員にのみ入手可能なものでした。シュタイナーの宗教観を、より掘り下げて学ぶ人におすすめする講演録です。

神殿伝説と黄金伝説

シュタイナー秘教講義より

ルドルフ・シュタイナー著
高橋 巖 笠井久子 竹腰郁子共訳
国書刊行会　1997年9月22日　定価（本体）4500円＋税

【主な目次】◉五旬祭◉カインとアベルの対立◉ドルイド僧とドロット僧の秘儀◉プロメテウス伝説◉薔薇十字会の秘儀◉マニ教◉霊学の観点から見たフリーメーソンの本質と課題◉秘密結社の基礎をなす外展と内展◉かつて失われ、今再建されるべき神殿◉オカルティズムの光に照らしたロゴスと原子◉神智学運動とオカルティズムの関係◉フリーメーソンと人類の進化◉オカルト的認識と日常生活の関連◉新しい形式の帝王術◉1906年１月２日のベルリンでの講義のためのシュタイナーのメモ◉ゲーテと薔薇十字会との関係について

永らく門外不出とされた非公開講義録を完訳

ベルリンのエソテリック・スクールで行われた、宗教史における伝説から象徴的意味を読みとり、現代西洋の思想体系に還元する意欲的な試みであったシュタイナーの非公開講義録は、永らく門外不出とされていました。しかし一九七九年、シュタイナー遺稿刊行会の方針に従って、その厖大《ぼうだい》な記録がようやく一般に公開されました。本書はその講義録の完訳です。

神話、伝承、伝説、特に神殿伝説と、シュタイナーが通常黄金伝説と呼んだ十字架の木の伝説のエソテリック（秘教的）な解釈が印象的な一書です。

カインとアベルの対立と、ソロモン王によるフリーメーソン創設者ヒラム殺害との関係、或いはゲーテとオカルティズムの意外な接点など、シュタイナー研究者はもとより、講義形式のため、シュタイナーへの認識を深めたいと願う読者にとっても理解しやすく、興味深い内容となっています。

古代の秘教、秘密結社における象徴図像の解釈により、「オカルティズムとは何か」という問いの核心に迫った神秘学の名著であり、四〇歳を過ぎて大きな方向転換を遂げたシュタイナーがオカルティストとしての姿勢をはっきりと打ち出した重要な著作でもあります。

仏陀からキリストへ

ルドルフ・シュタイナー著
西川隆範編・訳
水声社　1985年７月20日　定価（本体）2000円＋税

【主な目次】◉仏教とルカ福音書◉仏陀と洗礼者ヨハネ◉仏陀と西洋哲学◉仏陀とキリストⅠ◉仏陀とキリストⅡ◉十二菩薩◉弥勒菩薩◉仏陀と死者の世界◉弥勒菩薩とエッセネ派教団◉仏陀と薔薇十字会◉仏陀と意識魂◉仏陀と水星◉禅定仏、菩薩、仏陀◉十二因縁◉五蘊◉三身◉八正道◉オーム（アウム）

シュタイナーを通し、仏教とキリスト教の合流を学ぶ

「なぜキリストは活動することができたのか。仏陀《ぶった》が真理を語ったからだ」と述べる神秘学者、シュタイナーは、折にふれて仏教について語ったのだといいます。本書は、古代パレスティナにおける偉大な諸霊統の劇的な出会いと、ゴルゴダの秘蹟《ひせき》にむかう過程を生々しく語った衝撃的な連続講演をはじめとして、弥勒菩薩《みろくぼさつ》、十二菩薩、八正道、十二因縁などの問題を、ゾロアスター教、そしてとりわけキリスト教との内的関連において説き明かした諸講演・断章を選んだものです。シュタイナーの、きわめて秘教的な仏教観の全貌《ぜんぼう》が浮かびあがります。

「これからの仏教のあり方に示唆《しさ》を与へると思はれるものを訳者が選び、仏教の精神を説き明かすものから徐々に具体的な秘教的考察へと配列し、最後に仏教教理を扱つたものを置いた。そして、仏教とキリスト教は並置されるものではなく、一つの大きな霊的な流れの中で把握されるべきものなので、『仏陀からキリストへ』という題をつけることにした」（原文のまま）のだと、編・訳者である西川隆範さんは述べています。（また、より深く人智学から見た仏教を学びたい人には『シュタイナー仏教論集』（アルテ'02年8月刊）もおすすめです）仏教とキリスト教の合流点としての、人智学を感じさせる講演集です。

釈迦・観音・弥勒とは誰か

ルドルフ・シュタイナー
ヘルマン・ベック
ヴァルター・ヨハネス・シュタイン
リヒャルト・カルーツ著
西川隆範編・訳
水声社　1991年9月20日　定価（本体）2000円＋税

【主な目次】◉福音書◉仏陀の涅槃《ねはん》◉インド◉東洋のマリア◉弥勒問題◉新しい形の仏教の流れ

シュタイナーがとらえた仏陀の姿

紀元前五～六世紀頃にインドに興《おこ》った仏教は、やがて〈人類の救済〉を担おうとする大乗仏教となって北方へ、中国、朝鮮、日本へと拡まっていったが、この大乗仏教の成立には、キリストの出現、その死と復活が霊的な意味で大きくかかわっているのではないか、と本書では著されています。地球進化の転換点、火星衝動から水星衝動への転換点ともいうべき〈ゴルゴダの秘《ひ》跡《せき》〉を念頭におきながら、シュタイナー自身のほか、シュタイナー派の仏教学者らが仏教の三人の偉大な霊的存在、釈迦《しゃか》・観《かん》音《のん》・弥勒《みろく》の宇宙的動きと大乗仏教成立の意味を問います。

「わたしたちがキリスト衝動に流れ込む『新しい仏陀《ぶっだ》の流れ』に思いを馳《は》せ、その衝動に貫かれた仏教を具現することによって、仏教は未来へと生きていくことができる」と編・訳者である西川隆範さんは述べています。

人智学のなかにある仏教の流れや、人智学による仏教の解明、また新しい仏教の流れがキリスト教のなかに合流しつつあることなど、H・ベック『インドの叡智とキリスト教』『秘儀の世界から』（ともに平河出版社）、編訳者による『生き方としての仏教入門』（河出書房新社）『薔薇《ばら》十字仏教』（国書刊行会）と並ぶ、人智学から見た独特の仏教観を知る一冊。

思想　宗教観

神秘学から見た宗教

祈りと瞑想

高橋　巖著（日本人智学協会代表）
風濤社　2001年4月30日　定価（本体）1500円＋税

【主な目次】◉祈りと瞑想／祈り・神聖な表現行為／瞑想・内部に集中する力◉宇宙のマトリックス／空間と時間／アカシャ年代記を読む◉縁起の風景／縁起説と因果論◉瞑想の神とロゴスの神／本当のポアとは／キリストとキリスト教◉死と悪をめぐって／シュタイナーの死生観／宗教問題としての言葉

シュタイナーの宗教的思想の背景を理解するために

シュタイナーの神秘学的な著作などを読んでみたいのだけれど、頁を繰《く》れども話がどうも見えてこない、という場合に知識のベースとして読んでみることをおすすめする一作です。

本書は、神秘学の立場から〝宗教〟を考えます。仏教とキリスト教を主軸に、また両者の思想を融合してその思想を社会に公開した神智学の流れなどを、平易な文章で鮮《あざ》やかに描き出します。

宗教と神秘学の違いや、存在や空間といった哲学的な概念ですら、著者の語りかけるような言葉や現実的な比喩《ひゆ》でとても分かりやすく書かれています。シュタイナーの考える、死生観や悪、西洋人・東洋人の特質などについての詳細な考察も、現在の社会状況に照らし合わせて語っており、身近に感じられます。

「特定の信仰生活とは無縁なところで、神のことなど考えたことのない人とも、共に考え、感じ、話し合えるような宗教論を書こうと思ったのが、本書を執筆した動機である」（あとがきより）と著者は述べています。

秘教などに馴染《なじ》みの薄い日本人にとっては不可解なことも多く、また、難解といわれるシュタイナー独特の宗教的思想の背景を理解するために格好の書です。

四季の宇宙的イマジネーション

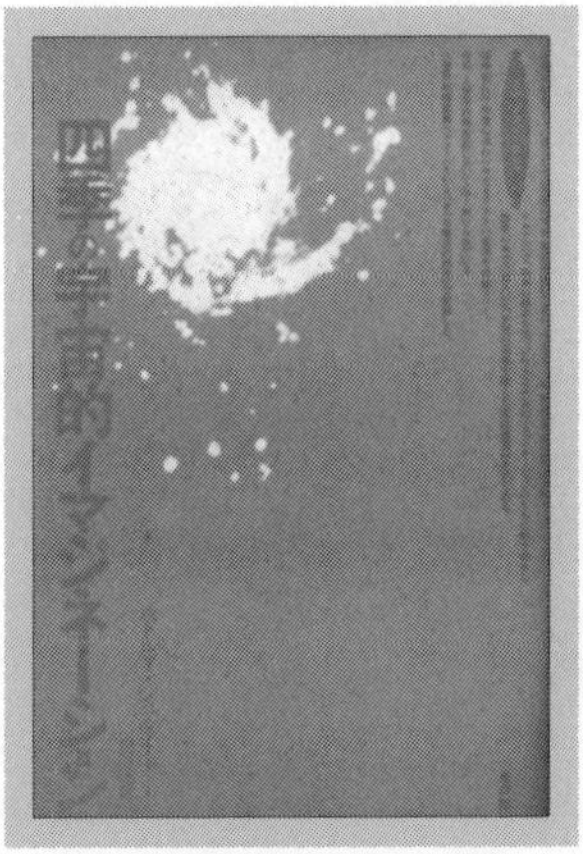

ルドルフ・シュタイナー著
西川隆範訳
水声社　1988年6月30日　定価(本体)2000円＋税

【主な目次】◉四季の宇宙的イマジネーション／秋―ミカエル祭の情景／冬―クリスマスの情景／春―復活祭の情景／夏―ヨハネ祭の情景／四季の中での４人の大天使の働き◉日曜日の福音

シュタイナーが解き明かす四季の秘密

本書は、秘儀参入の道としての四季の魂《たましい》的、霊的体験のために、シュタイナーが死の三年前、一九二二年にスイス・ドルナッハで行った連続講演の全訳です。

「四季の移り変わりをともに体験できる人の人生は非常に豊かなものになります。…中略…四季の風や気候のなかに動くもの、種子の力の発露《はつろ》、地の力の実り、太陽の力の輝きのなかに生きるもの、それらすべてはたとえ人間には意識されずとも、呼吸や血液循環におとらず、大切で、意味深いものなのです。太陽が現われ、太陽の熱と光によって発生する事柄は人間の生活に深く結びついています」また、「夏が去り、秋がきて、萎《しお》れ、枯れ、死にゆく生命を体験できてこそ、芽生え、成長し、実る生命を体験できるのです」とシュタイナーは述べており、自然がおりなす四季の秘密を四つの壮大な宇宙的イマジネーションのうちに解き明かし、四季の中での大天使四人の協働を讃《たた》えています。

また、後半部には四季の流れの中でキリストの生涯を体験すべく、今日、人智学的諸施設において広く用いられている人智学的福音書《ふくいんしょ》ともいうべき「日曜日の福音書」を収録しています。

星と人間

精神科学と天体

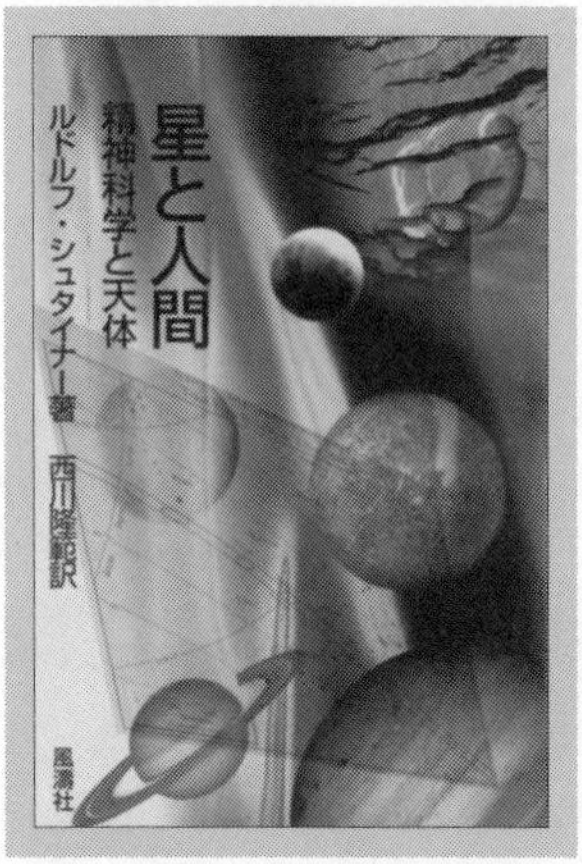

ルドルフ・シュタイナー著
西川隆範編・訳
風濤社　2001年6月30日　定価（本体）1900円＋税

【主な目次】◉運命を規定する星・人間を解放する星◉星々を通って生まれてくる人間◉黄道十二宮から形成される人間◉七惑星と人間のいとなみ◉自我と太陽◉天体が地表に与える影響◉星と金属と医療◉黄道十二宮と七惑星の世界観◉星と人類の進歩

シュタイナーが示唆する、天空の秘密

星は人間に、どんな影響を与えているでしょう。太陽や月以外の星々も、何らかの影響をおよぼしているのではないかと、天文学や占星術《せんせいじゅつ》といったかたちで、人々は昔から研究してきました。また、古来、あらゆる神秘学派が「大宇宙と小宇宙（人間）の照応《しょうおう》」を主題としてきました。

「シュタイナーの講義にも、かならずといっていいほど、このテーマが登場します。大宇宙と小宇宙の関係の探求は、神秘学のアルファでありオメガである、と言うことができます。…中略…天空の秘密は、シュタイナー精神科学においても、真髄《しんずい》・奥義と言うべきものなのです」（編・訳者はしがきより）と編・訳者である西川隆範さんは述べています。

シュタイナーは二〇年あまりにわたる人智学に関する講義の大部分で天空の秘密を示唆《しさ》しており、本書はそのなかから基本的なものを訳出したものです。シュタイナーの考える星の影響や、人体との関係などを詳細に紹介しており、人間の魂《たましい》が諸惑星の領域を通過して地上に下る経過を語った「星々を通って生まれてくる人間」など、独特の観点からみた星の世界を知ることができます。

人智学の壮大な宇宙観につながる講義録です。

シュタイナー　心理学講義

ルドルフ・シュタイナー著
西川隆範編・訳

平河出版社　1995年9月15日　定価（本体）2300円＋税

【主な目次】◉精神科学と心理学／神智学と心理学／神秘学と心理学／人智学と心理学◉サイコソフィー／愛と憎しみと判断／さまざまな心魂のいとなみ／表象と欲望／意識と自我

シュタイナーがとらえた魂のドラマ

本書は、シュタイナー心理学の基本となる講演を収録した講演集です。

第一部「精神科学と心理学」には、シュタイナー心理学の骨格を示す諸講演をおさめました。人間は身体（ボディ）・心魂（ソウル）・精神（スピリット）からなるとする三分説、心魂の活動を修練により透視する「イマジネーション認識」をはじめ、人智学に基づくその心理学の特徴が明らかにされます。シュタイナーは「近世の哲学、近代の科学によって人間という存在が一個の機械、一個の動物に還元されてしまった現状を憂いて、万物の霊長たる人間にふさわしい心理学を構築しようとした」（訳者あとがき）のです。第二部「サイコソフィー」（心智学）は、同名の連続講義をおさめたものです。

シュタイナーはいいます。「人間の心魂のいとなみは統一されたものではなく、絶えず対立が見られるドラマティックな戦いの場です」。そこは、欲望から発する「愛と憎しみ」、つねに表象へと至る「判断」という心魂に固有の作用を軸に、感覚感受・感情・自我・意識等、さまざまな方向の力が出合う舞台と化します。徹底した自己観察により、シュタイナーの心眼に映じた魂《たましい》のいとなみが展開されていきます。

魂の隠れた深み

精神分析を超えて

ルドルフ・シュタイナー著
冥王まさ子　西川隆範共訳
河出書房新社　1995年2月20日　定価（本体）1748円＋税

【主な目次】◉魂の深みに向けて◉フロイトとユング◉意識の反射：潜在意識と超意識◉魂の隠れた深み◉有機体のプロセスと魂の生活

シュタイナーが探求した精神分析と精神的心理学

本書は、対話による精神療法が始まったばかりの一九〇〇年代初頭に行われたシュタイナーの講演をまとめたものです。当時最先端であったフロイトやユングの理論との違い、そしてシュタイナーのいう〝内的生活〟とは？

「精神分析とその派生物は、本物の内的生活を奨励《しょうれい》するのに役立たないばかりか、それがおよぼす悪影響は大きい。ひとたび無意識の理論が定立されると、そこから心的な医原病《いげんびょう》が発生する、つまり、病気の治療が逆に病気を創ってしまうのである。シュタイナーは理論そのものが無意識を攪乱《かくらん》すると言っている……」序文でこのように述べられているとおり、シュタイナーはある理論に全ての症例を当てはめてしまうような分析の仕方や考え方に懐疑《かいぎ》を抱き、独自の人智学的な観点からの精神的心理学を論じました。

シュタイナーは、ニーチェの症例なども例にとって語っていますが、これもたんなる観察ではなく、超感覚的能力によって見たものの報告であるといいます。

人間の精神から、世界や宇宙へとつながるシュタイナーの深遠な精神科学を学ぶ、講演集です。

人智学講座　魂の扉・十二感覚　耕文舎叢書●3

アルバート・ズスマン著
石井秀治訳
耕文舎（発行）　イザラ書房（販売）　1998年・春
定価（本体）2800円＋税

【主な目次】◉触覚と生命感覚◉運動感覚と平衡感覚◉嗅覚と味覚◉視覚と熱感覚◉聴覚◉言語感覚、思考感覚、自我感覚

感覚の世界に取り組むすべての人々に向けて

「大地も海も湖沼《こしょう》も大気も、さまざまな廃棄物によってますます汚染されてきています。しかし、汚染されているのはそれだけではありません。…私たちの第三の生命源（感覚の世界）も著しく汚染されています。にもかかわらず、私たちはそれを、あまり意識していないのではないでしょうか？　この講座での私の試みは、まさにこのような状況のなかでの、治癒《ちゆ》の始まりを示すことだったのです。治癒する霊を求める者は、毎日与えられる日常生活のなかにも、その顕《あらわ》れを見いだすことができるのです」―A・ズスマン（「おわりに」から）

著者は、人智学（アントロポゾフィー）への入門書とも言い得る性格をもつ本書で、人智学的感覚論について実に分かりやすく語ってくれています。そして、私たちが実際、私たちの最も身近にある感覚の世界をいかに知らずにいるかに気づかせてくれます。

本書は、感覚の世界に積極的に取り組んでいるすべての人々、とりわけ、子どもたちと最も密接にかかわっているご両親や、保育園の保育士さん、幼稚園や学校の諸先生方、療育施設などで働いている方々やセラピストの方々に、向けられています。

千年紀末の神秘学

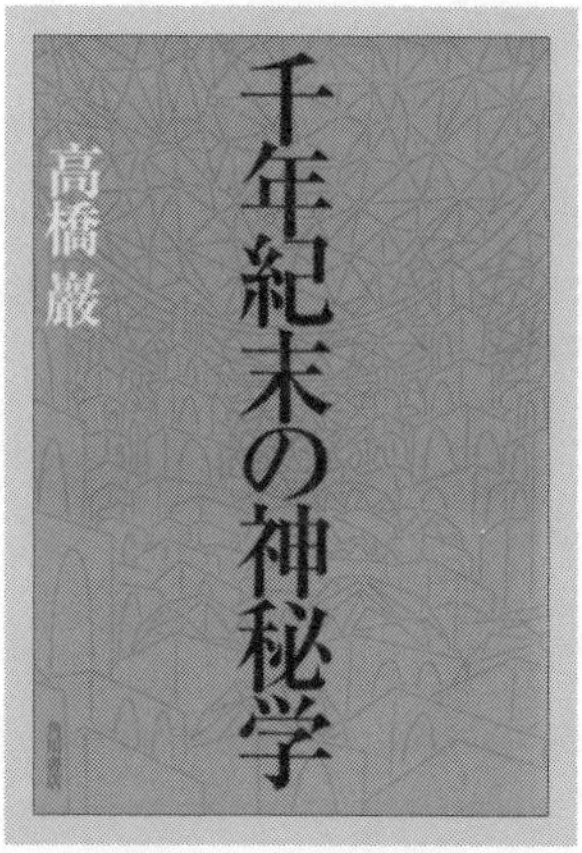

高橋　巖著（日本人智学協会代表）
角川書店　1994年10月15日　定価（本体）1359円＋税

【主な目次】◉千年紀末の現在◉シュタイナーの提言◉悪の働き◉民族の課題◉歴史認識◉シャマニズム◉キリスト衝動◉日本人の民族魂

霊学からみた現在

シュタイナーの神秘学は、基本的な時代認識の方法であり、人間の知恵を生かそうとする態度そのものです。

本書は神秘学をテーマにしていますが、神秘学の重要な課題である個人の内面世界の深層を探求することよりも、今、私たちが感じている切実感、不安感に対する「神秘学」からの提案であり、この百年間で形成された時代状況の本質を見きわめようと意図しています。人との結びつきを大切に願い、現在のあり方を示す案内の書なのです。

「人智学という現代の思想が今私たちに何を求めているかを考えた結果、それはヨーロッパのキリスト教と東洋のシャマニズムとの出会いなのではないか、と思うようになりました。シャマニズムは新しいエコロジー運動と結び付いて重要視されるようになったりしています」（本文より）

進化の過程から疎外されて袋小路の中で堂々巡《めぐ》りをしている状態が現れたとき、神秘学ではそれを「第八領界」と呼ぶのだといいます。第一次・第二次世界大戦、環境破壊、核開発など、この百年間は人類がますます自分ではコントロールできない方向に向かっていく、まぎれもない人類社会の第八領界であるとも。この状況から脱出する可能性を、探ります。

道を照らす光
学ぼうとするすべての人のための人生の規則と東洋の知恵

マーベル・コリンズ著
浅田 豊訳
村松書館　1979年7月30日　定価(本体)1200円＋税

【主な目次】◉第１部◉第２部

神秘学の修行上、シュタイナーが重要視した書

神智学運動の、初期の段階に発表されたこの著作を、シュタイナーは神秘道の修行上、非常に重要視していたといわれています。

本書は「真理を求めるすべての弟子のためにかかれた」という規則とその解説からなっています。

一、名誉心を棄てよ。
二、生への欲を棄てよ。
三、快適さへの欲を棄てよ。

冒頭からこのような規則。そして「名誉心に燃える者のように働け。生をむさぼるものと同じように生を重んじよ。幸福を目差して生きる者のように幸福であれ」といった解説が続き、読み手を深い思索へと誘います。

認識に関してのさまざまな言及もあり、真埋の道を探求する人のための〝光〟として綴《つづ》られた書はまた、シュタイナーが重要とする〝認識〟を得るための修行書ともいえるのではないでしょうか。

独訳者であるツュールスドルフは「この冊子は決して読み物ではなく生き物なのです。これは、精神化とより高きをめざす生の営みのための手引書なのです」と述べています。

第5章　社会

現代と未来を生きるのに必要な社会問題の核心

ルドルフ・シュタイナー選集　第十一巻

ルドルフ・シュタイナー著
高橋 巖訳
イザラ書房　1991年4月30日　定価(本体)3175円＋税

【主な目次】◉現代と未来を生きるのに必要な社会問題の核心／現代人の生き方から見た社会問題の真相／社会問題を解決するために生活が求める具体的で必要な試み／資本主義と社会理念（資本、人間労働）／社会有機体相互の国際関係◉社会有機体三分節化をめぐって／国際生活の必要性と社会の３分節化／マルクス主義と３分節化／自由な学校と３分節化／われわれが必要としているもの／思想の迷路とジャーナリストのモラル／破壊の再建

シュタイナーが提起する社会問題と新しい社会への提案

「経済生活と法生活と精神生活の諸要求から、社会問題の「真実の姿」が現れる。このことを認識することからのみ、社会におけるこの三つの生活分野を健全に形成しようとする衝動が生じるのである」とシュタイナーは述べています。また昔の人の社会本能は、この三分野が当時の人間本性にふさわしい仕方で、社会生活全体の中に組み込まれるように配慮したが、今の人びとは目的を意識した社会意志によって、その分節化を実現しようと努めねばならないのだとも。

本書は第一次世界大戦中から戦後にかけて執筆されたもので、資本主義経済と社会主義経済という二つの方向を模索していたヨーロッパ社会に向けた問題の提起であり、第三の道・社会有機体三分節化の提案であるといえるでしょう。「みずからの精神生活が経済生活の中に残りなく取り込まれ、みずからが商品そのものにされていることの不条理を身にしみて感じているのは、労働者階級に属する人びとだったので、シュタイナーは先ずこの階級の潜在的に働いている健全な精神衝動に大きな期待を寄せた。そしてこの階級からこそ、社会の未来が開けてくると信じて、本書をこの階級の人びとに読んでもらいたいと願った」、訳者の高橋巖さんはあとがきでこのように述べています。

社会の未来

ルドルフ・シュタイナー選集　第九巻

ルドルフ・シュタイナー著
高橋 巖訳
イザラ書房　1989年2月20日　定価(本体)3900円＋税

【主な目次】◉近代社会主義の思想形態／史的唯物論、階級闘争、剰余価値／ヘーゲルとマルクス　霊的社会主義による両者の調和◉社会の未来／精神問題、法律問題、および経済問題としての社会問題／連合体を基礎にした経済―市場の変化―価格形成、貨幣と税の本質、信用／法律問題、民主主義の課題と限界、公権の在り方と刑法の管理／精神問題、精神科学（芸術、科学、宗教)、教育制度―社会芸術／精神生活―法生活―経済生活、３分節化された社会有機体の統一化／３分節化された社会有機体における国民生活と国際生活

シュタイナーが語る、理想社会の設計図

「国家は精神生活と何の関係もない。それは精神生活の反対物なのである。私たちが現在の恐ろしい現実を理解しようとするのだったら、このことを見通すことが出来なければならない」とシュタイナーはいいます。迫り来るナチスの足音に密かな暗い予感を抱きながら、展開された社会有機三分節化論とは？

本書は一九一九年、切迫した社会状況のなか、スイスのチューリッヒで行われた連続公開講座『社会の未来』と、それに先立ち、同じくスイスのドルナッハで特定の弟子たちに向けての講義を収録したものです。

弟子たちを前にしたときのシュタイナーは「信頼と期待にあふれた口調で語り、そして思考と感情の変革を通して社会に向かって開かれた魂《たましい》を育てること、その魂同士の結びつきを通して、今すぐにでも未来の社会の雛型《ひながた》を作ること、それが唯一の現実的な社会実践への道であることを遺言《ゆいごん》のように語っていた」と訳者である高橋巖さんは解説しています。

〝国家〟ではなく、社会活動のすべてを総括する原理的存在、シュタイナーの言う生命体としての〝社会有機体〟とはどのようなものなのでしょう…。八〇年以上たった今も生命感あふれる、未来社会の設計図としての一冊です。

シュタイナー経済学講座

国民経済から世界経済へ

ルドルフ・シュタイナー著
西川隆範訳

筑摩書房　1998年7月25日　定価（本体）2800円＋税

【主な目次】◉国民経済学の誕生◉価格形成◉社会的営為として組み込まれる労働◉分業による資本の発生◉循環過程としての《経済プロセス》──価値の構築と解体◉公正価格の公式◉国民経済の運動要素と静止要素◉国民経済学の概念訂正◉決済・融資・贈与の資本移転による生産性◉国民経済における相互性◉私経済・国民経済・世界経済◉決済・融資・贈与◉精神労働と肉体労働◉貨幣と価格

喩え話から広がる、経済学の入門書

「すべてのものは、〈えんどう豆〉と交換できる」という法律があったなら、えんどう豆はまさに貨幣なのです！

経済学、というと取りつきにくく難しい学問というイメージではないでしょうか。でも、この本でシュタイナーが語る経済の話はちょっと違います。

本書は、シュタイナーが行った経済学の講座を訳出したもので、経済の本質を分かりやすい喩《たと》えで説明しているのです。難解な経済も、元をたどれば原始的な物々交換から始まっています。

利子や利潤、貨幣など様々な経済の要素をその根源から考えることは非常に面白く、経済学に関して素人であっても、また有識者であっても、楽しみながら新たな発見があるのではないでしょうか。

また「〝経済とは何か〟を根本的に考え直すきっかけとなり、日本社会の健全化に役立つことを切に願っている」と結ぶ訳者の志に共感を覚えます。

朝食に飲む一杯のコーヒーですら、地上の経済活動全体に繋《つな》がっていることをあらためて感じさせてくれる、きわめて有機的な、経済学入門書です。

第6章 自然科学

病気と治療

ルドルフ・シュタイナー著
西川隆範訳

イザラ書房　1992年4月25日　定価(本体)2200円＋税

【主な目次】◉病気と治療◉病気の原因◉病気の本質◉人体と病気の過程◉精神科学の観点からの治療術◉病気とカルマ

人智学医療の源流をたどり、より深く学ぶ講演集

病気とはなんでしょう。前世の因果関係からくる病気、死によって終わる病気、治癒される病気と治療の意味とは？　現代医学とシュタイナーの提唱する人智学とでは、病気の見方に関して、何が違いどこが共通しているのでしょうか。

本書は医学をテーマにした講演をまとめたものです。シュタイナーはあくまで治療の実践的側面の言及をしつつも、現代医学では考慮されない人間の超感覚的領域に、人智学的精神科学の探求の光をあてます。

「一般に人間は、病気になってはじめて病気のことを気にかけるものです。そして、病気になったとき、なによりも病気が治ることに関心を持ちます。病気が治ることが問題なのであって、〝どのように〟癒《いや》されるかということはどうでもよいと思っています。…中略…たんに利己主義的な治癒への要求だけではなく、病気と治療に関して、その深い原因を認識し、その認識を広めることが、本当の精神運動の課題なのです」と語り、シュタイナーは病気と治療に対する表面的な捉え方に警鐘《けいしょう》を鳴らしています。

現在の人智学医療の原点ともいえる思想や具体的な治療法などを、より深く学ぶ講演集です。

オカルト生理学

ルドルフ・シュタイナー選集　第七巻

ルドルフ・シュタイナー著
高橋　巖訳
イザラ書房　1987年3月30日　定価(本体)2900円＋税

【主な目次】◉人間認識に不可欠な人間への畏敬　なぜ霊学の観点から生理学を研究するのか◉もう一つの二重性　栄養過程―消化器系とリンパ系と血液系◉内的集中の行の成果　血液に作用する内部器官系と感覚印象◉手術の意味　身体器官の霊的作用◉生体の本質と概念◉皮膚は自我を表現している◉脳＝脊髄神経系は意識を生じ、交感神経系は内宇宙系から意識を遮断する◉超感覚的な活力組織である人体形式

シュタイナー医学・治療教育学の源流

マクロコスモス（大宇宙）とミクロコスモス（人間）とは、いかに対応しているのでしょうか？　一九一一年に行われた連続講座をまとめた本書は、神秘学上の問題であったこのことを「神殿としての人体」として認識し、その全貌《ぜんぼう》をあきらかにしたものです。シュタイナーの医学、治療教育学を学ぶ上でも基本となる考えが語られている、重要な書といえるでしょう。

脾臓《ひぞう》の働きを土星作用、肝臓《かんぞう》の働きを木星作用、胆汁《たんじゅう》の働きを火星作用と呼んだり、心臓並びに血液系のなかに、人体の太陽を見、肺臓を水星、腎臓《じんぞう》を金星とも呼んでいます。シュタイナーは「人体のこれらの組織の中に、私たちは実際に内なる宇宙系を見ているのです」と語りかけます…。

オカルト的な前提にもとづく、素人には難解で不可思議な生理学ですが、シュタイナーは「私たちの身体組織を霊界からの啓示として、畏敬《いけい》を込めて考察しようとする態度」で各器官や血液など人体の生理学を詳細に説明しています。そして、たとえ人間が死の門を通過しても「個々の魂《たましい》は霊界へ高まり、そして死体を大地の働きに委《ゆだ》ねます。そのようにいつかは地球の死体も、同情と共感の熱を私たちに提供した後で、宇宙諸力の中に自分を委ねるのです」とシュタイナーは述べています。

自然科学　医療

健康と食事

ルドルフ・シュタイナー著
西川隆範訳
イザラ書房　1992年2月20日　定価（本体）2200円＋税

【主な目次】◉肉食と菜食◉蛋白質・脂肪・炭水化物・塩◉根・葉・実◉酒とタバコ◉修行と食事

シュタイナーの語る健康と食事で、地球とつながる

「人間は、食べるところのものである」シュタイナーは人智学的精神科学の面から、そのことを語ります。「わたしたちは目のまえにある食べものだけを食べるのではありません。わたしたちは食べ物の背後に存在する霊的なものも、一緒に食べるのです」と。

本書はシュタイナーの講演の中から栄養、健康と食事に関する事柄を抜粋したものです。シュタイナーは「健康問題について、精神科学はいかなる扇動《せんどう》もおこなうものではありません…中略…禁酒、菜食、肉食について賛成、反対という観点からはお話しません」という前提にたちながら、肉食と菜食の違いやその効果、コーヒーや紅茶、アルコールやタバコの作用などについて明快に論じています。「ジャガイモばかり食べているとあたまのなかになにも入ってきません」「ミルクを飲むと、人体は地球に結びつき、地上の人類と結びつきます」などといったシュタイナー独特の具体的な講話が印象的ですが、健康と食を大切にすることは、地球を大切にすることにつながることなのかも知れません。

約八〇年前に医学・農学の見地からも洞察《どうさつ》したであろうこれらの見解は、二一世紀の今日にも新鮮さを失っていないのです。

シュタイナー医学原論

L. F. C. メース著
佐藤公俊訳

平凡社　2000年6月21日　定価（本体）4800円＋税

【主な目次】◉着衣の天使――星の王子さまを探して／現代医学の諸問題◉ドラッグ――それは人間進化に危険なのか／ＬＳＤ体験の描写◉骨格の秘密――変態の実相／植物界、動物界、人間界における変態◉金属は生きている――人と金属の秘められた関係／金属の内的存在を求めて◉レーン・メース小伝

シュタイナー医学の思想的地平を一挙に拡大

著者メースは、若い時に患《わずら》った結核を人智学医学の最初の実践者イタ・ヴェークマンとツァイルマンスに治してもらい、その後の人生をシュタイナー医学の実践に捧《ささ》げることになりました。しかし本書は実際の治療法を論じたものではありません。

むしろシュタイナー医学、人智学に基づく医学の原点にある人間観、生命観、世界観を論じたものであり、人間や世界に新たな目を開こうと望む者なら誰にでも開かれた著作となっています。他の人智学の文献に続出する「エーテル体」とか「アストラル体」などの独特の用語を使用することを極力避けながら、一般読者が近づきやすいように配慮しつつ、しかも深い内容を紹介するものとなっています。しかしその読みやすさにもかかわらず、意外な論理展開があるために読者は何度もその箇所に立ち返って、そのような論理展開が可能なのかと自らに問いかけるかも知れません。このような論理展開を理解できるだろうか、というより、このような論理展開を自分は「生きる」ことができるだろうか、と。頭が超越的な思想で現実から乖離《かいり》し、手足が自分の意志と無関係に動くような犯罪行為が横行する現代日本で、シュタイナー医学の根底にある思想が紹介されることは、切実な重要性をもつでしょう。

人智学にもとづく　芸術治療の実際　耕文舎叢書●2

エーファ・メース・クリステラー著
石井秀治　吉澤明子訳
耕文舎（発行）　イザラ書房（販売）　1996年・春
定価（本体）1800円＋税

【主な目次】◉芸術治療の基礎◉実践からのいくつかの例／水彩で描く／素描する／粘土でつくる／音楽治療について◉絵画・造型治療の様々な方法／絵画／素描・線描／彫塑◉形態と色彩◉芸術治療の様々な観点／人間三分節構造の相互作用◉感覚を育てる／《聞く》と《見る》を鍛える◉ソシアル・セラピーとしての芸術活動／過去／現在／未来◉もう一度、音楽について◉治癒力にはたらきかける芸術◉結び◉芸術セラピストに向けて

自己治癒力に働きかける人智学的芸術治療

人智学的芸術治療はいくつかのジャンルにわたっていますが、治療芸術への入門書とも言い得る性格を備えている本書では、主に、絵画（色彩）・造形がもつ治療作用と、その治療的作用を用いた著者自身による実践が、具体的な例に即して、分かりやすく述べられています。輪郭《りんかく》をもたない水彩画、さまざまな形式の素描《そびょう》（あるいは線描）、柔らかで弾力のある粘土《ねんど》などを用いた治療は、予防医学的な観点からみても、治癒的に作用することでしょう。

治癒的に作用する芸術的要素は、それを必要としている一人ひとりに個別的に与えられます。なぜなら、一人ひとりの「人格」は唯一無二の独自なあり方をしていますし、そこに生じる「かたより」も、その人格の独自性のなかに現われたものであるからです。人智学的芸術治療は、このような考え方のもとに選び出された芸術的行為の「能動性」をつうじて、本来誰にでも備わっているはずの、自己治癒力に働きかけます。

本書に述べられているこのような芸術治療的観点は、治療教育に携《たずさ》わっている方々はもちろんのこと「教育」に関心をお持ちのすべての方々に、確かな足場と豊かな可能性を与えてくれることでしょう。

肝臓・肺・腎臓・心臓—人智学的治療教育のための生理学的基礎

体と意識をつなぐ四つの臓器　耕文舎叢書● 4

ヴァルター・ホルツアッペル 著
石井秀治　三浦佳津子　吉澤明子 訳

耕文舎(発行)　イザラ書房(販売)　1998年・春
定価(本体)2200円＋税

【主な目次】◉臓器と生体組織◉肝臓（肝臓は行為に向けて力を与える）◉肺（肺は思考にかたさを与える）◉腎臓（腎臓は魂のいとなみに生気を与える）◉心臓（心臓は内なる支えを与える）◉臓器に属している周辺領域

治療教育と人間認識に関心をもつすべての人々に向けて

本書は、ドルナッハ（スイス）とバード・ボル（ドイツ）で行なわれた人智学的治療教育ゼミナールに基づいています。ですから本書は、まず第一に治療教育に携《たずさ》わっている方々のためのものですが、しかしそれだけではなく、人智学的精神（霊）科学の立場から拡張された人間認識に関心をおもちのすべての方々に向けられています。

本書は以下の章からなっています。

・四つの臓器とその他の生体組織
・肝臓は行為に向けて力を与える
・肺は思考にかたさ（堅さ・硬さ）を与える
・腎臓《じんぞう》は魂《たましい》のいとなみに生気を与える
・心臓は内なる支えを与える
・臓器に属する周辺領域

本書に述べられている臓器と魂との相互的な、密接なかかわり合いの世界は、いわゆる自然科学的思考方法に慣れ親しんできた私たちの「知性」が求めるものとは、大きく異なっています。臓器の現実的なあり方（リアリティ）が、観察視点が異なることによっていかに異なって見えるかを、私たちは本書をとおして体験することになるでしょう。

魂の保護を求める子どもたち

トーマス・ヨハネス・ヴァイス著
高橋明男訳

水声社　1993年9月10日　定価(本体)2800円＋税

【主な目次】◉序論◉子どもの発達◉発達障害／朝と夕べ（大頭の子どもと小頭の子ども）／左と右／麻痺のある子ども／落ち着きのない子ども／自閉症／盲目の子ども／難聴の子ども／失語症の子ども／情緒障害と不適応の子ども／発達障害をもつ子どもの学校教育／ダウン症の子ども◉障害児の環境／家族／環境としての学校／成人の共同体

障害をもつ子どもたちのためのシュタイナー教育

「この本では、子どもの障害を、治療や予防の対象となるべき疾患《しっかん》、対処すべき問題としてだけではなく、教師や治療士、あるいは父母自身の自己認識と成長を促《うなが》す挑戦として描くように試みました。この本を通して、私は、障害をもつ子どもたちへの援助は、私たちの彼らに対する理解が、また私たち自身の生き方が変化することから生じる、ということを主張したいのです」と著者であるトーマス・J・ヴァイスは述べています。

ヴァイスは今日世界中に広がっている「キャンプヒル運動」の母体となった、障害をもつ子どもや成人のための共同体を創立したメンバーの一人です。共同体の医師として、また後に総監督として、障害をもつ子どもたちと三〇年にわたり親しく生活を共にし、関わってきた彼の長年にわたる経験と知恵が本書に込められています。

麻痺《まひ》や多動症《たどうしょう》、盲目、難聴、自閉症《じへいしょう》、失語症、情緒障害や不適応、ダウン症など様々な障害の特性とシュタイナーの思想に基づいたその対処を、具体的な事例を挙《あ》げて分かりやすく説明しています。

家族や学校、公的機関やボランティアなど、障害をもつ子どもと出会う人びとに向けて、おくる一冊です。

シュタイナーに〈看護〉を学ぶ

世界観とその実践

大住祐子著（保健婦・カウンセラー）
春秋社　2000年7月31日　定価（本体）2100円＋税

【主な目次】◉シュタイナー看護研究所に留学する／患者さんが治療を決める／独特な治療法／シュタイナーの食養生◉シュタイナーから医療・看護を問い直す／医療・看護の視点から人智学を学ぶ／からだの仕組みと働き／意味のない病気はない◉シュタイナーを「実践」する／リズミカルマッサージのすすめ／今日からできる湿布のすすめ

シュタイナーの医療と看護、その実践を知る

保健婦・カウンセラーとして活躍する著者、大住祐子さんは、父親の死に際し「看護を学びながら、そしてそれを仕事としながら、人が生き、死んでゆくというあまりにも当たり前のことを考えてもいなかった」と悩み、そうした中でシュタイナーと出会いました。生きることとは、死ぬこととはどういうことだろうか。「健康」や「病気」の本当の意味は？　それらがわからなければ「治す」こともわからない、との思いがつのり、シュタイナーの世界観にその答えを求めてドイツに留学したのだといいます。

本書では、ドイツのシュタイナー看護研究所で大住さんが行った病院実習や、シュタイナーによる医療・看護の基本的な考え方、また、家庭でもできるマッサージ（人智学医療特有のリズミカルマッサージ）や湿布《しっぷ》などの仕方をわかりやすい言葉で伝えています。患者自身が自分の治療について主導権を持ち、誕生日や季節の行事などを楽しむ入院生活。そして治癒に向けて取り組み、それでも、なお死が訪れたときは、それを充実した人生に与えられた安息としてうけとる穏《おだ》やかさ。こころ温まるエピソードの数々とともに、シュタイナーの医療と看護を学ぶ貴重な実践録です。

（自然科学　医療）

シュタイナーの治療教育

教育の核心を考える

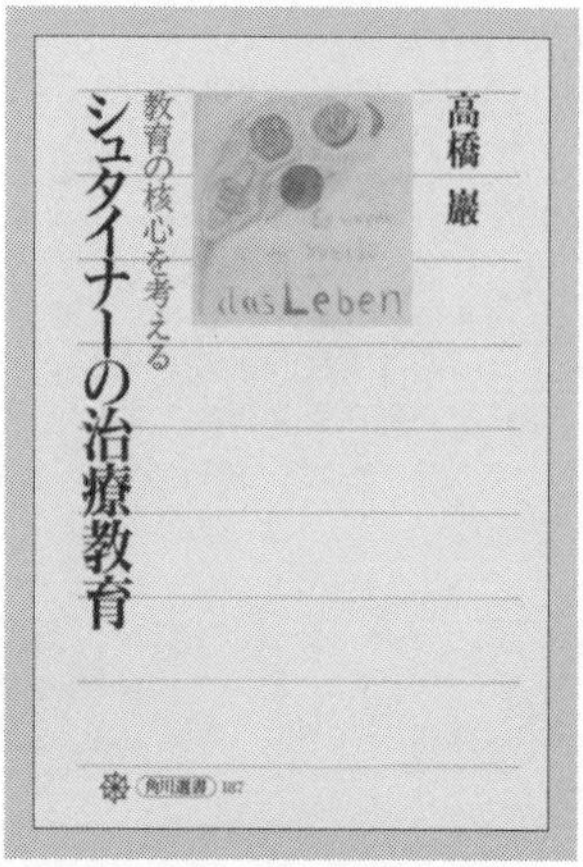

高橋　巖著（日本人智学協会代表）
角川書店　1989年4月27日　定価（本体）1500円＋税

【主な目次】◉霊学の観点から見た教育／人間の本質／エーテル体の教育／アストラル体の教育◉治療教育者の人間関係◉十二感覚と治療教育◉治療教育とカルマ◉治療教育の実践――治療教育者と語る

シュタイナー教育の核心

「治療教育の問題を通して、シュタイナー教育の核心に触れたい」という著者の願いから、本書はまとめられました。

そして著者はさらに、教育問題はまず第一に、教育する側の大人の内面の問題だと言います。そこで、本書は私たちすべての大人の内面に存在する障害とその治療の問題を、シュタイナー教育の観点から取り上げます。

「治療を必要とする者が他の誰かなのではなく、他ならぬ自分自身なのだということを認めたうえで、それぞれがそれぞれの人間関係のなかで治療を求めて生きていくことの意味を明らかにすることができれば、教育問題を考えるうえでひとつの本質的な観点を提出することができる、と思っています」（「はじめに」より）

また、シュタイナーにとって教育は科学ではなく、教育者と子どもを結びつける心のあり方が問題だといいます。若い頃に障害者の教育に当たったシュタイナーはその経験から、どのような子どもにとっても教育は治療であると信じ、その観点に立って教育の課題を考えています。個々の教授法だけでなく、シュタイナーの教育思想の根本をなす人生観、社会観を展開し、教育問題に新たな観点を提起してくれます。

農業講座

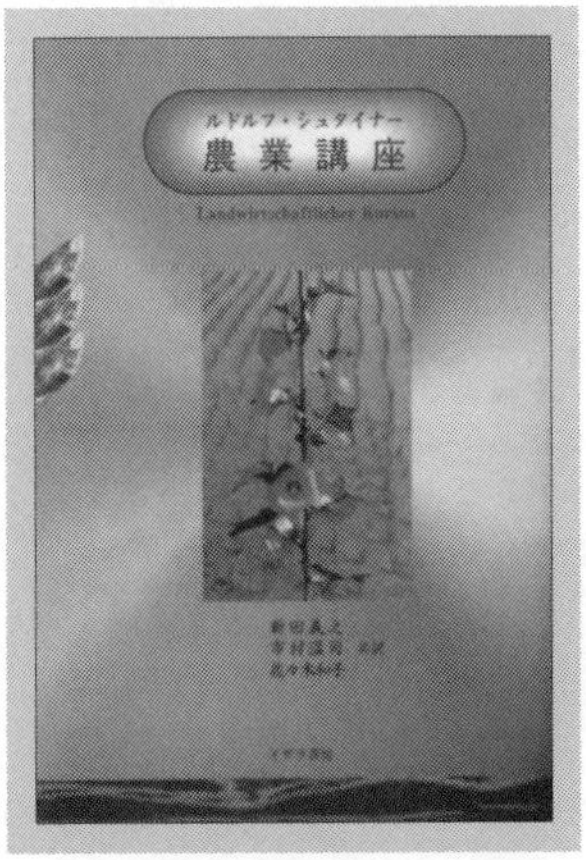

ルドルフ・シュタイナー著
新田義之　市村温司　佐々木和子共訳
イザラ書房　2000年5月15日　定価（本体）3400円＋税

【主な目次】◉講座のための前置きと導入◉農業を豊かにする諸条件／大地の諸力と宇宙の諸力／自然の活動についての付論―自然の中での霊性の活動―／霊的な領域に入っていくさまざまな力と物質―肥料問題―◉精神科学の課題として、大宇宙的なものを観察する―大地の生長と植物の生長―／肥料に正しく実質を付与すること◉農業における個別化対策／自然の本性から判断した場合の雑草、害虫および植物の病気といわれているものの本質／自然に内在する相互交流作用―畑作と果樹栽培と畜産の関係について―／飼料の本質について

バイオダイナミック農法の実践とその思想

現在欧米・オセアニアを中心に世界各国で営まれている、生命力動（バイオダイナミック）農法は、本書に収めたシュタイナーの一九二四年の連続講座「農業講座」より始まりました。化学薬剤による汚染や地力低下、農作物の品質劣化が広く問題となるずっと以前に、シュタイナーは生態系に配慮する未来の農法を、具体的に提唱していたのです。

本書でシュタイナーは、大地‐鉱物・動植物‐人間‐宇宙の関連性に新しい光を当てながら、作物、耕作地、草地、森林、家畜、肥料、調剤等の適正なバランスをどうつくりだすかを示唆《しさ》しています。

また、〝宇宙〟と〝大地〟という両極性に着目するシュタイナーの観点は、大地や堆肥《たいひ》を活性化し、地球的・宇宙的な諸作用への感応性を高めるという、まったく新しい農業上の手法にまで展開していきます。

本書にみる「対案」は、世界各地の農場で、そのすぐれた実効性が報告されてきました。また、自然のさまざまな活動へのシュタイナーの観点が、生き生きと語られている一冊でもあります。数々の動植物、鉱物、元素等々が登場する具体的言及には、驚かざるをえません。

土壌の神秘

ガイアを癒す人びと

ピーター・トムプキンズ
クリストファー・バード著
新井　昭廣訳
春秋社　1998年5月20日　定価(本体)6000円＋税

【主な目次】◉豊饒の角◉生命の鼓動◉月の光◉黄金の生ゴミ◉ミクロコスモス◉地球の裏側での奇跡◉やればできる◉地上の天国◉生命の渦◉キレート化のはさみ◉ソニック・ブルーム―音波栽培◉生き残るための種子◉雑草―土壌の保護者◉温室内のつらら◉生命を救う岩粉◉森の中の生と死◉かぐわしき土壌◉バイオマスならできる◉火による浄化◉自然への同調◉エネルギーの塔◉宇宙栽培◉理想の菜園ペレランドラ

農業の原点・シュタイナーの農法を学ぶルポ

シュタイナーは、ヨーロッパ農業の窮状《きゅうじょう》に憂慮するドイツとオーストリアの農民グループの嘆願《たんがん》に答えて八回の講演を行ったといいます。シュタイナーの提唱する農法は、当時盛んになってきた農薬や化学肥料を一切使用しないものであり、豊かな土壌や植物自体の自然の力を最大限に活《い》かすのが特徴でした。

有機農法のさきがけともいえるであろう、こうしたシュタイナーの農法を具体的に紹介する本書は、シュタイナーの言葉を豊富に引用し、また実際この農法で菜園を営む人々を取材することでその理論が生きたものであることを物語っています。

オーストラリア・アメリカ合衆国・旧ソ連など各地の生き生きとした菜園の風景・人・植物の描写が、六五〇ページを超える溢《あふ》れるボリュームと臨場感溢れるレポートとなっており、その農業が深く愛情溢れる思想からきていることを感じさせます。

シュタイナーは「土壌から戻ってくるものが汝《なんじ》自身の努力と精神の反映となるよう、まさに汝の生命をその中に注ぎ込め」といったのだそうです。自然に対する畏敬《いけい》の念と手間のかかる農作業は、工業のようになってしまった現代の農業を、本来の姿に取り戻すことなのかもしれません。オーガニックな暮らしに関心のある人にも、おすすめの本です。

人智学・自然科学講座　植物の形成運動　耕文舎叢書●1

ヨヘン・ボッケミュール著
石井秀治　佐々木和子訳
耕文舎(発行)　イザラ書房(販売)　1994年・春
定価(本体)1500円＋税

【主な目次】◉植物の形成運動／葉の配列環に見られる形成運動／植物の形成諸力とその時間の体《たい》について／植物の形成運動における時間体のあらわれ

ゲーテ的世界観に基づく、人智学的な自然科学の入門書

花をつける植物の生長過程に次々と現われる葉の形の変化（メタモルフォーゼ）のなかには、興味深い法則がひそんでいます。植物学者である著者はその法則を、身近な植物からなる多くの図版を用いて具体的かつ映像的に論じています。ルドルフ・シュタイナーが述べているように、この、植物のメタモルフォーゼの観察は、目に見えないエーテル体（生命体あるいは時の体）へのアプローチを最も分かりやすい仕方で可能にさせてくれます。本書はさらに、エーテル体のあり方のなかにアストラル的なものの働きかけ（魂《たましい》的なもの、あるいは星々の働きかけ）がどのように現われてくるかについてのイメージをも与えてくれています。

現代の自然科学は、無機的な世界を理解することにおいて、素晴らしい成果を収めてきました。その基盤の上に立って、有機的世界を更に深く理解するために、私たちは今後、どのように進んでいくことができるでしょうか。シュタイナーは、「ゲーテ的世界観の認識論要綱」（筑摩書房）で、その問題を取り上げています。ゲーテ的な世界観にその源をもつ人智学的な自然科学を学びたいと思っている方々に、本書は適切な入門書となることでしょう。

第7章　その他

「モモ」を読む

シュタイナーの世界観を地下水として

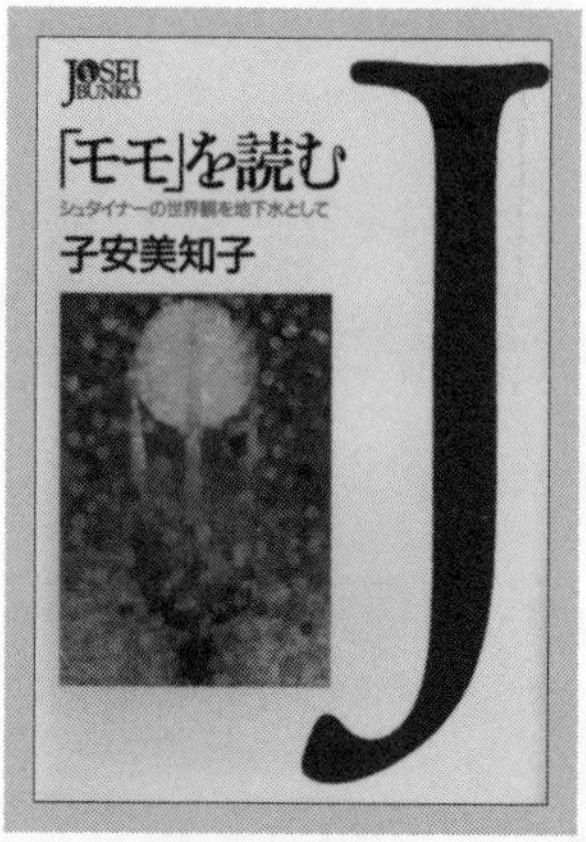

子安美知子著
(日本アントロポゾフィー協会文学部門代表)
学陽書房　1996年3月20日　定価(本体)660円＋税

【主な目次】◉『モモ』の水面下へ◉人の話を聞く力◉1日の回顧◉身体《ライブ》・魂《ゼーレ》・精神《ガイスト》◉好奇心と関心◉魂《ゼーレ》の領域の登場人物◉私の中の灰色の男◉「時間はいのちなのです」◉本質を見抜く力◉「ほかの力」の助け◉時空の境界線を超える◉いのちを送るみなもと◉「時間の花」◉帰ってきた世界で◉モラーリッシュ・ファンタジー◉意識の変革

美しい物語の本当の意味

『モモ』『はてしない物語』——ミヒャエル・エンデが遺《のこ》した壮大なファンタジーは、世界中の子どもたち、そして大人たちの心をとりこにしました。

この本では、その『モモ』を取り上げ、読者とともに一行ずつていねいに読みながら、エンデが伝えたかった本当の意味を探っていきます。

大きな耳の底のような広場で、星の音楽に耳を澄《す》ますモモ。時間の花に魅《み》入られるモモ。モモに話を聞いてもらえるだけで、正しいこと、なすべき事が心に浮かんでくる不思議。『モモ』を読んだ人には、皆それぞれに忘れがたい場面が心に残っているのではないでしょうか。あの美しい物語の本当の意味とは……？

エンデは、かつてシュタイナー学校の生徒であり、またその父もシュタイナーの影響を強く受けた画家でした。その作品を読み解く秘密は、シュタイナーの世界観にあったのです。

エンデの年来の知己であり、臨終の床にも立ち会った著者は、鮮《あざ》やかな読みで『モモ』の最深部に、私たちをいざなってくれます。

その他

うれしい気持ちの育て方

絵本と私とシュタイナー

松井るり子著
ほるぷ出版　1998年10月30日　定価(本体)1400円＋税

【主な目次】◉あなたの好きなものはなんですか？◉火の光、石の光、星の光──絵本と暮しをつなぐもの◉シュタイナーと私◉つよくなる子ども──心配しないでおかあさん◉引き受けること──ちっぽけな親だから◉まねっこ、つもり──安心につつまれて◉世界を美しくする仕事──なぜ勉強するのか考えてみる◉事実は強し──なぜなぜ坊やとさがしてみたら◉いろいろな笑い──ほんとに一番大切なこと◉白雪さんといっしょ──私のなかのたくさんの私◉だから、大好き──いずれ出会うことを楽しみに

シュタイナーに共感する、ほのぼのエッセイ

シュタイナーの子どもへのまなざしに深く深く共感する、松井るり子さん。絵本や子どもたちとのかかわりから日々をとらえ直してみると…。

「時々、子どもが小さいうちに絶対に教えておきたい、一番大事なことは何かなあと考えてみます。後からでも教えられることを省いていって、最後に残る肝心なところは、〝生きていると楽しいよ〟ということではないでしょうか。それは言葉では教えられなくて、感覚を通じて本人が身体でじかに感じるほかないもの」という松井るり子さんは、そのためには、自分自身も楽しくなること、好きなもののことを、時々考えるのだそうです。

本書にはそんな、楽しくなれることやうれしくなれること、シュタイナー教育のこと、そして決められたマニュアルに従うのではなく、自分で考える子育てのヒントや方法が、いっぱいつまっています。また一四二冊もの絵本の紹介に、感激します。

現在進行形のかけがえのない毎日だから、子育てしながら、自分を発見し育てていきたい、と思うお母さんや、子どもにかかわるすべての人に贈る、ほのぼのとしたエッセイです。

シュタイナー　再発見の旅

娘とのドイツ

子安美知子著
（日本アントロポゾフィー協会文学部門代表）

小学館　1997年4月1日　定価（本体）1100円＋税

【主な目次】◉出発まで◉ミュンヘン――織りなされた出会い◉シュトゥットガルト――シュタイナーと自由ヴァルドルフ学校◉ある授業――3年A組算数エポック◉上級生たち――畑、工房、ディスカッション◉ミヒャエル・エンデとシュタイナー学校◉ボーデン湖畔の障害児学校◉バイオ・ダイナミック農業◉社会に広がるシュタイナー思想◉疾風怒濤の40日

シュタイナーとの出会いを辿る四〇日間

二〇数年にわたりシュタイナー教育の研究に取り組んできた子安美知子さんが、ドイツのシュタイナー思想実践の場を、四〇日間の旅を通しルポした本です。

この本では難しくなりがちなシュタイナーの哲学を、実践現場のルポを通して具体的に紹介しています。ドイツでは、学校はもとより、預金者が自分で利子を決める銀行、バイオ・ダイナミックという農法を実践する農場、音楽や絵による治療をする病院など、シュタイナー思想の実践の場は多岐《たき》にわたっています。実践の場（主に学校）を訪ねながら、子安さんがシュタイナーの考えや思想を平易に解説する内容です。「アントロポゾフィー」（人智学）という思想を具現した現場に入り込み、進行する事実を生き生きとありのままに綴《つづ》っており、その臨場《りんじょう》感《かん》が伝わってきます。そして、父の代からアントロポゾーフ（人智学徒）であり、子安さんと親交のあったミヒャエル・エンデ（作家）にまつわる思い出なども織り込まれています。

また、ページのおりおりに、子安さんの娘のフミさんのシュタイナー教育にまつわる対談を配しています。とても読みやすく、「アントロポゾフィーとは？」と思った人が初めて手にしても分かりやすい一冊です。

『坊っちゃん』とシュタイナー

隈本有尚とその時代

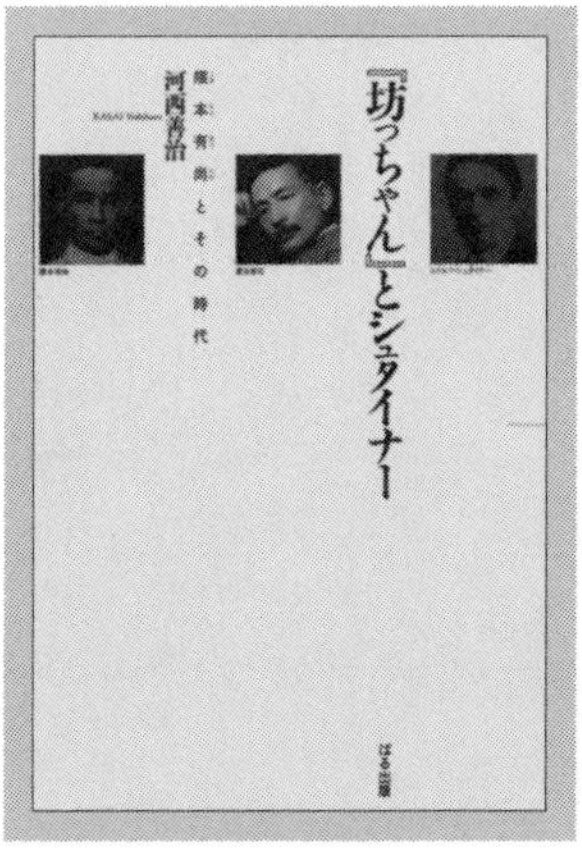

河西善治著（人智学出版社代表）
ぱる出版　2000年10月24日　定価（本体）2000円＋税

【主な目次】◉隈本有尚と夏目漱石◉菊池大麓との確執◉「坊っちゃん」の舞台裏◉忘却された占星術◉シュタイナーとの出会い◉隈本有尚のシュタイナー紹介◉開戦前夜の「第三の道」

明治時代にシュタイナーを紹介した隈本有尚

夏目漱石「坊っちゃん」に登場する山嵐《やまあらし》。主人公とともに学校を去る硬派の数学教師は、その後、シュタイナー神秘学をはじめて日本にもたらすことになる……。と書けばいかにも謎《なぞ》めいてしまう。しかしこれは実在の人物である。

東大予備門時代の漱石に数学を教え、山嵐のモデルともなった彼は、福岡修猷館《しゅうゆうかん》の初代館長など、教育者としての半生を終えた後に洋行。ドイツで人智学とその周囲の人びとと邂逅《かいこう》し、シュタイナー神秘学の紹介・研究者として文章を発表するようになる——その人が、本書の主人公・隈本有尚《くまもとありたか》だ。

シュタイナー、一八六一年。隈本、一八六〇年。生年ひとつ違いの彼は、幕末に生まれ、明治維新以後急激な近代化の渦中《かちゅう》におかれた日本社会のなかで、シュタイナーの思想を「内向きのものではなく、意識を広く社会に解放し社会的な対話を実現し、個人意識の確立と日本社会の変容をもたらすはずのもの」（まえがきより）として受けとめ、それを紹介しようとした。

本書は、隈本の生涯をたどりながら、彼が大正～昭和初期、わずかに灯《とも》そうとした「第三の道」の可能性をほりおこし、戦前期、シュタイナー思想の受容という日本の思想史の埋《う》もれた一断面に、あらたな光を当てる興味深い力作である。

わたしの話を聞いてくれますか

シュタイナーに学ぶ

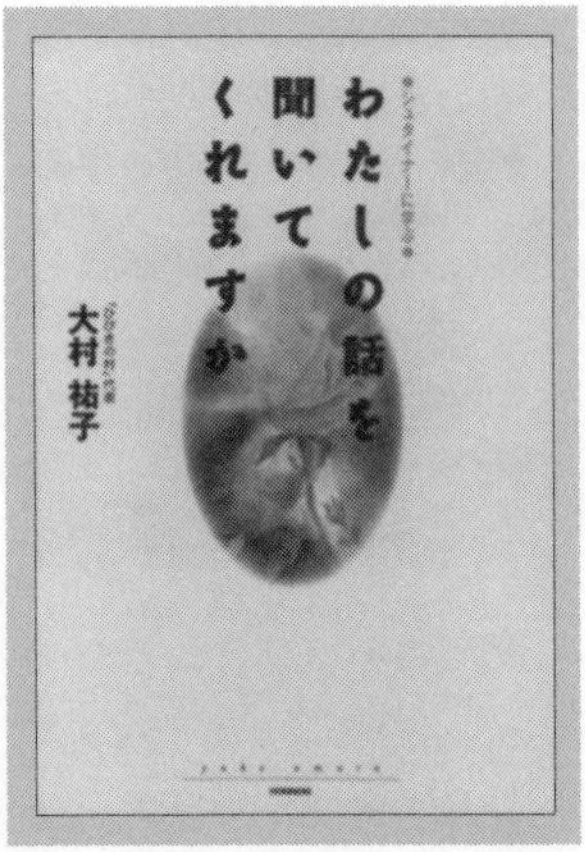

大村祐子著（NPO法人ひびきの村代表）
ほんの木　1999年３月21日　定価（本体）2000円＋税

【主な目次】◉「自由」に生きたい／ルドルフ・シュタイナーとの出会い◉人と共に生きる／ルドルフ・シュタイナー・カレッジの11年間◉使命を知る／シュタイナーとゲーテに学ぶ◉日本で仕事を始めよう／ルドルフ・シュタイナー・カレッジからの卒業

心に伝わる、シュタイナー思想への共感

本書は自らの迷い、つまずき、苦しみ、悩みの中で「シュタイナー」に出会った、自伝的エッセイです。

日本の教育問題、とりわけ子どもたちの置かれた厳しい環境に心を痛め、シュタイナー教師になって、子どもたちに尽くそうとの思いで四二歳の時、子連れ留学を決意したことから、著者、大村祐子さんのドラマティックな人生が始まります。

一九八七年からカリフォルニア州の州都サクラメントにあるルドルフ・シュタイナー・カレッジの教員養成、ゲーテの科学・芸術コースで学んだ大村さんは、九〇年から二年間、サクラメントのシュタイナー学校で教え、さらに、九一年からカレッジで「日本人のための自然と芸術コース」を開始し、九八年までに約一〇〇名の日本人の卒業生を送り出しました。実践的で思索に富むシュタイナー思想と教育に学ぶ日々が、学生たちにあてたニューズレターの中に読み取れます。

大村さんは今、北海道伊達市にあるシュタイナー思想を実践する共同体「ひびきの村」の代表を務め、仲間たちと学び合いながら全日制の「シュタイナーいずみの学校」や教員養成コースなどで日々教壇に立っています。その「ひびきの村」への道と、シュタイナーへの想いが心に染《し》み渡ってくるエッセイです。

耳をすまして聞いてごらん

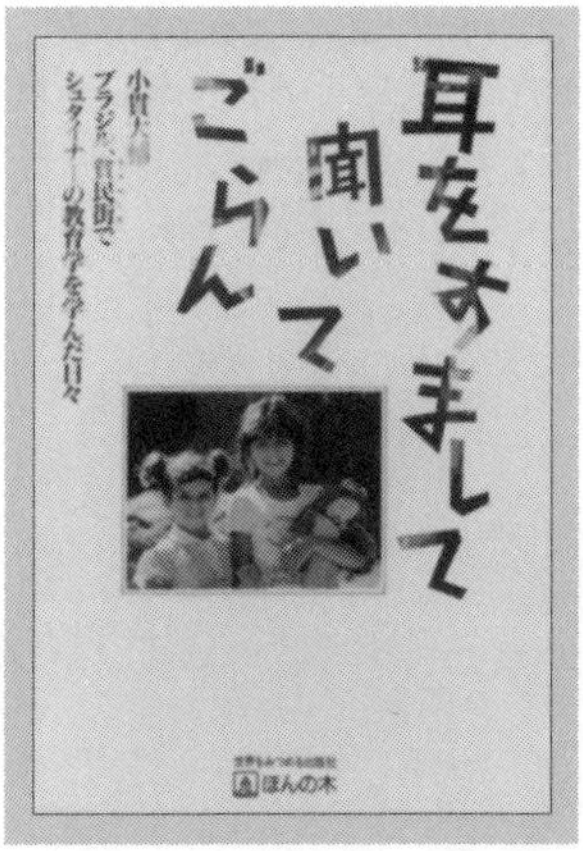

小貫大輔著（チルドレンズ・リソース・インターナショナル（CRI）代表）
ほんの木　1990年８月１日　定価（本体）1500円＋税

【主な目次】◉ブラジルにやってきた！◉女性の自立◉保育園の教育学◉ボランティアの仲間たち◉エスコリーニャ、小さな学校◉貧民街の女性教師◉モンチ・アズール誕生◉日本の日◉小さな大義、ならず者◉エイズ・キャンペーン◉セックスをオープンに語ろう◉お金のいらない経済システム◉シュタイナー医療、28歳の危機◉ゴミ・キャンペーン◉人間博物館、カルマの導き◉アドリアーノ◉耳をすまして聞いてごらん

シュタイナー思想とＮＧＯ活動の面白・痛快体験記

ブラジル、サンパウロのファベーラ（貧民街）にはシュタイナー思想に基づいたモンチ・アズールという共同体があります。ドイツ人の人智学徒ウテ・クレーマーさんが創設した活動で、シュタイナー教育の実践成功事例としてブラジルのみでなく世界的にもよく知られており、そこには学校、保育園、パン工場、織物や木工の工房、識字学校や病院などがあり、一〇〇人を超える職員がシュタイナー思想をベースに働いています。

ひょんなきっかけで、約二年間そこでボランティア活動をした著者・小貫大輔さんの愉快で心温まる体験談。ボランティアのあり方について、そしてシュタイナー思想が現実の共同体に生きている実情について、面白く分かりやすく描かれた本です。小貫さんの「私たち自身の内部が変化することから、世界の変化は始まってゆく」という当たり前の言葉に説得力があります。この本を読んだことがきっかけで、モンチ・アズールでボランティアを行う日本の若者も少なからずいるのだそうです。

著者はその後ブラジルで日本のＪＩＣＡ《ジャイカ》によるエイズや保健対策のプロジェクトで活躍し、帰国。小貫さんの人道的活動は今後も大いに期待されており、本書はそのいわばスタートラインに位置する記録として特色のある輝きを放っています。

あなたは7年ごとに生まれ変わる

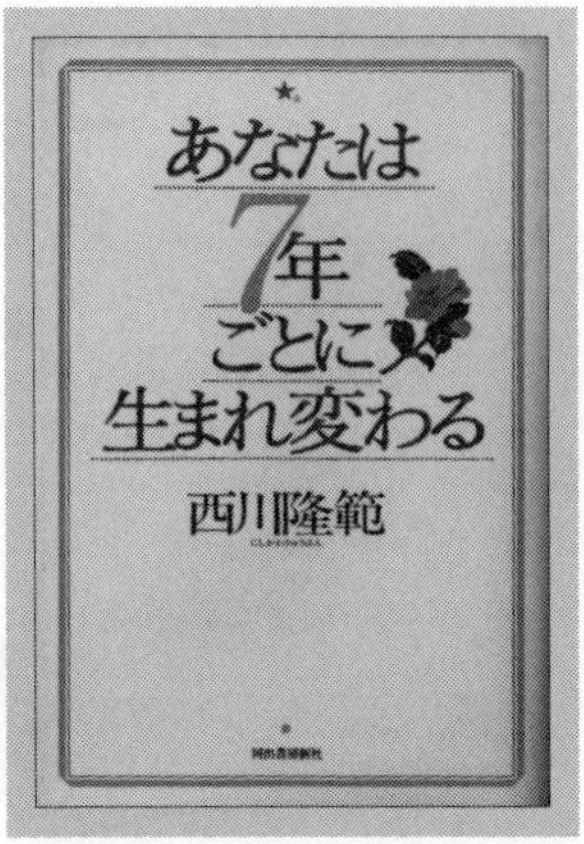

西川隆範著（日本アントロポゾフィー協会理事）
河出書房新社　1995年9月20日　定価（本体）1456円＋税

【主な目次】◉現世における人生のリズム◉前世・来世における人生の法則◉魂を生命化するためのレッスン

シュタイナー7年周期説の源流を学ぶ

本書は、人智学という精神科学の潮流のなかで百年近くにわたって探求されてきた心理学・医学・教育学の成果にもとづき、人生を七年ごとに区切るという考えに沿った人生の手引でありシュタイナーの7年周期説の源流をひもとく書といえます。

七年ごとに人生は新しい段階を迎えるという考え方は、医学の父といわれるヒポクラテスが紀元前五世紀に語り、宗教改革をなしたマルティン・ルターもまた「いつも七年目に人間は変化する」と語ったといいます。

また、一八歳、三七歳、五五歳には人生の新しい可能性への衝動が生じ、二七歳、二八歳ごろは心魂が若い身体の力から切り離されて独立する時期で、孤独を体験するときであり、三三歳前後、三一歳から三五歳にかけて心魂は死ぬような思いを体験し、それを乗り越えて新生を体験することによって、後半生に精神の上昇が可能になるのだそうです。「ライフ・チャートを作ることは、自分の人生を認識し、構築していく助けになるはずだ。また、自分の人生の歩みを一連の絵画で表現したり、物語として表現したりすると、治癒的な効果も現れるのではないかと思う」と著者の西川隆範さんはあとがきで述べています。人生をよりよく生きるための参考になることでしょう。

魂のライフサイクル

ユング・ウィルバー・シュタイナー

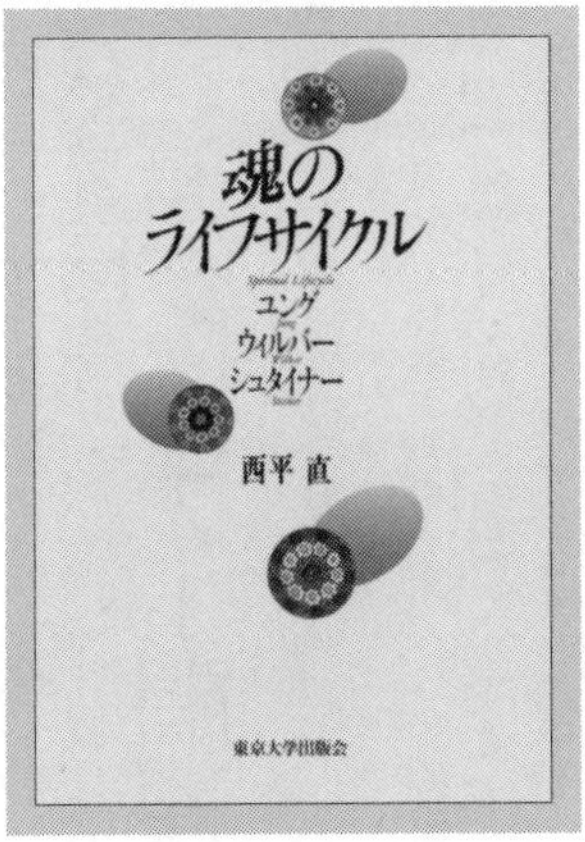

西平 直著（東京大学大学院教育学研究科助教授）

東京大学出版会　1997年7月15日
定価（本体）2800円＋税

【主な目次】◉ユングから見たライフサイクル◉ウィルバーから見たライフサイクル◉シュタイナーから見たライフサイクル／人智学というものの見方—「目に見えない（超感覚的）」次元について／補論　シュタイナー認識論—いかに超感覚的認識に至るか／子どもの発達と死後の発達—シュタイナーのライフサイクル論／「生まれ変わり」のライフサイクル—霊的向上のパラダイム／ライフサイクルの人間学のために

シュタイナーの輪廻思想を、理論的に学ぶ

本書はシュタイナーの研究者であり、「子どもの頃、死んだらどこに行くのか、不思議で仕方なかった」という著者・西平直さんによるライフサイクルについての考察です。

西平さんによると「人は、ずっと同じ存在なのではない。ライフサイクルの場面によって、存在の仕方からして、まるで違っている。生から死へ、死から死後へ、死後から再生へ、いのちのサイクルとして、円環的につながってゆく。なんともスケールの大きな、存在論と発達論とを合わせ持った、ものの見事な理論モデル」という、輪廻《りんね》思想の考え方を紹介しています。

シュタイナーのみならず、ユングやウィルバーから見た、ライフサイクルをも合わせて紹介しているので、客観的にその考え方を比較してみることができるでしょう。シュタイナーから見たライフサイクルの章では、シュタイナー自身の人物像や著作にも言及し、人智学というものの見方を背景にしたシュタイナーの死生観を、学問として丁寧《ていねい》に説明しています。

シュタイナーの語る、輪廻・再生・転生《てんしょう》。そして死者が迷うことのないよう死後の世界を道案内するために唱《とな》えられるという『チベット死者の書』との不思議な相似《そうじ》。読み物としても充実した思想研究の書です。

「ほんの木」とシュタイナー関連出版との出会い

●――シュタイナーの共同体との出会い

小社は1986年設立、16歳の若僧です。この間の出版点数は、書籍が本書で99点目、雑誌が30冊となります。（1988年～1991年、「月刊アップデイト」［廃刊］）このうち、シュタイナーに関する書籍は以下の通りです。

1990年「耳をすまして聞いてごらん」
　小貫大輔著
1991年「クリスマスに咲いたひまわり」（絵本）
　ウテ・クレーマー作　小貫大輔訳
1999年「わたしの話を聞いてくれますか」
　大村祐子著
1999年「シュタイナーに学ぶ通信講座」1期6冊
　大村祐子著
2000年同2期6冊　大村祐子著
2001年同3期6冊　大村祐子著
2001年「ひびきの村　シュタイナー教育の模擬授業」
　大村祐子&ひびきの村著
2001年「創作おはなし絵本」①②
　大村祐子作
2001年「心で感じる、幸せな子育て」
　藤村亜紀著
2002年「シュタイナーを学ぶ　本のカタログ」（本書）
　ほんの木編

以上の26点がこの12年間に生まれました。

最初の小貫さんの本は、当時小社で発行していた月刊「アップデイト」に、ある方の紹介で原稿を持ち込んでくださった、小貫さんのボランティア記がご縁の始まりでした。

ブラジル・サンパウロのファベーラ（貧民街）モンチ・アズールでの小貫さんの奮闘記が実に心を打つ内容であったため、シュタイナー思想の共同体、実践的コミュニティーという「場」にも共感を覚え、単行本となったのでした。

当時「アップデイト」は、地球民主主義をテーマに、主に環境、人権に関わる市民運動やNGOを応援する記事を数多く掲載していたこともあり、アジア、アフリカ、中南米などの南北問題を常に取り上げていました。小貫さんの活動の舞台となった、モンチ・アズールを主宰し、シュタイナー思想を実践するウテ・クレーマーさんの共同体作りの記録は、第三世界に広がる、いわゆる「都市スラム解決」への具体的手がかりとして、編集部内で注目していました。

その後来日したウテさんと出会い、手にしていた「手作りの絵本」を見て、ファベーラの子どもたちへのクリスマス・プレゼントに間に合うよう、この絵本を出版する企画をウテさんと小貫さんにお願いしました。ポルトガル語（ブラジル）、ウテさんの母国語のドイツ語、そして英語と日本語の四か国語に訳して一冊に編集し、この絵本は日本航空の協力を得て海を渡って、無事にファベーラに届き、クリスマスに間に合ったのです。この記事は当時、大きく朝日新聞に載りました。

この頃から、シュタイナー教育・思想の力、とりわけ共同体作りの実践に生きるそのホリスティックな具体性に、更なる共感を抱きました。

その後、小社では、環境、エコロジー、環境教育、ボランティアの入門書、アフリカ支援の本、障害者作業所全国電話帳、障害者理解の本、市民政治、熱帯森林保護活動の本など、より良い社会、世界へと向かうためのテーマを選び、出版を重ねました。が、こうした出版で経営をまかなうことが厳しく、オーガニック・エコロジー雑貨の通信販売を手がけ、何とかやりくりを続けて生き延びてきたのでした。

今思えば、この通信販売システムの実践と開発が、その後１９９９年にスタートした、大村祐子さんの「通信講座」ブックレット・シリーズへとつながり、そこから、多くの読者の声に激励され、ヒントを授けられて、この「シュタイナーを学ぶ　本のカタログ」へと歩んでくることになったのでした。

Column
なかがき

●教育改革の力としてのシュタイナー

バブル崩壊後の日本の１９９０年代は、教育崩壊が著しくなった世紀末でもありました。不登校やいじめ、果ては殺人までと、学校、教育、社会は荒れていきました。心痛める記事が、毎日のようにマスメディアで報道されましたが、具体的に何をもってどうしたら改善されるかは、文部科学省を始め、教育の現場にも、市民社会にも見えてきませんでした。

そんな時、１９９８年、東京で開かれたサクラメント・シュタイナー・カレッジ説明会で大村さんに出会ったのでした。「アメリカでシュタイナー教育が荒れる公教育の改革に大きな役割を果たしているのです」という例を耳にし、早速後日、大村さんに時間をいただき、大村さんの体験と言葉によるシュタイナーの本を、という形で、単行本の企画と、通信講座をスタートさせたのです。

驚いたのは、北海道の伊達市で「ひびきの村」というシュタイナー思想を生きる共同体を始めていたという事実でした。あのウテさんの実践する、社会運動としての共同体像が、そこにダブって見えたからでした。

ご承知のように数多くの人智学の訳書、著書がたくさんの出版社から発刊されています。その果実を、より多くの読者・市民の皆様がご自身のものとされますよう念願いたします。そして、この「シュタイナーを学ぶ　本のカタログ」が、皆様のシュタイナー思想・教育の実践のためにお役に立つことを、心から願ってやみません。

（ほんの木　柴田敬三）

- **つみきやペロル**　http://www.t-perol.com/
  シュタイナー関連のおもちゃなどの販売、及び福岡市からの情報発信。
- **ひびきの村**　http://www.hibikinomura.org/
  シュタイナーが提唱した社会三層構造実践を目指す共同体。
- **広島シュタイナー教育研究会**
  http://home.hiroshima-u.ac.jp/waldorf/index.htm
  広瀬俊雄さんの研究会の活動。
- **フォーラム・スリー**　http://www.forum3.com/
  講座やワークショップの開催、ニューズレターなど。
- **ほんの木**　http://www.honnoki.co.jp/
  「シュタイナーを学ぶ 本のカタログ」及び「ほんの木」書籍目録とその通信販売。
- **魔法の学校**　http://www2u.biglobe.ne.jp/~schule/
  シュタイナーの精神科学を勉強したい人のためのホームページ。
- **三国バイオガーデン**　http://www.musiclabo.com/mikuni/
  農法からコンピュータ、教育論の翻訳まで広範に網羅。
- **村上智さんのホームページ**
  http://village.infoweb.ne.jp/~fwbc3803/index.htm/a.htm
  ドルナッハ留学中のレポートなど。
- **森 章吾さんのホームページ**
  http://www.sam.hi-ho.ne.jp/shogo_mori/
  翻訳者・森さんからのシュタイナー教育情報。
- **幼児教育情報交換室（INFOKIDS MAILING）**
  http://www.geocities.co.jp/Berkeley/5210/index.html
  埼玉県のお父さんのスターターガイド。充実したリンクと情報。
- **らせん教室**　http://members.aol.com/YasuakiS/index.html
  井出芳弘氏の講話メモを中心に教室の活動を公開。

※読者のみなさまへ…主宰者との連絡がつかず、残念ながら今回は掲載できなかったＨＰもありましたが、この他におすすめのＨＰがありましたら、ご一報いただければ幸いです。

シュタイナー関連ホームページ・リスト

●シュタイナー関連のホームページを50音順で紹介しました。時間の経過と共にアドレスや内容などに変更の可能性があります。予めご了承下さい。

協力／幼児教育情報交換室（INFOKIDS MAILING）柳沼総一郎

- **あるとの英国通信**　http://procyon.bridge.ne.jp/alto/index.htm
  エマーソン留学の詳細な日記。豊富な画像ギャラリーも。
- **イザラ書房**　http://www.izara.co.jp/
  シュタイナー著作の出版。
- **大分アントロポゾフィー研究会**　http://www2.plala.or.jp/veni/
  キリスト論を中心にした研究成果の公開。
- **おもちゃ箱**　http://www.omochabako.co.jp/
  シュタイナー関連のクレヨン、絵の具、楽器や玩具などの輸入販売。
- **久留米シュタイナー学習会**
  http://www.try-net.or.jp/~fujiwara/study_group.htm
  藤原富枝さんの学習会の活動。子連れ留学体験記などエッセイも。
- **合原弘子さんのホームページ**　http://hiroko.gohara.com/
  「親だからできるシュタイナー教育」の訳者。Q＆Aコーナーもあり。
- **狛江シュタイナー教育の会**
  http://www.amy.hi-ho.ne.jp/fukusuke/steiner.html
  エッセイ、オイリュトミー情報など。
- **佐藤公俊さんのホームページ**
  http://members.aol.com/satoky/index.html
  「ルドルフ・シュタイナーとマリー・シュタイナーの思い出」翻訳など。
- **三月書房**　http://web.kyoto-inet.or.jp/people/sangatu/
  シュタイナー関係書籍図書目録とその販売。
- **The World of Rudolf Steiner**
  http://www1.neweb.ne.jp/wa/higusumi/index.html
  樋口純明さんのホームページ。論文や翻訳など。
- **Seasonig**　http://www.seasoning.jp/
  大久保せつ子さんが主宰し、豊富な英国シュタイナー情報を持つページ。
- **神秘学遊戯団**　http://www.bekkoame.ne.jp/~topos/
  文献の独自な翻訳を精力的に公開。メーリングリストも。

ほんの木……………………………………………………………………Tel●03-3291-3011

●シュタイナー関連発行物の名称・価格・発行元・問合わせ先です。

冊子

礎（キリスト者共同体 季刊誌） 定価500円
キリスト者共同体………………………………………………………Tel●03-3221-5111

ゲーテアヌムのステンドグラス 定価1200円
シュタイナー教育の礎（森章吾）…………E-MAIL●shogo mori@sam.hi-ho.ne.jp

医術の拡大 定価600円 ※限定部数につき残り僅か
人智学に基づく医療・看護研究所（大住祐子）E-MAIL●oosumi@ic.netlaputa.ne.jp

ヴァルドルフ学校についてのQ&A 定価900円
第5回アジア・パシフィック・アントロポゾフィー会議実行委員会（2000年10月解散）
……………………………………………………Tel●03-5287-4770（フォーラムスリー）

アントロポゾフィーと仏教
聖き夜との考えと私なる秘密 定価900円
日本アントロポゾフィー協会……………………………………………Tel●03-3205-9645

仲 正雄講演録 定価700円
フォーラムスリー………………………………………………………Tel●03-5287-4770

シュタイナー思想に添った子育て 定価500円
堀内節子…………………………………Tel●03-3205-9645（日本アントロポゾフィー協会）

シュタイナー幼児教育への道 定価500円
横浜シュタイナーこどもの園……………………………………………Fax●0468-66-2196

その他／ニューズ・レターなど

岩手シュタイナーを学ぶ会のお知らせ 会員向け／年会費2000円
岩手シュタイナーを学ぶ会事務局(連絡は9：00～21：00まで)…Tel●0197-56-4622

PLANETS（プラネッツ／NPO法人京田辺シュタイナー学校会報） 年間購読料12000円
京田辺シュタイナー学校………………………………………………FAX●0774-64-3334

中部地方シュタイナー関係勉強会講座等のご案内 年間購読料2400円
シュタイナーネットワーク………………………………………………Tel●052-930-1317

カモミール 年間購読料1000円
那須シュタイナーカモミールの会………………………………………Fax●0287-63-6533

月刊アントロポゾフィー 年間購読料8000円
日本アントロポゾフィー協会……………………………………………Tel●03-3205-9645

風の便り 会員向け／年会費5000円
ひびきの村通信 送料・印刷代として500円
ひびきの村………………………………………………………………Tel●0142-21-2684

オープンフォーラム 年間購読料3000円
フォーラム・スリー……………………………………………………Tel●03-3203-8214

これらの情報は時間の経過と共に状況や名称などが変わる可能性もありますので、予めご了承下さい。詳しいお問い合わせは各連絡先にお願い致します。

本文でご紹介できなかった書籍

●出版元のご都合や本書の原稿締め切り後に発行・再版されたため、残念ながら今回は本文でご紹介できなかった書籍のリストです。

キャンドル・オン・ザ・ヒル（ローレンス・ヴァン・デル・ポスト著）
飛鳥新社 ……Tel●03-3263-7770

シュタイナー学校の音楽の授業（フェリチタス・ムーへ著）
音楽之友社 …Tel●03-3235-4511（本の注文） 03-3235-2141（内容の問い合わせ）

シュタイナー教育の方法（高橋巖著）
角川書店……Tel●0492-59-1100

シュタイナーと建築（ペーター・フェルガー著）
集文社 ……Tel●03-3295-5700

アーカーシャ年代記より（ルドルフ・シュタイナー著）
教育と芸術（ルドルフ・シュタイナー著）
自由の哲学（ルドルフ・シュタイナー著）
神秘学概論（ルドルフ・シュタイナー著）
精神科学と社会問題（ルドルフ・シュタイナー著）
ユングとシュタイナー（ゲルハルト・ヴェーア著）
ルドルフ・シュタイナー（F・W・ツァイマンス／ファン・エミヒョーベン著）
ルドルフ・シュタイナーの社会変革構想（ラインハルト・ギーゼ編）
人智学出版社 ……Tel●03-3920-6662

自由の哲学（ルドルフ・シュタイナー著）
ルドルフ・シュタイナー100冊のノート（高橋巖著）
筑摩書房……Tel●048-651-0053

若きシュタイナーとその時代（高橋巖著）
平河出版 ……Tel●03-3454-4885

シュタイナー用語辞典（西川隆範著）
風濤社 ……Tel●03-3813-3421

出版予定の書籍

●今後出版が予定されている書籍。編集部で把握している限りのご紹介です。

シュタイナー仏教論集（ルドルフ・シュタイナー著）
神秘的事実としてのキリスト教と古代密儀（ルドルフ・シュタイナー著）
アルテ……Tel●03-3981-2830

シュタイナー教育クラフトワールドVol. 7
クリスマスクラフト&ローズ・ウィンドウ（トマス・ベルガー／ヘルガ・マイヤーブレーカー著）
イザラ書房 ……Tel●03-5958-5725

頭の教育　心の教育（ルドルフ・シュタイナー著）
風濤社……Tel●03-3813-3421

新しい人生は七年ごとにやってくる（大村祐子著）

わたしのなかからわたしがうまれる　イレーネ・ヨーハンゾン著
——以上　晩成書房……………………………Tel●03—3293—8348
個人と人類を導く霊の働き　ルドルフ・シュタイナー著
村松書館………………………………………Tel●03—3600—5844

絶版本リスト

いま、シュタイナーの「民族論」をどう読むか　松澤正博、西川隆範著
いま、シュタイナーをどう読むか　松澤正博 他著
オイリュトミー芸術　ルドルフ・シュタイナー著
死後の生活　ルドルフ・シュタイナー著
シュタイナー教育の四つの気質　高橋巖著
神秘学序説　高橋巖著
魂のこよみ　ルドルフ・シュタイナー著
血はまったく特製のジュースだ　ルドルフ・シュタイナー著
ルドルフ・シュタイナーの「大予言」　渋沢賛、松浦賢著
ルドルフ・シュタイナーの「大予言」2　松浦賢著
——以上　イザラ書房…………………………Tel●03—5958—5725
シュタイナーの学校・銀行・病院・農場　ペーター・ブリュッゲ著
学陽書房………………………………………Tel●03—3261—1111
いかにカルマは作用するか　ルドルフ・シュタイナー著
現代の教育はどうあるべきか　ルドルフ・シュタイナー著
シュタイナー教育入門　G・ヴェーア著
人智学・神秘主義・仏教　ルドルフ・シュタイナー著
人智学の現況　クルト・E・ベッカー他編
神秘劇 I　ルドルフ・シュタイナー著
ニーチェ　ルドルフ・シュタイナー著
マルコ伝　ルドルフ・シュタイナー著
メールヒェン　ゲーテ、ルドルフ・シュタイナー著
——以上　人智学出版社………………………Tel●03—3920—6662
シュタイナー幼児教育手帖　高橋弘子編集
創林社　……………………………………………………（1987年に倒産）
ルドルフ・シュタイナー　総合芸術家としての全貌　本間英世著
パルコ出版……………………………………Tel●03—3477—5755

●残念ながら品切れ・絶版になってしまったシュタイナー関連書籍のリストですが、国会図書館で閲覧が可能です。(なお、角川書店の本は「現代の神秘学」以外、角川ライブラリーで閲覧できます)

●分かる範囲で調べたリストです。この他にもシュタイナー関連の品切れ及び絶版本がありましたら、編集部（FAX：03—3295—1080）までお知らせ願います。なお同一書籍で他の出版社から刊行されているもの、および異なる訳者で刊行されているものは割愛させていただきました。また時間の経過と共に情報の変更の可能性があります。予めご了承下さい。

品切れ本リスト

日本《ヤーパン》の夏　子安美知子著
朝日新聞社……………………………Tel●03—3545—0131
色彩の秘密　ルドルフ・シュタイナー著
色彩の本質　ルドルフ・シュタイナー著
シュタイナー教育小事典ー子ども編　ルドルフ・シュタイナー著
シュタイナー先生、こどもに語る。　ルドルフ・シュタイナー著
——以上　イザラ書房
幸福の法則　子安美知子著
海竜社…………………………………Tel●03—3542—9671
シュタイナー学校の教師教育　河津雄介著
学事出版………………………………Tel●03—3255—5471
現代の神秘学　高橋巖著
治療教育講義　ルドルフ・シュタイナー著
——以上　角川書店…………………Tel●0492—59—1100
R. シュタイナーと現代　永野英身著
近代文芸社……………………………Tel●03—3942—0869
自己認識への道　ルドルフ・シュタイナー著
社会問題の核心　ルドルフ・シュタイナー著
神秘的事実としてのキリスト教と古代の密議　ルドルフ・シュタイナー著
——以上　人智学出版社……………Tel●03—3920—6662
"授業からの脱皮" ペスタロッチからルドルフ・シュタイナーへ
ベルン自由教育連盟編

関連資料

【品切れ・絶版本リスト】

【関連発行物】

・本文でご紹介できなかった書籍、出版予定の書籍、冊子、その他／ニューズ・レターなど。

【ホームページ・リスト】

※これらの情報は時間の経過と共に変更の可能性がありますので、予めご了承願います。

ミネルヴァ書房●〒607-8494 京都府京都市山科区日ノ岡堤谷町1

TEL：075-581-0296（営業） FAX：075-581-0589

HP：http://www.minervashobo.co.jp

親子で学んだ ウィーン・シュタイナー学校 ……76
シュタイナーの人間観と教育方法 ……34

村松書館●〒125-0042 東京都葛飾区金町3-41-1

TEL：03-3600-5844 FAX：03-3600-5844

道を照らす光 ……185

ルドルフ・シュタイナー研究所（発行）＋フレーベル館（販売）

●〒248-0016 神奈川県鎌倉市長谷2-1-3

TEL：0467-22-7075 FAX：0467-22-7074

自由への教育 ……31
シュタイナー幼稚園のうた ……54
七歳までの人間教育 ……51

ウォルドルフ人形と小さな仲間たち……………………………124
ウォルドルフ人形の本 ……………………………………………122
ウォルドルフの動物たち …………………………………………123

平凡社●〒112-0001 東京都文京区白山2-29-4
TEL：03-3818-0874（営業） FAX：03-3818-0674（営業）
HP：http://www.heibonsha.co.jp

シュタイナー医学原論 ……………………………………………195

ほるぷ出版●〒113-0033 東京都文京区本郷3-40-11
TEL：03-5684-8871 FAX：03-5684-8875
HP：http://www.holp-pub.co.jp

うれしい気持ちの育て方 …………………………………………207

ほんの木●〒101-0054 東京都千代田区神田錦町2-9-1 斉藤ビル
TEL：03-3291-3011 FAX：03-3293-4776
HP：http://www.honnoki.co.jp

ガラスのかけら ……………………………………………………67
クリスマスに咲いたひまわり ……………………………………65
心で感じる幸せな子育て …………………………………………68
シュタイナー教育に学ぶ通信講座 第1期 ………………………42
シュタイナー教育に学ぶ通信講座 第2期 ………………………43
シュタイナー教育に学ぶ通信講座 第3期 ………………………44
ひびきの村 シュタイナー教育の模擬授業 ……………………45
耳をすまして聞いてごらん ………………………………………211
雪の日のかくれんぼう ……………………………………………66
わたしの話を聞いてくれますか …………………………………210

ま行

みすず書房●〒113-0033 東京都文京区本郷5-32-21
TEL：03-3814-0131 FAX：03-3818-6435
HP：http://www.msz.co.jp

教育術 ………………………………………………………………24

索引●出版社別

パロル舎●〒113-0033　東京都文京区本郷1-10-13
TEL：03-3813-3046　FAX：03-3813-3034
子どもが生まれる順番の神秘……………………………………………50
子どもが3つになるまでに………………………………………………49

晩成書房●〒101-0064　東京都千代田区猿楽町1-4-4
TEL：03-3293-8348　FAX：03-3293-8349
HP：http://www.bansei.co.jp
感覚を育てる　判断力を育てる…………………………………………85
シュタイナー学校の芸術教育……………………………………………84
シュタイナー　危機の時代を生きる……………………………………15
フォルメンを描くⅠ・Ⅱ…………………………………………………113

平河出版社●〒108-0073東京都港区三田3-1-5　第一奈半利川ビル3F
TEL：03-3454-4885　FAX：03-5484-1660
シュタイナー　芸術と美学………………………………………………102
シュタイナー　心理学講義………………………………………………181
薔薇十字会の神智学………………………………………………………138
秘儀参入の道………………………………………………………………147

風濤社●〒113-0033　東京都文京区本郷2-3-3
TEL：03-3813-3421　FAX：03-3813-3422
色と形と音の瞑想…………………………………………………………107
神秘学から見た宗教………………………………………………………178
精神科学から見た死後の生………………………………………………156
天使たち　妖精たち………………………………………………………160
人間の四つの気質……………………………………………………………79
星と人間……………………………………………………………………180

フレーベル館●〒113-8611　東京都文京区本駒込6-14-9
TEL：03-5395-6613（営業）　FAX：03-5395-6627（営業）
HP：http://www.froebel-kan.co.jp
幼児のための人形劇…………………………………………………………53

文化出版局●〒151-8524　東京都渋谷区代々木3-22-1
TEL：03-3299-2511（販売）　FAX：03-3320-4284
HP：http://books.bunka.ac.jp

中央公論新社●〒104-8320 東京都中央区京橋2-8-7
TEL：03-3563-1431（販売）　FAX：03-3561-5922（販売）
HP：http://www.chuko.co.jp

　ミュンヘンの小学生 ……………………………………………74
　私のミュンヘン日記 ……………………………………………77

地湧社●〒101-0042 東京都千代田区神田東松下町12-1
TEL：03-3258-1251　FAX：03-3258-7564
HP：http://www.jiyusha.co.jp

　親子で楽しむ　手づくりおもちゃ ……………………………52
　水と遊ぶ　空気と遊ぶ …………………………………………71
　大地と遊ぶ　火と遊ぶ …………………………………………72

東京大学出版会●〒113-8654 東京都文京区本郷 7-3-1
TEL：03-3811-8814　FAX：03-3812-6958
HP：http://www.utp.or.jp

　魂のライフサイクル ……………………………………………213

は行

白馬社●〒612-8105 京都府京都市伏見区東奉行町1-3
TEL：075-611-7855　FAX：075-603-6752
HP：http://www.hakubasha.co.jp

　シュタイナー村体験記 …………………………………………95

ぱる出版●〒160-0003 東京都新宿区本塩町 8
TEL：03-3353-2835　FAX：03-3353-2887
HP：http://www.sanpal.co.jp/pal

　シュタイナー自伝Ⅰ・Ⅱ …………………………………………12
　シュタイナー入門（ヨハネス・ヘムレーベン著、河西善治編・著） ………13
　『坊っちゃん』とシュタイナー …………………………………209

幼児のためのメルヘン	121
輪廻転生とカルマ	155
ルドルフ・シュタイナーと人智学	14
霊視と霊聴	169
霊界の境域	167

青土社 ●〒101-0051　東京都千代田区神田神保町1-29　市瀬ビル
TEL：03-3294-7829（営業）　FAX：03-3294-8035
HP：http://www.seidosha.co.jp

シュタイナーの思想と生涯	16

せせらぎ出版 ●〒530-0043　大阪府大阪市北区天満2-1-19　高島ビル2F
TEL：06-6357-6916　FAX：06-6357-9279
HP：http://www.seseragi-s.com

いのちに根ざす　日本のシュタイナー教育	40

た行

筑摩書房 ●〒111-8755　東京都台東区蔵前2-5-3
TEL：048-651-0053（サービスセンター）
FAX：048-666-4648（サービスセンター）
HP：http://www.chikumashobo.co.jp

いかにして超感覚的世界の認識を獲得するか	165
教育芸術1　方法論と教授法	26
教育芸術2　演習とカリキュラム	27
教育の基礎としての一般人間学	25
ゲーテ的世界観の認識論要綱	132
十四歳からのシュタイナー教育	69
シュタイナー経済学講座	190
シュタイナー・建築	105
シュタイナー入門（小杉英了著）	19
神智学	135
神秘学概論（高橋 巌訳）	140

春秋社●〒101-0021 東京都千代田区外神田2-18-6
TEL：03-3255-9611 FAX：03-3253-1384
HP：http://www.shunjusha.co.jp

シュタイナーに〈看護〉を学ぶ……199
シュタイナーのカルマ論……154
シュタイナー ヨハネ福音書講義……170
シュタイナー 霊的宇宙論……158
土壌の神秘……202

小学館●〒101-8001 東京都千代田区一ツ橋2-3-1
TEL：03-3230-5739（販売） FAX：03-3230-0094（販売）
HP：http://www.shogakukan.co.jp

思春期の危機をのりこえる……73
シュタイナー教育の創造性……32
シュタイナー 芸術としての教育……46
シュタイナー 再発見の旅……208

水声社●〒112-0002 東京都文京区小石川2-10-1
TEL：03-3818-6040 FAX：03-3818-2437

遊びとファンタジー……55
オイリュトミーの世界……116
9歳児を考える……70
子どもの絵ことば……109
四季の宇宙的イマジネーション……179
釈迦・観音・弥勒とは誰か……177
シュタイナー学校の算数の時間……82
シュタイナー思想入門……20
人智学指導原則……141
人智学の死生観……157
神秘主義と現代の世界観……144
西洋の光のなかの東洋……145
世界史の秘密……146
創世記の秘密……173
魂の保護を求める子どもたち……198
日本のシュタイナー幼稚園……56
仏陀からキリストへ……176
メルヘンの世界観……120
メルヘン論……119

耕文舎（発行）＋ イザラ書房（販売）
●〒325-0103　栃木県黒磯市青木390-43　スタジオス・テップス
TEL：0287-62-6320　FAX：0287-62-6320
体と意識をつなぐ四つの臓器 …………………………………… 197
芸術治療の実際 …………………………………………………… 196
植物の形成運動 …………………………………………………… 203
魂の扉・十二感覚 ………………………………………………… 183

晃洋書房
●〒615-0026　京都府京都市右京区西院北矢掛町7
TEL：075-312-0788　FAX：075-312-7447
ゲーテの世界観 …………………………………………………… 133

五月書房
●〒101-0064　東京都千代田区猿楽町2-6-5
TEL：03-3233-4161　FAX：03-3233-4162
おもいっきりシュタイナー学校 ………………………………… 98

国書刊行会
●〒174-0056　東京都板橋区志村1-13-15
TEL：03-5970-7421（代表）　FAX：03-5970-7427（代表）
HP：http://www.kokusho.co.jp
アカシャ年代記より ……………………………………………… 142
神殿伝説と黄金伝説 ……………………………………………… 175
秘儀の歴史 ………………………………………………………… 148

さ行

相模書房
●〒104-0061　東京都中央区銀座2-11-6　竹田ビル
TEL：03-3542-0660　FAX：03-3542-0660
新しい建築様式への道 …………………………………………… 104
世界観としての建築 ……………………………………………… 106

三省堂
●〒101-8371　東京都千代田区三崎町2-22-14
TEL：03-3230-9412　FAX：03-3230-9569
HP：http://www.sanseido-publ.co.jp/

協同出版●〒101-0054 東京都千代田区神田錦町2-5
TEL：03-3295-1341（営業）　FAX：03-3233-0970
HP：http://www.cyborg.ne.jp/~kyodo001/index.html
シュタイナー教育を学びたい人のために …………………………………… 41

共同通信社●〒107-8517 東京都港区赤坂1-9-20　第16興和ビル北館1F
TEL：03-5572-6021（営業）　FAX：03-3585-4269
HP：http://www.kyodo.co.jp/pb
生きる力を育てる ……………………………………………………………… 89
続・我が家のシュタイナー教育 ……………………………………………… 91
大切な忘れもの ………………………………………………………………… 92
もうひとつの道 ………………………………………………………………… 93
我が家のシュタイナー教育 …………………………………………………… 90

グロリヤ出版●〒162-0805 東京都新宿区矢来町75
TEL：03-3268-0914
シュタイナー教育　その実体と背景 ………………………………………… 99

勁草書房●〒112-0005 東京都文京区水道2-1-1
TEL：03-3814-6861　FAX：03-3814-6854
HP：http://www.keisoshobo.co.jp
ウィーンの自由な教育 ………………………………………………………… 88

工作舎●〒150-0046 東京都渋谷区松濤2-21-3
TEL：03-3465-5251　FAX：03-3465-5254
HP：http://www.kousakusha.co.jp
色彩論 …………………………………………………………………………… 114

講談社●〒112-8001 東京都文京区音羽2-12-21
TEL：03-5395-3676（お客様センター）
FAX：03-5972-6300（注文用紙取り出し）
HP：http://www.kodansha.co.jp

シュタイナー教育 おもちゃと遊び ……………………………… 63
0歳から7歳までのシュタイナー教育 …………………………… 58

学陽書房●〒102-0072　東京都千代田区飯田橋1-9-3
TEL：03-3261-1111（営業）　FAX：03-5211-3300（営業）

おもちゃが育てる空想の翼 ………………………………………… 97
親だからできる 赤ちゃんからのシュタイナー教育 ……………… 57
シュタイナー教育とオイリュトミー ……………………………… 117
シュタイナー教育を考える ………………………………………… 36
テレビを消してみませんか？ ……………………………………… 64
七歳までは夢の中 …………………………………………………… 62
「モモ」を読む ……………………………………………………… 206
私のまわりは美しい ………………………………………………… 78

柏書房●〒113-0021　東京都文京区本駒込1-13-14
TEL：03-3947-8251　FAX：03-3947-8255
HP：http://www.kashiwashobo.co.jp

いかにして高次の世界を認識するか ……………………………… 166
テオゾフィー 神智学 ……………………………………………… 136

角川書店●〒102-8177　東京都千代田区富士見2-13-3（本社）
TEL：0492-59-1100（受注センター読者係）
HP：http://www.kadokawa.co.jp/

自己教育の処方箋 …………………………………………………… 81
シュタイナー教育入門 ……………………………………………… 37
シュタイナー教育を語る …………………………………………… 38
シュタイナー哲学入門 ……………………………………………… 134
シュタイナーの治療教育 …………………………………………… 200
千年紀末の神秘学 …………………………………………………… 184

河出書房新社●〒151-0051　東京都渋谷区千駄ヶ谷2-32-2
TEL：03-3404-1201　FAX：03 3404 0338
HP：http://www.kawade.co.jp

あなたは7年ごとに生まれ変わる ………………………………… 212
こころの育て方 ……………………………………………………… 103

ちいさな子のいる場所 ………………………	61
天使がわたしに触れるとき …………………	164
天使と人間 ……………………………………	161
ネイチャーコーナー …………………………	125
農業講座 ………………………………………	201
ハーベストクラフト …………………………	130
病気と治療 ……………………………………	192
フェルトクラフト ……………………………	127
民族魂の使命 …………………………………	159
メイキングドール ……………………………	128
瞑想と祈りの言葉 ……………………………	168
メルヘンウール ………………………………	126
ルカ福音書講義 ………………………………	171
霊学の観点からの子どもの教育 ……………	30
歴史のなかのカルマ的関連 …………………	152

▶ **音楽之友社**●〒162-8716 東京都新宿区神楽坂6-30
　TEL：03-3235-4511　FAX：03-3235-4011
　HP：http://www.ongakunotomo.co.jp

いつもいつも音楽があった ……………………	96
魂の発見 ………………………………………	86

か行

▶ **学事出版**●〒101-0021 東京都千代田区外神田2-2-3
　TEL：03-3255-5471（代表）
　FAX：0120-655-514（フリーダイヤル）
　HP：http://www.gakuji.co.jp

教師性の創造 …………………………………	80
発想の転換を促す シュタイナーの教育名言100選 ………………	47

▶ **学習研究社（学研）**●〒145-8502 東京都大田区上池台4-40-5
　TEL：03-3726-8188（営業）　FAX：03-3726-8862（営業）
　HP：http://shop.gakken.co.jp/shop/index.html

索引●出版社別〈50音順〉

あ行

● **朝日新聞社出版局** ●〒104-8011　東京都中央区築地5-3-2
TEL：03-3545-0131　FAX：03-5540-7845（注文と明記）
HP：http://opendoors.asahi-np.co.jp

- シュタイナー教育を考える ……………………………………………… 35
- ミュンヘンの中学生 ……………………………………………………… 75
- 私とシュタイナー教育 …………………………………………………… 87

● **イザラ書房** ●〒171-0022　東京都豊島区南池袋2-12-5　第6・7中野ビル6F
TEL：03-5958-5725　FAX：03-5958-5726
HP：http://www.izara.co.jp

- 悪の秘儀 ………………………………………………………………… 163
- いかにして前世を認識するか ………………………………………… 149
- イースタークラフト ……………………………………………………… 129
- 「泉の不思議」―四つのメルヘン ……………………………………… 118
- 宇宙のカルマ …………………………………………………………… 153
- オカルト生理学 ………………………………………………………… 193
- オックスフォード教育講座 ……………………………………………… 23
- 音楽の本質と人間の音体験 …………………………………………… 115
- カルマの開示 …………………………………………………………… 150
- カルマの形成 …………………………………………………………… 151
- 健康と食事 ……………………………………………………………… 194
- 現代と未来を生きるのに必要な社会問題の核心 …………………… 188
- 子ども・絵・色 …………………………………………………………… 60
- 子どもの体と心の成長 …………………………………………………… 48
- 色彩のファンタジー …………………………………………………… 110
- 社会の未来 ……………………………………………………………… 189
- シュタイナー学校のフォルメン線描 …………………………………… 111
- シュタイナー教育　その理論と実践 …………………………………… 33
- シュタイナー教育と子どもの暴力 ……………………………………… 94
- シュタイナー教育の基本要素 ………………………………………… 29
- シュタイナー教育の実践 ………………………………………………… 28
- シュタイナーの宇宙進化論 …………………………………………… 143
- 神智学の門前にて ……………………………………………………… 137

メース／L・F・C
　シュタイナー医学原論 …………………………………195

ヤ　ヤフケ／フライヤ
　親子で楽しむ 手づくりおもちゃ ………………………52
　メルヘンウール …………………………………………126
　幼児のための人形劇 ……………………………………53

ユーネマン／マルグリット
　シュタイナー学校の芸術教育 …………………………84
　フォルメン線描 …………………………………………112

ラ　ラインケンス／ズンヒルト
　メイキングドール ………………………………………128

リントホルム／ダン
　天使が私に触れる時 ……………………………………164

レーウェン／M・V
　ネイチャーコーナー ……………………………………125

索引●著者別

　土壌の神秘 …………………………………… 202

ハイデブラント／カロリーネ・フォン
　子どもの体と心の成長 ………………………… 48

ビトルストン／アダム
　魂の同伴者たち ……………………………… 162

ビューラー／ワルター
　人智学の死生観 ……………………………… 157

ビューラー／エルンスト
　フォルメン線描 ……………………………… 112

ブラバント／マンフレート・シュミット
　シュタイナー教育と子どもの暴力 …………… 94

ヘムレーベン・ヨハネス
　シュタイナー入門（ぱる出版） ………………… 13

ベルガー／トマス
　イースタークラフト ………………………… 129
　ハーベストクラフト ………………………… 130

ベルガー／ペトラ
　フェルトクラフト …………………………… 127
　イースタークラフト ………………………… 129

ベルトルドニアンドレ／ヒルデガルト
　フォルメン線描 ……………………………… 112

ボールドウィン／ラヒマ
　親だからできる　赤ちゃんからのシュタイナー教育 … 57

ボッケミュール／ヨヘン
　植物の形成運動 ……………………………… 203

ホルツアッペル／ヴァルター
　体と意識をつなぐ四つの臓器 ………………… 197

マ　ムースコップス／J
　ネイチャーコーナー ………………………… 125

霊学の観点からの子どもの教育 ……………………… 30
　　　霊界の境域 …………………………………………… 167
　　　霊視と霊聴 …………………………………………… 169
　　　歴史のなかのカルマ的関連 ………………………… 152

　　シュトラウス／ミヒャエラ
　　　子どもの絵ことば …………………………………… 109

　　シュナイダー／ヨハネス・W
　　　シュタイナー教育と子どもの暴力 …………………… 94
　　　メルヘンの世界観 …………………………………… 120

　　シュミット／ダグマー
　　　メルヘンウール ……………………………………… 126

　　ズスマン／アルバート
　　　魂の扉・十二感覚 …………………………………… 183

　　ステイリー／ベティ
　　　思春期の危機をのりこえる …………………………… 73

タ　チャイルズ／ギルバート
　　　シュタイナー教育　その理論と実践 ………………… 33

　　トムプキンズ／ピーター
　　　土壌の神秘 …………………………………………… 202

ナ　ニーダーホイザー／ハンス・ルドルフ
　　　シュタイナー学校のフォルメン線描 ………………… 111

　　ノイシュツ（ニューシュツ）／カーリン
　　　ウォルドルフ人形の本 ……………………………… 122
　　　ウォルドルフの動物たち …………………………… 123
　　　おもちゃが育てる空想の翼 …………………………… 97
　　　テレビを消してみませんか？ ………………………… 64

ハ　バーデヴィーン／ヤン
　　　シュタイナー教育　その実体と背景 ………………… 99

　　バード／クリストファー

索引●著者別

シュタイナーの宇宙進化論	143
シュタイナーのカルマ論	154
シュタイナー ヨハネ福音書講義	170
シュタイナー 霊的宇宙論	158
神智学	135
神智学の門前にて	137
人智学指導原則	141
神殿伝説と黄金伝説	175
神秘学概論(イザラ書房)	139
神秘学概論(筑摩書房)	140
神秘主義と現代の世界観	144
精神科学から見た死後の生	156
西洋の光のなかの東洋	145
世界史の秘密	146
創世記の秘密	173
第五福音書	172
魂の隠れた深み	182
テオゾフィー 神智学	136
天使たち 妖精たち	160
天使と人間	161
人間の四つの気質	79
人間理解からの教育	22
農業講座	201
遺された黒板絵	108
薔薇十字会の神智学	138
秘儀参入の道	147
秘儀の歴史	148
病気と治療	192
仏陀からキリストへ	176
星と人間	180
民族魂の使命	159
瞑想と祈りの言葉	168
メルヘン論	119
黙示録の秘密	174
輪廻転生とカルマ	155
ルカ福音書講義	171

シュタイナー学校の算数の時間……82
フォルメン線描……112

シュタイナー／ルドルフ
アカシャ年代記より……142
悪の秘儀……163
新しい建築様式への道……104
いかにして高次の世界を認識するか……166
いかにして前世を認識するか……149
いかにして超感覚的世界の認識を獲得するか……165
「泉の不思議」―四つのメルヘン……118
色と形と音の瞑思……107
宇宙のカルマ……153
オカルト生理学……193
オックスフォード教育講座……23
音楽の本質と人間の音体験……115
カルマの開示……150
カルマの形成……151
教育芸術１ 方法論と教授法……26
教育芸術２ 演習とカリキュラム……27
教育術……24
教育の基礎としての一般人間学……25
ゲーテ的世界観の認識論要綱……132
ゲーテの世界観……133
健康と食事……194
現代と未来を生きるのに必要な社会問題の核心……188
四季の宇宙的イマジネーション……179
社会の未来……189
釈迦・観音・弥勒とは誰か……177
十四歳からのシュタイナー教育……69
シュタイナー教育の基本要素……29
シュタイナー教育の実践……28
シュタイナー経済学講座……190
シュタイナー 芸術と美学……102
シュタイナー自伝Ⅰ・Ⅱ……12
シュタイナー 心理学講座……181

索引●著者別

クラーニッヒ／エルンスト・ミヒャエル
フォルメン線描 ……………………………………………… 112

クラウル／ヴァルター
大地と遊ぶ 火と遊ぶ ………………………………………… 72
水と遊ぶ 空気と遊ぶ ………………………………………… 71

クリステラー／エーファ・メース
芸術治療の実際 ……………………………………………… 196

グルネリウス／E・M
七歳までの人間教育 …………………………………………… 51

クレーマー／ウテ
クリスマスに咲いたひまわり ………………………………… 65

ゲーテ／ヨーハン・ヴェルフガング・フォン
色彩論 ………………………………………………………… 114

ケーニッヒ／カール
子どもが生まれる順番の神秘 ………………………………… 50
子どもが3つになるまでに …………………………………… 49

ケーニッヒ／スーゼ
幼児のためのメルヘン ……………………………………… 121

ケリードー／ルネ
シュタイナー教育の創造性 …………………………………… 32

コェプケ／ヘルマン
9歳児を考える ………………………………………………… 70

コッホ／エリーザベト
色彩のファンタジー ………………………………………… 110

コリンズ／マーベル
道を照らす光 ………………………………………………… 185

サ シェパード／アーサー・ピアス
シュタイナーの思想と生涯 …………………………………… 16

シューベルト／エルンスト

吉田　敦彦
いのちに根ざす　日本のシュタイナー教育 ……………………………40

吉田　武男
シュタイナー教育を学びたい人のために …………………………41
発想の転換を促す　シュタイナーの教育名言100選 ………………47

ア　ヴァーグナー／ゲラルト
色彩のファンタジー ……………………………………………110

ヴァイス／トーマス・ヨハネ
魂の保護を求める子どもたち …………………………………198

ヴァイトマン／F
シュタイナー学校の芸術教育 …………………………………84

ウィルソン／コリン
ルドルフ・シュタイナー　その人物とヴィジョン ………………17

ウリーン／ベングト
シュタイナー学校の数学読本 …………………………………83

エプリ／ヴィリ
感覚を育てる　判断力を育てる ………………………………85

オーバーフーバー／コンラート
遺された黒板絵 …………………………………………………108

カ　カルルグレン／フランス
自由への教育 ……………………………………………………31
ルドルフ・シュタイナーと人智学 ……………………………14

クグラー／ヴァルター
シュタイナー危機の時代を生きる ……………………………15

クーティク／クリスチアーネ
遊びとファンタジー ……………………………………………55

クッツリ／ルドルフ
フォルメンを描くⅠ・Ⅱ ………………………………………113

240

索引●著者別

西川　隆範
あなたは7年ごとに生まれ変わる ……………………… 212
こころの育て方 ………………………………………… 103
シュタイナー思想入門 …………………………………… 20

西平　直
シュタイナー入門（講談社） …………………………… 18
魂のライフサイクル …………………………………… 213

は　秦　理絵子
シュタイナー教育とオイリュトミー …………………… 117

広瀬　俊雄
生きる力を育てる ……………………………………… 89
ウィーンの自由な教育 ………………………………… 88
シュタイナーの人間観と教育方法 ……………………… 34

広瀬　牧子
親子で学んだウィーン・シュタイナー学校 …………… 76
続・我が家のシュタイナー教育 ………………………… 91
我が家のシュタイナー教育 …………………………… 90

藤村　亜紀
心で感じる幸せな子育て ………………………………… 68

堀内　節子
0歳から7歳までのシュタイナー教育 …………………… 58

ま　松井　るり子
うれしい気持ちの育て方 ……………………………… 207
七歳までは夢の中 ……………………………………… 62
私のまわりは美しい …………………………………… 78

森下　匡
シュタイナー村体験記 ………………………………… 95

や　横川　和夫
大切な忘れもの ………………………………………… 92
もうひとつの道 ………………………………………… 93

子安　美知子
- シュタイナー教育を考える（朝日新聞社） …………… 35
- シュタイナー教育を考える（学陽書房） ……………… 36
- シュタイナー　芸術としての教育 ……………………… 46
- シュタイナー再発見の旅 ………………………………… 208
- 魂の発見 …………………………………………………… 86
- ミュンヘンの小学生 ……………………………………… 74
- ミュンヘンの中学生 ……………………………………… 75
- 「モモ」を読む …………………………………………… 206
- 私とシュタイナー教育 …………………………………… 87

さ　佐々木　奈々子
- ウォルドルフ人形と小さな仲間たち …………………… 124

た　高橋　巖
- 自己教育の処方箋 ………………………………………… 81
- シュタイナー学校のフォルメン線描 …………………… 111
- シュタイナー教育と子どもの暴力 ……………………… 94
- シュタイナー教育入門 …………………………………… 37
- シュタイナー教育を語る ………………………………… 38
- シュタイナー哲学入門 …………………………………… 134
- シュタイナーの治療教育 ………………………………… 200
- 神秘学から見た宗教 ……………………………………… 178
- 千年紀末の神秘学 ………………………………………… 184

高橋　弘子
- オイリュトミーの世界 …………………………………… 116
- シュタイナー幼稚園のうた ……………………………… 54
- 日本のシュタイナー幼稚園 ……………………………… 56

としくら　えみ
- 子ども・絵・色 …………………………………………… 60
- 魂の幼児教育 ……………………………………………… 59
- ちいさな子のいる場所 …………………………………… 61

な　永田　周一
- おもいっきりシュタイナー学校 ………………………… 98

索引●著者別

あ

上松 佑二
- シュタイナー 芸術としての教育 …… 46
- シュタイナー・建築 …… 105
- 世界観としての建築 …… 106

今井 重孝
- いのちに根ざす 日本のシュタイナー教育 …… 40

大住 祐子
- シュタイナーに〈看護〉を学ぶ …… 199

大村 祐子
- ガラスのかけら …… 67
- シュタイナー教育に学ぶ通信講座 第1期 …… 42
- シュタイナー教育に学ぶ通信講座 第2期 …… 43
- シュタイナー教育に学ぶ通信講座 第3期 …… 44
- ひびきの村 シュタイナー教育の模擬授業 …… 45
- 雪の日のかくれんぼう …… 66
- わたしの話を聞いてくれますか …… 210

小貫 大輔
- 耳をすまして聞いてごらん …… 211

か

河西 善治
- シュタイナー入門（ぱる出版）…… 13
- 『坊っちゃん』とシュタイナー …… 209

河津 雄介
- 教師性の創造 …… 80

吉良 創
- シュタイナー教育 おもちゃと遊ぶ …… 63

小杉 英了
- シュタイナー入門（筑摩書房）…… 19

子安 文（ふみ／フミ）

ミュンヘンの中学生……75
民族魂の使命……159

め
メイキングドール……128
瞑想と祈りの言葉……168
メルヘンウール……126
メルヘンの世界観……120
メルヘン論……119

も
もうひとつの道……93
黙示録の秘密……174
「モモ」を読む……206

ゆ
雪の日のかくれんぼう……66

よ
幼児のための人形劇……53
幼児のためのメルヘン……121

り
輪廻転生とカルマ……155

る
ルカ福音書講義……171
ルドルフ・シュタイナー　その人物とヴィジョン……17
ルドルフ・シュタイナーと人智学……14

れ
霊界の境域……167
霊学の観点からの子どもの教育……30
霊視と霊聴……169
歴史のなかのカルマ的関連……152

わ
我が家のシュタイナー教育……90
私とシュタイナー教育……87
わたしの話を聞いてくれますか……210
私のまわりは美しい……78
私のミュンヘン日記……77

天使たち 妖精たち ……160
天使と人間 ……161

と

土壌の神秘 ……202

な

七歳までの人間教育 ……51
七歳までは夢の中 ……62

に

日本のシュタイナー幼稚園 ……56
人間の四つの気質 ……79
人間理解からの教育 ……22

ね

ネイチャーコーナー ……125

の

農業講座 ……201
遺された黒板絵 ……108

は

発想の転換を促す シュタイナーの教育名言100選 ……47
ハーベストクラフト ……130
薔薇十字会の神智学 ……138

ひ

秘儀参入の道 ……147
秘儀の歴史 ……148
ひびきの村 シュタイナー教育の模擬授業 ……45
病気と治療 ……192

ふ

フェルトクラフト ……127
フォルメン線描 ……112
フォルメンを描くⅠ・Ⅱ ……113
仏陀からキリストへ ……176

ほ

星と人間 ……180
『坊っちゃん』とシュタイナー ……209

み

水と遊ぶ 空気と遊ぶ ……71
道を照らす光 ……185
耳をすまして聞いてごらん ……211
ミュンヘンの小学生 ……74

	シュタイナー 霊的宇宙論	158
	植物の形成運動	203
	神智学	135
	神智学の門前にて	137
	人智学指導原則	141
	人智学の死生観	157
	神殿伝説と黄金伝説	175
	神秘学概論（イザラ書房）	139
	神秘学概論（筑摩書房）	140
	神秘学から見た宗教	178
	神秘主義と現代の世界観	144
せ	精神科学から見た死後の生	156
	西洋の光のなかの東洋	145
	世界観としての建築	106
	世界史の秘密	146
	0歳から7歳までのシュタイナー教育	58
	千年紀末の神秘学	184
そ	創世記の秘密	173
	続・我が家のシュタイナー教育	91
た	第五福音書	172
	大切な忘れもの	92
	大地と遊ぶ 火と遊ぶ	72
	魂の隠れた深み	182
	魂の同伴者たち	162
	魂の扉・十二感覚	183
	魂の発見	86
	魂の保護を求める子どもたち	198
	魂の幼児教育	59
	魂のライフサイクル	213
ち	ちいさな子のいる場所	61
て	テオゾフィー 神智学	136
	テレビを消してみませんか？	64
	天使がわたしに触れるとき	164

索引●タイトル別（書名）

シュタイナー 危機の時代を生きる	15
シュタイナー教育 おもちゃと遊び	63
シュタイナー教育 その実体と背景	99
シュタイナー教育 その理論と実践	33
シュタイナー教育とオイリュトミー	117
シュタイナー教育と子どもの暴力	94
シュタイナー教育に学ぶ通信講座 第1期	42
シュタイナー教育に学ぶ通信講座 第2期	43
シュタイナー教育に学ぶ通信講座 第3期	44
シュタイナー教育入門	37
シュタイナー教育の基本要素	29
シュタイナー教育の実践	28
シュタイナー教育の創造性	32
シュタイナー教育を語る	38
シュタイナー教育を考える（朝日新聞社）	35
シュタイナー教育を考える（学陽書房）	36
シュタイナー教育を学びたい人のために	41
シュタイナー経済学講座	190
シュタイナー 芸術としての教育	46
シュタイナー 芸術と美学	102
シュタイナー・建築	105
シュタイナー 再発見の旅	208
シュタイナー思想入門	20
シュタイナー自伝Ⅰ・Ⅱ	12
シュタイナー 心理学講義	181
シュタイナー哲学入門	134
シュタイナーに〈看護〉を学ぶ	199
シュタイナー入門（講談社）	18
シュタイナー入門（筑摩書房）	19
シュタイナー入門（ぱる出版）	13
シュタイナーの宇宙進化論	143
シュタイナーのカルマ論	154
シュタイナーの思想と生涯	16
シュタイナーの治療教育	200
シュタイナーの人間観と教育方法	34
シュタイナー村体験記	95
シュタイナー幼稚園のうた	54
シュタイナー ヨハネ福音書講義	170

き

9歳児を考える……70
教育芸術1　方法論と教授法……26
教育芸術2　演習とカリキュラム……27
教育術……24
教育の基礎としての一般人間学……25
教師性の創造……80

く

クリスマスに咲いたひまわり……65

け

芸術治療の実際……196
ゲーテ的世界観の認識論要綱……132
ゲーテの世界観……133
健康と食事……194
現代と未来を生きるのに必要な社会問題の核心……188

こ

心で感じる幸せな子育て……68
こころの育て方……103
子ども・絵・色……60
子どもが生まれる順番の神秘……50
子どもが3つになるまでに……49
子どものいのちを育む シュタイナー教育入門……39
子どもの絵ことば……109
子どもの体と心の成長……48

し

色彩のファンタジー……110
色彩論……114
四季の宇宙的イマジネーション……179
自己教育の処方箋……81
思春期の危機をのりこえる……73
社会の未来……189
釈迦・観音・弥勒とは誰か……177
自由への教育……31
十四歳からのシュタイナー教育……69
シュタイナー医学原論……195
シュタイナー学校の芸術教育……84
シュタイナー学校の算数の時間……82
シュタイナー学校の数学読本……83
シュタイナー学校のフォルメン線描……111

索引●タイトル別（書名）

あ

アカシャ年代記より ……142
悪の秘儀 ……163
遊びとファンタジー ……55
新しい建築様式への道 ……104
あなたは7年ごとに生まれ変わる ……212

い

いかにして高次の世界を認識するか ……166
いかにして前世を認識するか ……149
いかにして超感覚的世界の認識を獲得するか ……165
生きる力を育てる ……89
イースタークラフト ……129
「泉の不思議」─四つのメルヘン ……118
いつもいつも音楽があった ……96
いのちに根ざす 日本のシュタイナー教育 ……40
色と形と音の瞑想 ……107

う

ウィーンの自由な教育 ……88
ウォルドルフ人形と小さな仲間たち ……124
ウォルドルフ人形の本 ……122
ウォルドルフの動物たち ……123
宇宙のカルマ ……153
うれしい気持ちの育て方 ……207

お

オイリュトミーの世界 ……116
オカルト生理学 ……193
オックスフォード教育講座 ……23
おもいっきりシュタイナー学校 ……98
おもちゃが育てる空想の翼 ……97
親子で楽しむ 手づくりおもちゃ ……52
親子で学んだ ウィーン・シュタイナー学校 ……76
親だからできる 赤ちゃんからのシュタイナー教育 ……57
音楽の本質と人間の音体験 ……115

か

ガラスのかけら ……67
体と意識をつなぐ四つの臓器 ……197
カルマの開示 ……150
カルマの形成 ……151
感覚を育てる 判断力を育てる ……85

索引

書名・著者（日本人・外国人別）・出版社（発行元）別で50音順の索引を設けました。

索引利用について

【書名索引】

・同名の出版物に関しては、書名（タイトル）の後に出版社も記載。
例）シュタイナー入門／講談社
　　シュタイナー入門／ぱる出版

【著者名索引】

・日本人以外の著者については姓のカタカナ表記で50音順。
例）シュタイナー（姓）／ルドルフ（名）

【出版社（発行元）索引】

・書籍についての問い合わせ先・住所などを併記。
・異なる出版社が発行する同名の出版物に関しては、書名の後に著者名か訳者名を記載。
例）・講談社…シュタイナー入門（西平直著）
　　・筑摩書房…シュタイナー入門（小杉英了著）
　　・ぱる出版…シュナイター入門（ヨハネス・ヘムレーベン著 河西善治編・著）

※出版社（発行元）の住所・連絡先など、時間の経過と共に変更の可能性がありますので、予めご了承願います。

「ほんの木」以外の出版社が発行した書籍だけをご注文の方は、恐れ入りますが350円（税別）の送料がかかります。ただし、**1回のご注文額が10,000円以上の場合、送料は無料サービスとなります。**

■代引手数料について

1回のご注文額が5,000円未満の場合は代引手数料が200円（税別）かかります。ただし、**5,000円以上の場合、代引手数料は無料サービスとなります。**

■その他

❶郵便振込による前金の場合は、振替用紙の控え（郵便振替払込金受領書）をもって領収書にかえさせていただきます。
❷代引きの場合は、宅配会社の納品書が領収書としてお使いいただけます。ほんの木発行の領収書が別途必要な場合は注文の際にご連絡ください。
❸乱丁、落丁の場合は交換いたします。お手数ですがご返送ください。返送代金は交換書籍と一緒にお返しいたします。申し訳ございませんが、注文の間違いやイメージと違った場合などの返品・交換はできません。
❹離島への送料は、別途実費送料がかかる地域もあります。また、お届けまでの日数は余分にかかります。（なお、海外への送料は別途料金となります）

その他の通信販売での購入方法

「ほんの木」以外に、京都の書店「三月《さんがつ》書房」のホームページでもシュタイナー関係の本が購入できます。また、各インターネット通販や、各出版元の通信販売でも購入が可能と思われます。お手数ですが、詳しくは直接販売元にご確認ください。

三月書房

「三月書房」へのご注文、お問い合せは、直接メール、電話、ファックスで「三月書房」へお願いします。

【ホームページ】http://web.kyoto-inet.or.jp/people/sangatu/
【住所】〒604-0916 京都市中京区寺町通二条上ル西側（京都銀行の北3軒目）
【電話】075-231-1924　【ファックス】075-231-0125
【メール】sangatu@mbox.kyoto-inet.or.jp
【営業】平日11:00am〜7:00pm 日祝休日0:00pm〜6:00pm　火曜・定休

❹ほんの木のホームページでのご注文

ホームページのアドレスは、【http://www.honnoki.co.jp/】です。
ここからアクセスして、注文フォームを利用してご注文ください。
ホームページからEメールにもアクセスできます。

❺Eメールでのご注文

メールソフトを使用して、インターネット上で「ほんの木」のメールアドレス【info@honnoki.co.jp】に送信してご注文ください。

■本のお届け

ご注文いただいた書籍は、宅配便、又はメール便にてお届けいたします。

在庫のある書籍は、3〜7日程度でお届けいたします。出来るだけ欠品が出ないように努力いたしますが、注文品が当社在庫切れの場合、発行元から小社まで届くのに要する日数が少しかかりますので、お客様へのお届けに普通より日数が必要になります。発行元品切れ、欠品など、大幅に遅れる場合はご連絡いたします。

■お支払いについて

お支払い方法は、「宅配便の代金代引」とさせていただきます。

土曜、日曜など配達日のご指定ができます。お届けの際にお客様がご不在の時は、ポストに不在通知票を入れさせていただきますので、宅配会社に再配達のご指示をお願いいたします。

また、「郵便局の前払い振込」でも承ります。「郵便局の前払い振込」をご希望の方には振込用紙をお送りします。この場合書籍は、お客様からのご入金確認後の発送となりますのでご了承ください。

【郵便振替】00120－4－251523　【口座（加入者）名】ほんの木

■消費税について

本書で表示している書籍の価格は、すべて本体価格（税抜き価格）です。

ご注文の際には消費税５％が本体価格の他にかかります。本代の合計本体金額×0.05を消費税として加えてください。（一円未満四捨五入）

■送料について

「ほんの木」発行の書籍を1冊でもお求めの場合、送料は無料サービスとなります。

送料は、当社「ほんの木」発行の本体1,200円以上の書籍を1冊でもお求めの場合、「ほんの木」以外の出版元発行の書籍をご一緒にお求めいただいても無料です。

掲載書籍の購入方法

本書にご紹介した書籍は、原則として書店で購入できる他、各インターネットによる書籍の通信販売や、各出版元でも購入が可能と思われます。ご確認ください。

一部の大きな本屋さんでは、かなりシュタイナー関連書籍が充実しているところもあります。が、在庫のない本の注文は入手までにかなりの日数がかかることもあります。詳しくは各書店に直接お問い合せください。また、書店の店頭にない場合は、ほんの木、その他の通信販売でも購入できます。

通信販売による掲載書籍の購入方法

ほんの木の通信販売での購入方法

本書にご紹介した書籍を「ほんの木の通信販売」でご注文の際には、①ご希望の書籍名　②著者名　③冊数　④合計本体金額　⑤あなた様のお名前　⑥ご住所　⑦お電話番号を必ずご記入ください。
ご注文者とお届け先が異なる場合は、⑧お届け先のお名前　⑨ご住所　⑩お電話番号もお忘れなくご記入願います。

❶電話でのご注文
「ほんの木」まで直接お電話でご注文ください。
【電話】03-3291-3011
受付時間は平日午前9時から午後7時まで。（土曜は午後5時まで・日祝休み）

❷ファックスでのご注文
「ほんの木」までファックスでご注文ください。24時間自動受付です。
【ファックス】03-3293-4776

❸ハガキ又は手紙でのご注文
「ほんの木」までお送りください。
〒101-0054 東京都千代田区神田錦町2-9-1斉藤ビル
（株）ほんの木　シュタイナー・ブック・クラブ「ほんの木」注文係

シュタイナーを学ぶ本のカタログ

掲載書籍の購入方法

本書にご紹介した書籍は、原則として書店で購入できますが、店頭にない場合は、各インターネットによる書籍の通信販売や、各出版元でも購入が可能と思われます。ご確認ください。また、ほんの木の通信販売でも購入できます。

シュタイナー・ブック・クラブ「ほんの木」

ご注文は、

〒101-0054　東京都千代田区神田錦町2-9-1 斉藤ビル3F

【電話】03-3291-3011

【ファックス】03-3293-4776

【ホームページのアドレス】http://www.honnoki.co.jp/

【メールのアドレス】info@honnoki.co.jp

これから出版される、シュタイナー関連書籍情報をお求めの皆様へ

本書のご愛読者ハガキに、必要事項をお書きの上ご投函ください。（切手不要、小社払い）ご登録いただいた方には、年1回、新年度版の追加情報をご案内いたします。

EYE LOVE EYE

視覚障害その他の理由で活字のままでこの本を
利用できない人のために、
営利を目的とする場合を除き「録音図書」「点字図書」
「拡大写本」等の制作をすることを認めます。
その際、著作権者、または出版社までご連絡ください。

シュタイナーを学ぶ 本のカタログ

2002年7月21日 第1刷発行

編著者　㈱ほんの木
発行人　柴田敬三
発行所　株式会社ほんの木

〒101-0054
東京都千代田区神田錦町2-9-1 斉藤ビル
TEL03-3291-3011
FAX03-3293-4776
ホームページ　http://www.honnoki.co.jp/
Eメール　info@honnoki.co.jp
郵便振替口座　00120-4-251523
加入者名　ほんの木

印刷所　中央精版印刷株式会社
©HONNOKI 2002 printed in Japan
協力：大村次郎（ひびきの村）
編集：石田直子

●製本には充分注意しておりますが、万一、乱丁、落丁などの不良品がありましたら、
恐れ入りますが小社あてにお送り下さい。送料小社負担でお取り替えいたします。
●この本の一部または全部を無断で複写転載することは法律により禁じられていますので、
小社までお問い合わせ下さい。
●当社では、森林保護及び環境ホルモン対策のため、本書の本文用紙は100％古紙再生紙、
インキは環境対応インキ（大豆油インキ）、カバーはニス引きを使用しています。